孔孟儒学
传承创新研究

陈来　翟奎凤＼主编

高等教育出版社·北京

图书在版编目（CIP）数据

孔孟儒学传承创新研究 / 陈来，翟奎凤主编. -- 北
京 : 高等教育出版社，2021.10
ISBN 978-7-04-053912-7

Ⅰ. ①孔… Ⅱ. ①陈… ②翟… Ⅲ. ①儒学-研究
Ⅳ. ①B222.05

中国版本图书馆CIP数据核字（2020）第050301号

孔孟儒学传承创新研究
KONGMENG RUXUE CHUANCHENG CHUANGXIN YANJIU

| 策划编辑 | 杨卓源 | 责任编辑 | 于 嘉 杨卓源 | 封面设计 | 张 楠 | 版式设计 | 张 楠 |
| 责任校对 | 高 歌 | 责任印制 | 刘思涵 | | | | |

出版发行	高等教育出版社	网 址	http://www.hep.edu.cn
社 址	北京市西城区德外大街4号		http://www.hep.com.cn
邮政编码	100120	网上订购	http://www.hepmall.com.cn
印 刷	北京汇林印务有限公司		http://www.hepmall.com
开 本	787 mm×1092 mm 1/16		http://www.hepmall.cn
印 张	13		
字 数	220千字	版 次	2021年10月第1版
购书热线	010-58581118	印 次	2021年10月第1次印刷
咨询电话	400-810-0598	定 价	68.00元

序　言
在传承与交融中实现儒学的转化创新

儒学是对夏、商、周三代文明的综合继承、发展和升华,代表了中华文明的主流传统。按照韩愈的道统说,儒学之道,尧传舜,舜传给大禹,然后依次是成汤、文王、武王、周公、孔子、孟子。周公而上,道在圣王;周公而下,道在圣贤。周公封于鲁,孔子、孟子都是鲁国人。所以,儒学与鲁国(即今天的山东)关联非常大,先秦两汉的大儒多为山东人。当然,儒学就源与流而言,它并不是局限于齐鲁或山东一地的地方性学术思想,作为儒家的实际创始人,孔子传承的是夏、商、周三代以来的中华道统和中华文明。孔子非常重视温故知新,也重视在传承中根据时代的变化发展,因时损益,来推进思想文化的转化创新。

孔子去世后,"儒分为八",弟子们根据各自的禀赋、特长、处境与认知,传承发展了孔子的思想。到了战国时期,最有代表性的就是孟子、荀子。一般认为,孟、荀时期的战国儒学,根据当时的社会情况,不同程度地融合了道家、法家等诸子的思想。到了汉代的董仲舒,也吸收了阴阳家、墨家、医家的一些思想。魏晋玄学推崇《易》《老》《庄》三部经典,是对儒家与道家的深度融合,有的学者也把魏晋玄学当作儒学的一种新发展,试图为凋敝、僵化了的儒学提供一种新的视角,从而调适儒学,以期使儒学重新焕发活力,来收服人心、整顿社会。

两汉之际,佛教传入中国。魏晋南北朝时期,战乱不断,社会动荡,佛教在中国的发展却突飞猛进。在与以儒、道为代表的中华文化持续对话、辩难、交融中,佛教不断中国化、本土化,隋唐时期八大宗派特别是禅宗的出现标志着佛教中国化达到了高峰。反过来,佛教的中国化和中国化的佛教又促进了儒家、道家的新发展。一般说来,宋明理学的兴起与发展,受到了佛学的很大影响。理学融合了佛学的一些精神因素,注重心性与性命之道,特别是陆王心学一系,有些表述从形式上来看跟佛学、禅宗很接近。中晚明儒佛道三家进一步融合,阳明学便是其突出的体现。晚清近代以来,西方文化传入,一方面是带来西方先进的科学技术,另一方面是其体系化的人文社会科学对中国文化冲击很大。就儒学而言,在西方文化的冲击下,传统的儒学体制在近代趋于瓦解,逐渐被边缘化,而融合西方哲学的近现代儒学开始兴起,在思想理论的创新上相当活跃,为儒学的新发展打开了一片新天地。

　　20 世纪 50 年代,冯友兰为回应在极"左"思潮下,以政治化的、教条化的马克思主义对待中国传统文化所造成的民族文化虚无主义,提出了"抽象继承法",这一主张对今天仍有启发意义。回顾以冯友兰为中心的关于传统文化继承问题的思想讨论,结合哲学诠释学的视野,我们可以清楚地看到,当代中国文化传承发展的关键是从"批判的继承"转变为"创造的继承"。通过对传统文化的创造性诠释与应用实践,达到在扬弃中继承、在继承中发展、在发展中创新的目的,使中国文化在保持认同的同时不断发展创新。文化传承是继承和发展的统一,只有通过创造性地继承和有继承地创造,才能在文化的发展中使文化的连续性和创新性得到统一。历史传承的文本在每一时代都面临新的问题、新的理解,而我们需要不断更新其意义。当代的文化继承,不能仅仅停留在文本的训诂层次,而应使文本积极地向新时代开放,把文本的思想与我们自己的思想融合在一起,实现过去与现在的视界融合。当代的文化传承,不是把古典文本的意义固定化、单一化,而是让今人与历史文本进行创造性对话,对典籍文本作创造性诠释,对传统文本的普遍性内涵进行新的诠释和改造,以适应当代社会文化的需求。

　　改革开放以来,张岱年的儒学观和儒学研究对儒学的发展发挥了重要的引领作用。关于中国传统哲学与文化的研究,张岱年提出了既要"好学深思,心知其意",又要"综合创新"。应该说,这也同样适用于儒学研究。自 20 世纪 80 年代以来,儒学研究正是沿着这两个方向同时发展:一方面是我们对传统儒学的重要流派、重要观念、重要人物、重要经典、重要文献等都有很多专门的研究,如对朱子及其门人后学、阳明及其门人后学都有比较系统的研究;另一方面也在世界学术的视野下把传统儒学与现代中西学术结合起来进行综合创新研究,提出一系列富有创新性的观点、思想,推进了传统儒学的现代化,为现代社会的精神文化生活和思想道德建设作出了贡献。如在理论上,基于传统儒学的核心范畴"仁"发展出仁学本体论,强调自由、平等、公正、和谐等核心价值要有仁爱本体作为基础;基于传统儒学的系列德目范畴,融合西方伦理学的精神,建构儒家的美德论,还有人提出政治儒学、制度儒学、生活儒学等,这些都显现出儒学在现代社会的思想活力。有学者也特别强调要把传统儒学社会科学化,强调传统儒学与马克思主义的融合,展开儒学与自由主义的对话,建构有儒家精神和中国气派的政治学、经济学、法学、社会学等。在社会实践上,有学者走出书斋,走进乡村社区传播儒学,探索乡村儒学、社区儒学的实践道路,也有社会各界人士发扬儒家的诗教、礼教、乐教精神,尝试以现代化的方式来传承发展儒家的艺术教育。儒学的这些创新研究以及问题意识很大程度上源于对人类当下社会生活境遇的关怀,源于对人民生活和时代精神的关切,正是基于这种关怀、关切,当前的儒学研究和实践面向很多方向展开,呈现出很多面向。

如何把握儒学的核心价值、活的灵魂,萃取其普遍价值、永恒魅力,我们还需要进一步思考探索。总体上来说,儒学是一套情理交融的人文教化系统,整体性、贯通性、中和性、时用性为其鲜明特征,个人、家庭、社会、天地为其重要向度,止于至善是其根本追求;与时俱进、生生不息,是其根本智慧。儒学重视民族精神的发扬和历史文化的传承,它体现为一种爱国主义;同时儒学又有天下情怀,强调协和万邦。儒学要在传承中推进创新,而这个创新需要与不同文明交融。在文明对话上,这些年我们持续开展了儒家文明与多样文明的对话,如尼山世界文明论坛已经举办了五届,在推动儒家文明与世界多样文明对话方面取得了一些成效,形成了一些文明共识。多民族国家的人类社会是一个命运共同体,多民族在历史上所形成和发展的多样文明也是一个共同体,文明共同体就需要一些文明共识。应该说,在达成文明共识方面,儒家的中和、中道的理性精神有很大优越性,尽管儒家也需要扬弃历史和地域局限性的一些因素,但就本质上来说,儒家的根本精神是一种关于人类社会生生不息的生存智慧的一种思想体系,体现了人类的情感与理性的中和务实精神。由此,我们相信儒家文明的传承创新,儒学与中华文化的创造性转化与创新性发展,会推动人类社会文明共识的进一步发展,促进人类社会多文明、多民族的和谐共生。

本书的系列论文都是围绕以上旨趣来展开的,或注重历史诠释,或重视理论阐发,或强调应用实践,从个案研究到综合贯通,都各有其价值,展现了当代儒学研究的多样性、丰富性。当然,本书也只是代表了当代儒学研究的一些方面,读者若能从中获得一些启益,正是我们所期望的。最后,我们对本书论文作者们的热情赐稿,深表感谢!

陈来、翟奎凤
2019 年 8 月写于清华园

目　录

二十世纪思想史研究中的
"创造性转化"

陈　来

一、林毓生的"创造的转化"

"创造的转化"这个概念本是美国华裔学者林毓生在 20 世纪 70 年代面对五四时代激进的文化思潮而提出来的,他本人也曾说明他对应使用的英文为"creative transformation","创造的转化"是对这一英文术语的翻译。林毓生是研究中国近代思想史的专家,也是一位自由主义者。据他说,"创造的转化"这个概念,是他根据罗伯特·贝拉对"创造的改良主义"(creative reformism)的分析而提出来的。而贝拉则是受到德国社会学家马克斯·韦伯分析的影响。林毓生最早在 1971 年纪念其老师殷海光的文章《殷海光先生一生奋斗的永恒意义》中提出"创造的转化"这个概念,主要针对五四时代中国自由主义全盘否定中国传统,而希望自由主义的文化立场有所调整转变。他正式提出这个概念是在 1972 年的《五四时代激烈反传统思潮与中国自由主义的前途》一文之中。

"创造的转化"这一概念是针对五四自由主义对传统文化的否定态度而提出来的一种修正。林毓生把五四自由主义对传统文化的态度归结为"全盘反传统主义",他认为这是不可取的,只能使得自由主义在中国的发展得不到任何本土文化资源的支持,反而使自己成为文化失落者。但他也强调这一立场与文化保守主义的区别,他反对"发扬固有文化""文化复兴"一类的提法,反对唐君毅等港台新儒家的文化思想,显示出他自己对这个概念的使用还是有着自由主义的印记。他还指出,一方面,"创造的转化"这个观念的内涵是重视与传统的连续性而不是全盘断裂,另一方面在连续中要有转化,在转化中产生新的东西。所以新的东西与传统的关系是"辩证的连续"。

关于创造性转化这个观念的内容,林毓生多次做过明确说明,如:"简单说,是把那些这个文化传统中的符号与价值加以改造,使经过改造的符号与价值转变成有利于变迁的种子,同时在变迁中继续保持文化认同。"他所说的符号主要指概念和语句,他所说的变迁是指以自由民主为主的社会变迁。因此,他对创造性转化概念的定义和说明可概括为三句话:第一,对中国文化中的概念与价值体系加以改造;第二,使得经过改造和转化的概念与价值体系变成有利于现代政治改革的种子;第三,在社会变迁中保持文化的认同。林毓生的思想实质,是使社会变迁和文化认同统一起来,而不冲突;其基本方法是改造、转化传统的观念,但不是打倒传统的观念。而其局限性是,对传统观念的转化只是在"有利于自由民主"的向度上。这是他作为自由主义者的明显局限。

林毓生认为,仅仅从西方搬来一些观念,不但不能解决我们的问题,反而造成我们的危机。创造性转化是指从传统中找到有生机的质素,经过改造,与选择的西方观念价值相结合而产生"新的东西"。比如"性善"可以作为这样的资源,经过创造转化,变成自由民主的人性论基础。又如"仁"在与"礼"分开后,"仁"成为个人的道德自主性的意义,与外在的民主法制制度进行整合。可见,他所说的变迁始终着眼西方现代社会的政治建制。

从美国中国研究的学科史来看,林毓生的这个概念表现出他的问题意识源于费正清时代关注中国近代"变迁与连续"的主题。而他的态度则是以自由主义的身份对五四自由主义的文化观的一种反思和调整。他认为"五四"的经验教训是自由主义没有处理好"传统"和"文化认同"的问题,将"创造的转化"作为新自由主义的文化态度,要求自由主义不再否定中国文化,重视中国人的文化认同,解决变迁与认同的冲突,使二者都能得到肯定。从20世纪70年代到今天,他对五四自由主义的文化观的批评和对文化认同重要性的补充,已得到不少自由知识分子的赞同。

虽然,"创造的转化"本是自由主义内部在文化上的调整,要求自由主义把"五四"对传统的"全盘否定"改变为"创造转化",但后来林毓生自己也把"创造的转化"的应用扩大,不仅使它成为对自由主义的要求,也希望一般人以此种态度看待传统文化。近几十年来,海内外各界人士广泛积极地利用"创造的转化"这一观念形式,抽象地继承这一观念形式,但是,从我们今天对文化传统继承的立场来看,林毓生对"创造的转化"的具体理解,仍有很大局限性,这也是需要指出的。这主要是:第一,这一观念没有表达"继承"的意识,甚至和"弘扬"相对立,这样的立场不可能成为全面的文化立场,如果林毓生把他的观念概括为"辩证的连续""创造的转化"两句话会更好。第二,如果转化的方向只是有利于与自由民主的结合,完全没有考虑与现代社会道德、伦理秩序、心灵安顿、精神提升、社会平衡的需要结合,这种转化就不能不是单一的、片面的。

二、墨子刻以"调适"批评"转化"

与林毓生同时代的美国中国学家墨子刻从一开始就对"创造的转化"提出异议,他从英文的语感出发,认为 transformation(转化)含有革命和根本改变的意思,而应当重视 accommodation(改良、调适)。所以他提出了 transformation vs accommodation("转化/调适")的中国近代史研究框架。他认为,中国近代历史中的革命派属于转化性,改良派属于调适型,前者主张激烈转化,后者主张逐渐调适,而民国初年以来革命派代表的转化方向一直居于思想上的优势地位,他甚至称五四思想为转化思想。不过,"转化/调适"这一框架更多地是来处理革命和改良的分别,并不像林毓生的"创造的转化"观念是专对思想文化的激进化倾向而发。墨子刻的学生黄克武的《一个被放弃的选择》运用这一框架对梁启超作了新的研究。

在墨子刻看来,"转化"是根本改变,是在性质上发生变化,属于革命派思维;这与改良、调整的观念不同,故墨子刻用 accommodation(调适)来说明与革命思维不同的改良方针。在汉语中,"转化"虽然不一定有革命式的决裂意义,但确实没有渐渐改良的意思,而有一种从方向上转换的意思。林毓生自身的立场并不是主张政治革命和思想革命,创造性转化观念的提出正是针对思想革命而提出来的。所以墨子刻对这个概念的反对并不能针对林毓生的思想。但墨子刻提出"转化"这个概念是不是过强,是值得我们思考的一个问题。由于墨子刻对"转化"与"调适"的区别,主要用于政治思想史的主张,而不是文化态度,所以这里就不再多加讨论了。

三、傅伟勋"创造的发展"

与林毓生等不同,20 世纪 80 年代初,傅伟勋由哲学思想史的研究出发提出"创造的诠释学"的方法论。其创造的诠释学应用于文化传承发展,是"站在传统主义的保守立场与反传统主义的冒进立场之间采取中道,主张思想文化传统的继往开来"。他强调,继往就是"批判的继承",开来就是"创造的发展",所以他的文化口号是"批判的继承,创造的发展"。这个口号较林毓生的单一口号"创造的转化"要合理,可惜没有得到充分的注意和推广。尤其是,傅伟勋与林毓生不同,他不是只从政治改革着眼,而是面对中国学术思想文化的重建发展,其文化视野和认识对象本来就更为广泛。而且,"创造的发展"这一观念比起"创造的转化"来,也没有墨子刻所说的可能存在毛病。在该口号中,"批判的继承"应是取自 20 世纪 50 年代以来中国文化界对待传统文化的普遍提法,而"创造的发展"是傅伟勋自己基于其创造的诠释学所引发出来的。其中还特别关注当代人与古典文本的"创造性对话",以体现"相互主体性"。由于他的诠释主张基于海德格尔和伽达默尔的诠释学理论,也曾被他应用于道家和佛教典籍文本的解读,是经过深思、实践而自得,故比较有系统性。当然,由于他的这一主张更具体地化为五个层次的诠释阶段,往往被认为主要是针对思想文化文本的诠释,容易忽略"批判的继承,创造的发展"具有的文化主张的意义。

应该说,就观念的历史而言,傅伟勋的"创造的发展"为我们今天提出"创新性发展"提供了基础。就其创造的诠释学的五个层次而言,即"原典作者实际说了什么""原典作者说的意思是什么""原典作者所说可能蕴涵的是什么""原典作者应当说出什么""原典作者今天必须说出什么",他强调"应当说出什么"的层次就是"批判的继承","必须说出什么"的层次就是"创造的发展"。这些说法对古代文化的"创造的诠释"提供了具体的途径,从而也就如何面对古代经典文本进行"批判的继承,创造的发展"提出了具体的实践方法。但其中"批判的继承"是我们 20 世纪 50 年代的口号,不能不含有批判优先于继承的意义,今天应该予以调整。

四、李泽厚的"转换性创造"

李泽厚 20 世纪 80 年代中期以后也提出一个口号"转换性创造",很明显这是从林毓生的提法变化出来的。

其实,李泽厚在许多地方讲的"转换性创造"就是"创造性转化",重点是转换,不是创造,与林毓生的讲法在实质上区别不大。李泽厚所说"重复五四那种激烈的批判和全盘西化就能解决问题吗? 我们今天的确要继承五四,但不能重复五四或停留在五四的水平上。对待传统的态度也如此。不是像五四那样,扔弃传统,而是要使传统作某种转换性的创造。"[1] 这说明他的提法也是针对五四文化观念而发,其出发点与林毓生有一致之处。而且,李泽厚在使用

---

① 　李泽厚:《中国现代思想史论》,北京:生活·读书·新知三联书店,2008 年,第 40 页。

"转换性创造"时特别强调革新和批判。如李泽厚认为，至少有两个方面的转换的创造：一方面是社会体制结构方面的，吸收近代西方民主、人权，重视个体的权益和要求，重视个性的自由、独立、平等，发挥个体的自动性、创造性，使之不再只是某种驯服的工具和被动的螺钉，并进而彻底消解传统在这方面的强大惰性。另一方面是文化心理结构的方面，要真正吸收和消化西方现代某些东西，来进一步改造学校教育、社会观念和民俗风尚，以使传统的文化心理结构也进行转换性的创造。这实际讲的是两个方面的"转换"，其目的是"转换传统"。他说，"在对传统中封建主义内容的否定和批判中，来承接这传统心理，这就正是对传统进行转换的创造"①。这所谓在对传统的批判中承接传统，并认为这就是转换性创造，其实就是以往所说的"批判地继承"。他认为传统只有先得到批判、改造、转换，才能在这个过程中得到承继和发扬。就具体内容而言，他所说的可以承继的是指中国文化的实用理性、道德主义、直觉体悟、人际关怀。

从文化继承的角度来看，李泽厚认为，总体来看，历史的解释者自身应站在现时代的基地上意识到自身的历史性，突破陈旧传统的束缚，搬进来或创造新的语言、词汇、概念、思维模式、表达方法、怀疑精神、批判态度，来"重新估定一切价值"，只有这样，才可能真正去继承、解释、批判和发展传统。他的这种强调破旧出新、怀疑批判地继承发展传统的说法，还是"批判地继承"的思想，强调以批判为前提。他主张"改变、转换既不是全盘继承传统，也不是全盘扔弃。而是在新的社会存在的本体基础上，用新的本体意识来对传统积淀或文化心理结构进行渗透，从而造成遗传基因的改换"②。"转换性创造"本来的重点应该落在创造上，但李泽厚在这些地方讲的重点都是改换，不是创造，实际是"创造性转化"。又如他说"我们还要在取得自我认识的基础上，设法改造我们的传统，使传统做某种转换性的创造"③，这里所表达的重点还是改造、转化，并不是与"创造性转化"不同的"转换性创造"。所以学术界和知识界大都没有对李泽厚的这一概念产生兴趣。

20 世纪 90 年代以后，李泽厚的讲法有所变化，使得"转换性创造"不再是一种对待传统文化的态度，而是对中国道路的一种设想，用以表达他对中国现代化模式的"西体中用"的主张，成为他对"中用"的解释方式，即强调在实践中把中国文化的精华融入中国现代性的体制建构之中。于是他自觉地把重点从"转换"变为"创造"，强调"用体"（"体"即现代生产生活方式）中创造新形

---

①　李泽厚：《中国现代思想史论》，北京：生活・读书・新知三联书店，2008 年，第 42 页。
②　李泽厚：《中国现代思想史论》，北京：生活・读书・新知三联书店，2008 年，第 361 页。
③　李泽厚：《中国现代思想史论》，北京：生活・读书・新知三联书店，2008 年，第 364 页。

式。他说:"中国至今仍然落后于先进国家许多年。我以为重要原因之一,是未能建设性地创造出现代化在中国各种必需的形式。关键在于创造形式。为此,我提出'转换性的创造'。这词语来自林毓生教授提出的'创造性的转换',我把它倒了过来。为什么倒过来?我以为尽管林毓生教授的原意不一定如此,但'创造性转换'这词语容易被理解为以某种西方既定的形式、模态、标准、准绳来作为中国现代化前进的方向。"[①]"我们不能仅仅是接受,转换一下,把西方东西拿过来,使自己的传统作某种转换是远远不够的;我说'转换性的创造',强调的是创造。这种创造带有转换性,但重点在新形式新内容的建立。我称之为转换性创造,这种创造不是把原来的东西都打掉,而是就在现有的社会政治基础上的创造;这种创造不是模仿,不是克隆港台、西方的文化,而是创造一种新的形式。中国用西方的体,会创造出新形式。从而这个体也就并不完全等同于西方的那个体了。"[②]这是李泽厚后来讲的转换性创造的意义,是要解决怎么"用"的问题。但他也说,重要的是创造,但这创造又是一种转换性的创造,而不能脱离了传统的根本精神。

就道德文化的继承而言,李泽厚认为,儒学的伦理绝对主义所突出的"天理""良知"只是心理形式,而不是具体内容。儒学的伦理绝对主义提出的具体内容都只是相对伦理,都服从于特定的时空条件社会要求,但其结果是通过各种相对伦理历史地积淀出某些共同性原则和文化心理的结构形式。绝对伦理看起来是超越时空的,其实是以一定时空条件下的"社会性道德"的相对伦理为其真实的产生基地。这也就是"绝对伦理"与"相对伦理"的辩证法。照这个思想来看,文化继承所继承的对象应该是历史积淀出来的"心理形式",而不是具体内容、具体规范。这里可以明显看到他所受到的康德的影响。

五、当代中国文化政策中的"创造性转化"

习近平总书记在十八大以来有关中华优秀文化的讲话在国内外引人瞩目,广受好评,产生了巨大反响,其中一个提法就是"实现中华文化的创造性转化和创新性发展"。习近平有关传统文化的讲话充分综合了党在各个历史阶段提出的古为今用、推陈出新、去粗取精、去伪存真的文化方针,又在此基础上吸收了学术界有关传统文化研究的成果,加以发展创新,提出了"两有""两

---

① 李泽厚:《中国现代思想史论》,北京:生活·读书·新知三联书店,2008年,第380页。
② 见李泽厚在"新闻中国月度论坛"关于"大众流行文化与价值重构"主题的发言。

相""两创"的方针,为全面继承和发展中华文化指明了方向。"两有"即对古代的文化要有区别地对待、有扬弃地继承,"两相"即中华优秀传统文化必须与当代文化相适应、与现代社会相协调,"两创"即对中华文化要实现创造性转化、创新性发展。"两有"是讲继承的区别原则,"两相"是讲继承的实践要求,"两创"是讲继承和创新的关系。按照讲话的精神,继承是基础,创新是重点,结合时代条件赋予新的含义就是转化,以古人之规矩,开自己的生面就是创新。讲话强调要处理好继承和创造性发展的关系,重点做好创造性转化和创新性发展。讲话在这些方面提出的一系列新的思想观点,是对党以往的文化方针的新发展。当然对党的理论和实践来说,这不意味着有关继承的理论难题都已经解决,事实上在继承的问题上还有很多人停留在以批判为主的思维上,需要加以转变,面对今天治国理政的复杂实践需求,今后的关注应当更多地以理论联系实际的态度,集中于对优秀传统文化进行创造性转化、创新性发展。

"两创"提出的基本前提是,中华优秀传统文化为中华民族生生不息发展壮大提供了丰厚滋养,孕育了中华民族的宝贵精神品格,培育了中华民族的崇高的价值追求,培育了共同的情感和道德、共同的理想和精神,但中华文化与社会主义市场经济、民主政治、先进文化、社会治理等还存在需要协调适应、建立合理关系的地方。我们所说的"创造性转化",就是要按照时代特点和要求,对那些至今仍有借鉴价值的内涵和表现形式加以利用、扩充、改造和创造性的诠释,赋予其新的时代内涵,激活其生命力。我们所说的"创新性发展",就是要按照时代的新进步新进展,对中华优秀传统文化的内涵加以补充、拓展、完善,发展其现代表达形式,增强其影响力和感召力。

应该指出,需要把"对中华文化要实现创造性转化、创新性发展"放在习近平总书记系列重要讲话的整体中来加深理解。习近平总书记系列重要讲话中反复提到要继承和弘扬中华优秀传统文化,因此,继承、弘扬应当是转化、创新的前提,善于继承才能善于创新,在扬弃中继承,在继承中发展,在发展中创新。这些都是与林毓生或其他人的讲法有重要不同的。就概念来说,由于"创造性转化"的命题本身没有表达出继承、弘扬的意思,"转化"中不仅没有包括继承和弘扬,而且突出的是改变、转变的意思,所以"创造性转化"的提法是有其应用范围的。可见"两创"虽然是实践的重点,但毕竟还不能把党对传统文化的方针归结为"两创",仅仅提"两创"还不能使我们全面掌握习近平总书记讲话的内容精神,按照习近平总书记讲话的精神,要处理好继承和创造性发展的关系,必须把"两有""两相""两创"的方针结合起来。"两有"即对古代的文化要有区别地对待、有扬弃地继承,"两相"即中华优秀传统文化必须与当代文化相适应、与现代社会相协调，"两创"即对中华文化要实现创造性转化、创新性发展。"两有"是讲继承的区别原则，"两相"是讲继承的实践要求，"两创"是讲继承和创新的关系。继承是基础，转化是方向，创新是重点，只有这样，才能更加完整地理解、体现党的文化方针。

（陈来：当代著名哲学家、哲学史家，清华大学国学院院长）

上 篇

儒家文化的传承

反思儒家的"性善"与"性恶"

李存山

中国传统哲学的人性论,其所言"性"是与"习"相对而言,"习"是指人后天的习行、习染,而"性"则是指人与生俱来或生而即有的本性。因为人是天地所生,而中国传统哲学的普遍架构是"推天道以明人事",所以"人性"就成为连接"天道"与"人道"的枢纽。而人的本性如何,实际上不仅是对人性的一个事实判断,而且它决定了人之后天应该如何。① 也就是说,在关于"性与天道"的形而上问题中,实际上就已蕴含了"人道"如何或"人事"应该如何的价值判断。因此,"性与天道合一""人性论与价值观合一"也就成为中国传统哲学的主要特点。②

对于"人事"的价值判断,主要是伦理道德的"善""恶"之分。因此,中国传统哲学特别是儒家哲学的人性论主要是围绕着人性的"善"与"恶"(即所谓"道德意识"与"幽暗意识")而展开。本文是将儒家的几种不同的人性论贯通起来,反思"性善"与"性恶"的理论内涵和价值取向,并探讨理论的现代意义。

一

孔子说:"性相近也,习相远也。"(《论语·阳货》)孔子作为中国历史上开创民间教育、主张"有教无类"的伟大教育家,他提出的"性相近,习相远"可以为其教育事业提供人性论的依据。"有教无类",人皆可教,故而孔子说的"性相近"当是指人的性善相近,或人之初皆有向善发展的可能;而"习相远"则强

---

① 朱熹说:"天命之谓性······性,便是合当做底职事。"(《朱子语类》卷四)
② 参见李存山《中国传统哲学纲要》,北京:中国社会科学出版社,2008年,第17、151页。

调人之后天接受教育、端正修习方向的重要。当然,人为什么会"习相远"?
除了人性中有相近的人皆可教的向善本性,也会有向不善或恶的方向发展的
可能。只不过因为人皆可教,而且孔子说:"人之生也直,罔之生也幸而免。"
(《论语·雍也》)"仁远乎哉? 我欲仁,斯仁至矣。"(《论语·述而》)"有能一日
用其力于仁矣乎? 我未见力不足者。"(《论语·里仁》)所以,在人的相近本性
中,善或向善的倾向占主导地位。

《上海博物馆藏战国楚竹书(一)》[①] 中的《孔子诗论》有云:

> 吾以《葛覃》得氏初之诗。民性固然,见其美必欲反其本。……吾以
> 《甘棠》得宗庙之敬。民性固然,甚贵其人,必敬其位。……[吾以《木瓜》
> 得]币帛之不可去也。民性固然,其隐志必有以俞(抒)也。[②]

"民性固然"即人性中本有能够接受《诗》教的基础,而《诗》的教化正是顺应
(而非违逆)这一基础,使人的性情得以提升和完善。孔子的"以《诗》《书》
《礼》《乐》教"(《史记·孔子世家》),当都是本着这样的人性理论和教育理
念,这也标示了儒家的人性理论必然是朝着性善论的方向发展。

二

处于孔孟之间的郭店楚简《性自命出》篇云:

> 喜怒哀悲之气,性也。及其见于外,则物取之也。性自命出,命自天
> 降。道始于情,情生于性。始者近情,终者近义。知情[者能]出之,知
> 义者能入之。好恶,性也。所好所恶,物也。善不[善,性也]。所善所不善,
> 势也。

《性自命出》篇并非持性善论,但它说"道始于情,情生于性。始者近情,终者
近义",故其所讲的"性情"应是倾向于善的。"善(或)不善,性也",这是说人
性中蕴含着向善或不善发展的两种可能。而"所善所不善,势也",这强调了人
的外部环境形势对人之向善或不善发展的重要作用。

---

① 马承源主编:《上海博物馆藏战国楚竹书(一)》,上海:上海古籍出版社,2001 年,第 145、149 页。
② 释文据李学勤《〈诗论〉与〈诗〉》附"《诗论》分章释文",参见姜广辉主编《经学今诠三编》,沈阳:
　　辽宁教育出版社,2002 年,第 136 页。(后文除无特殊说明,皆引用此版本)

《性自命出》又说:

> 《诗》《书》《礼》《乐》,其始出皆生于人。《诗》,有为为之也。《书》,
> 有为言之也。《礼》《乐》,有为举之也。圣人比其类而论会之,观其先后
> 而逆顺之,体其义而节度之,理其情而出入之,然后复以教。教所以生德
> 于中者也。礼作于情,或兴之也。①

这段话是为孔子的"以《诗》《书》《礼》《乐》教"作了一个先天合理性和后天
有效性的论证。《诗》《书》《礼》《乐》,其始出皆生于人",即儒家的道德教
化都是本之于人所固有的性情,亦即"道始于情,情生于性"。经过《诗》《书》
《礼》《乐》的教化,就可以使人"生德于中"。这里的"德"相当于"仁",即所
谓"仁,性之方也,性或生之……唯性爱为近仁"。"礼作于情",此"礼"近于
"义",也就是"始者近情,终者近义"。因此,"君子美其情,贵[其义],善其节,
好其容,乐其道,悦其教,是以敬焉"。这就为儒家的"敬"之修养提供了人性
论的依据。由此可以说,《性自命出》虽然不是性善论,但它的理论是近善或
向着性善论发展的。

<h2 style="text-align:center">三</h2>

相传"子思作《中庸》"。《中庸》首章云:

> 天命之谓性,率性之谓道,修道之谓教。……喜怒哀乐之未发,谓之
> 中,发而皆中节,谓之和。中也者,天下之大本。和也者,天下之达道也。

将此与《性自命出》相比较,"天命之谓性"与"性自命出,命自天降"是相同的;
而"率性之谓道,修道之谓教",则"道"已经是对"性"的直接肯定("率性"),
而不是"道"始于或近于情性了。"喜怒哀乐之未发"相当于说"喜怒哀悲之气,
性也",但赋予其"中"的属性,则其已经是性善了;"发而皆中节,谓之和",则
其已发之情本于性之"中",已不是"及其见于外,则物取之"了。因此,《中庸》
的思想虽然没有明言"性善",但其实质已经是性善论了。

---

① 荆门市博物馆编:《郭店楚墓竹简》,北京:文物出版社,1998 年,第 25 页。

四

孟子明确地提出了性善论，他说：

> 恻隐之心，仁之端也；羞恶之心，义之端也；辞让之心，礼之端也；是非之心，智之端也。人之有是四端也，犹其有四体也。……凡有四端于我者，知皆扩而充之矣。若火之始然，泉之始达。苟能充之，足以保四海；苟不充之，不足以事父母。（《孟子·公孙丑上》）

孟子是以人皆有"四端"以及孝亲、敬长的"良知""良能"①为人之性善的。此所谓"性善"，就是说只要顺着人的本性"扩而充之"，"若火之始然，泉之始达"，就可以达到仁义礼智"四德"。"苟能充之，足以保四海"，这说的是"仁者无敌"，可以"王天下"。而"苟不充之，不足以事父母"，这实际上是说如果仅仅停留在"四端"或仅仅停留在血缘亲情，那还不是真正的仁爱②。

在孟子与告子的人性辩论中，告子提出："性犹杞柳也，义犹杯棬也；以人性为仁义，犹以杞柳为杯棬。"孟子反驳之：

> 子能顺杞柳之性而以为杯棬乎？将戕贼杞柳而后以为杯棬也？如将戕贼杞柳而以为杯棬，则亦将戕贼人以为仁义与？率天下之人而祸仁义者，必子之言夫！（《孟子·告子上》）

可见，孟子并不否认从杞柳至杯棬、从性善至仁义之间是有一个过程的，孟子与告子的分歧在于这个过程的"顺"与"逆"。孟子认为，从杞柳至杯棬，从性善至仁义，是一个"顺"而发展的过程，如果认为这个过程是违逆、戕害了杞柳、人的本性，那么仁义也就失去了天然合理性，而如告子认为仁义是违逆、戕害人性的，那当然就是"率天下之人而祸仁义"了。

告子又说："性犹湍水也，决诸东方则东流，决诸西方则西流。人性之无分于善不善也，犹水之无分于东西也。"孟子对此的反驳是：

---

① 《孟子·尽心上》："人之所不学而能者，其良能也。所不虑而知者，其良知也。孩提之童，无不知爱其亲者；及其长也，无不知敬其兄也。"

② 如后来程颐在《答杨时论西铭书》中所说："分殊之蔽，私胜而失仁"，只有"分立而推理一"才是"仁之方也"（《二程文集》卷九）。

水信无分于东西,无分于上下乎? 人性之善也,犹水之就下也。人无有不善,水无有不下。今夫水,搏而跃之,可使过颡;激而行之,可使在山。是岂水之性哉? 其势则然也。人之可使为不善,其性亦犹是也。(《孟子·告子上》)

孟子并不否认水可以向不同的方向流,人也可能向善或不善的方向发展,但不可否认的是,水的本性是"就下"往低处流,人的本性是向善、朝着好的方向发展。如果用外力让水"搏而跃之""激而行之",那么水也可高过人的额头,也可在山上流,但这是由外"势"造成的,而非水的本性使然。同样,人也可向不善的方向发展,这并非人的本性使然,而是由违逆人之本性的外"势"造成的。《性自命出》说:"善不[善,性也]。所善所不善,势也。"孟子的性善论则认为:善,性也。所善,是顺人性而发展;所不善,则是由违逆人之本性的"势"(不良的社会环境)造成的。因此,在孟子的性善论中,包含着对不良社会现实批判的意识,同时它也为改变这种现实主张仁政的思想提供了人性论的依据。

孟子与告子还就"生之谓性"展开辩论:

告子曰:"生之谓性。"孟子曰:"生之谓性也,犹白之谓白与? "(告子)曰:"然。"(孟子问:)"白羽之白也,犹白雪之白;白雪之白,犹白玉之白与? "(告子)曰:"然。"(孟子驳之:)"然则犬之性,犹牛之性;牛之性,犹人之性与? "(《孟子·告子上》)

"生之谓性",如果是说人生而即有的是人的本性,那么这个命题未尝不可。但从孟、告的论辩看,这个命题实际上是说,人的生命就是人的本性。犬、牛也有生命,而人的生命不同于犬、牛的生命,因此,不能笼统地说"生之谓性"。孟子在这里强调的是,人性与物性、兽性不同,人性是指人之所以为人者,也就是人之区别于其他物类的特性。孟子说:"人之所以异于禽兽者几希,庶民去之,君子存之。"(《孟子·离娄下》)此"异于禽兽"的"几希",就是孟子所讲的"人性之善"。

孟子并非只看到人性中善的一面,他说:

口之于味也,目之于色也,耳之于声也,鼻之于臭也,四肢之于安佚也,性也,有命焉,君子不谓性也。仁之于父子也,义之于君臣也,礼之于宾主也,智之于贤者也,圣人之于天道也①,命也,有性焉,君子不谓命也。
(《孟子·尽心上》)

眼、耳、鼻、舌、身等感官的欲望也是人所生而即有的,在此意义上也可说是
"性"(孟子并不否认人生来有感性欲望的"幽暗意识"),其满足到什么程度由
"命"之所限,君子不将此称为"性"。仁、义、礼、智、圣五种德行是天之所"命",
其根源于心,是人性之扩充、人所"合当做"的,君子不将此称为"命"。显然,
哪些称为"性",哪些称为"命",孟子是作了价值选择的,这也就是"从其大体
为大人,从其小体为小人"(《孟子·告子上》)。

孟子的性善论在儒学史上之所以占有重要的地位,就是因为它为儒家的
仁义道德提供了天然合理性的人性论根据。在很大程度上,儒家的"以德治
国"是以人性本善为根据的。因为人性本善,所以"道之以德,齐之以礼",使
民"有耻且格"(《论语·为政》),这是符合人性的正常发展的。尽管后来儒家
对人性的说法不一,但是"善"在儒家人性论中占主要地位,恶或"幽暗意识"
的一面则占次要地位。之所以如此,就是因为性善论是与儒家的"为政以德"
和"德主刑辅"的治国理念相符合的。

<h1 style="text-align:center">五</h1>

战国后期的荀子持性恶论的观点。荀子说:"凡性者,天之就也。……不
可学、不可事而在天者,谓之性。"(《荀子·性恶》)这也可以说是讲"生之谓
性"。那么,人被"天"所生者是如何呢? 荀子说:"天职既立,天功既成,形具
而神生。好恶喜怒哀乐藏焉,夫是之谓天情。耳目鼻口形能各有接而不相能也,
夫是之谓天官。心居中虚,以治五官,夫是之谓天君。"(《荀子·天论》)这就
是说,人所与生俱来的是有形体和精神活动,有"天情""天官"和"天君"。但
荀子在讲人之"性恶"时,实际上只讲了人的"天情"和"天官",如说:

> 今人之性,生而有好利焉,顺是,故争夺生而辞让亡焉;生而有疾恶
> 焉,顺是,故残贼生而忠信亡焉;生而有耳目之欲,有好声色焉,顺是,故淫
> 乱生而礼义文理亡焉。然则从人之性,顺人之情,必出于争夺,合于犯分
> 乱理而归于暴。(《荀子·性恶》)

---

① 朱熹《孟子集注》:"或曰('贤者'之)'者'当作'否','人'衍字。"据马王堆帛书和郭店楚简《五
　行》篇,以"仁、义、礼、智、圣"为五种德行,则此处"圣人"之"人"字衍。

人生而即有"好利""疾恶""耳目之欲"等,这些都属于"天官""天情"的感性欲望,也就是告子所说的"食色,性也",孟子所说的"性也,有命焉,君子不谓性也"也是指此。荀子将其归于"恶",是因为"顺是"即"从人之性,顺人之情"就会发生"恶"的社会效果。荀子如此说人之"性恶",在理论上并不"周衍"[①],关键是其中没有讲到人所生而即有的"天君",也就是"心居中虚,以治五官"的理性认知功能。实际上,荀子又有"材性知能"或"知虑材性"之说[②],他是把"天君"作为人能够"化性起伪"的条件,即人"皆有可以知仁义法正之质,皆有可以能仁义法正之具",由此可以推出"涂之人可以为禹"(《荀子·性恶》)。就此而言,在荀子的性恶论中也包含了人性可以知善、为善的因素。

　　荀子说:"故枸木必将待檃栝烝矫然后直,钝金必将待砻厉然后利;今人之性恶,必将待师法然后正,得礼义然后治。"(《荀子·性恶》)这就像告子所说的"将戕贼杞柳而以为杯棬,则亦将戕贼人以为仁义",使儒家的仁义道德失去了(而且是违逆了)天然合理性,故而孟子批评这是"率天下之人而祸仁义"。相反,荀子则批评:"性善则去圣王,息礼义矣。性恶则与圣王,贵礼义矣。故檃栝之生,为枸木也;绳墨之起,为不直也;立君上,明礼义,为性恶也。"(《荀子·性恶》)由此可见,荀子性恶论的旨向是更加强调了"与圣王""立君上"的必要,这是与战国后期君主制走向"集权"和"任法"相适应的。在中国文化中,性恶论并不是为民主制提供人性论根据,而恰恰是为君主制的"集权"和"任法"提供人性论根据。

　　荀子之后,儒家鲜有持性恶论者,这是因为性恶论不能为儒家的仁义道德提供天然合理性的论证,相反却隐含着"率天下之人而祸仁义"的可能。而性善论因为与儒家的"为政以德""德主刑辅"的治国理念相联系,所以秦以后的儒家人性论实是以"性善"为主要因素的。

六

　　秦以后的"性三品"说,由董仲舒开其端。他所说的"圣人之性"和"斗筲之性"只涉及纯善和极恶的极少数人,他主要是以"中人"论性,而"中人"是绝大多数人,"天两有阴阳之施,身亦两有贪仁之性"(《春秋繁露·深察名号》),也就是说在"中人之性"中包含着向善和向不善发展的两个方面。董仲

---

① 徐复观指出,荀子的"性恶论,对于他自己而言,不是很周衍的判断"。(徐复观:《中国人性论史·先秦篇》,上海:上海三联书店,2001年,第225页)

② 《荀子·荣辱》:"材性知能,君子小人一也。……小人莫不延颈举踵而愿曰:'知虑材性,固有以贤人矣。'夫不知其与己无以异也。……故熟察小人之知能,足以知其有余,可以为君子之所为也。"

舒否认人之性善,说:"性者,天质之朴也;善者,王教之化也。"(《春秋繁露·实
性》)"王承天意,以成民之性为任者也。今案其真质而谓民性已善者,是失天
意而去王任也。万民之性苟已善,则王者受命尚何任也? ……圣人以为,无王
之世,不教之民,莫能当善。"(《春秋繁露·深察名号》)这仍是以人性未善来
为"与圣王""立君上"作根据。但他说:"天生民,性有善质而未能善,于是为
之立王以善之,此天意也。"(《春秋繁露·实性》)这符合他所主张的圣王教化
"任德不任刑"的思想。承认人性中有"善质",与承认人性之善,实际上没有
太大的区别。董仲舒说:"性有善端,动之爱父母,善于禽兽,则谓之善,此孟子
之善。循三纲五纪,通八端之理,忠信而博爱,敦厚而好礼,乃可谓善,此圣人
之善也。"(《春秋繁露·深察名号》)孟子所说的人皆有"四端",虽然在孟子的
思想中即为人之"性善",但也可以理解为人皆有"善质"或"善端"(仁义礼智
之"端")。只不过孟子更强调人性扩充的内在自觉和自身修养,而董仲舒则更
强调圣王教化。

　　由汉至唐,儒家多持"性三品"说。至宋初的李觏仍是如此,但他在 30 岁
以后批评"圣人以道强人""圣人违天而病人"之说,认为圣人之德只是"因其
有而品节之"(《李觏集·广潜书》)。他在《与胡先生书》中尤其批评了胡瑗"民
之于礼也,如兽之于圈也,禽之于继也,鱼之于沼也。岂其所乐哉? 勉强而制
尔"的观点。《原礼篇》李觏:"大惧此说之行则先王之道不得复用,天下之人
将以圣君贤师为仇敌,宁肯俯首而从之哉? ……去自然之情而就勉强,人之所
难也。……且制作之意,本不如此,唯礼为能顺人情,岂尝勉强之哉? "李觏又
说:"民之欲善,盖其天性。"(《李觏集·答黄著作书》)李觏在 30 岁以后已持
人的性情是近善或向善的思想,与《性自命出》的思想相近,这也标示了宋儒
从"性三品"说走向性善论的一个必然。①

<h1 style="text-align:center">七</h1>

　　宋代理学家提出"天地之性"(又称"天命之性")与"气质之性"的思想。
二程批评以前的人性论是"论性不论气,不备;论气不论性,不明。二之则不
是"(《程氏遗书》卷六)。朱熹对二程和张载提出"天地之性"与"气质之性"
有很高的评价:"至于程子则又始明性之为理,而与张子皆有气质之说。然后
性之为善者,无害于气质之有不善;气质之不善者,终亦不能乱性之必为善也。

---

① 　参见李存山《李觏的性情论及其与郭店楚简性情论的比较》,《抚州师专学报》2002 年第 4 期。

此其有功于圣门而惠于后学也厚矣。"①(《四书或问·孟子或问》卷十一)提出"天地之性"与"气质之性"之说的重要意义在于,一方面传承和弘扬了孟子的性善论,另一方面也承认了人的"气质之性"中包含了不善的"幽暗意识"。虽然人性中有"天地之性"与"气质之性"两个方面,但"二之则不是","气质之性"不过是"天地之性"堕入不同气质中的各种不同表现。因此,纯善的"天地之性"是本原之性。

性善论对于自身修养的意义就是"明明德"或"致良知",对于"新民"或"治人"的意义则如朱熹所说:"君子之治人也,即以其人之道,还治其人之身。其人能改,即止不治。盖责之以其所能知、能行,非欲其远人以为道也。"(《四书集注·中庸·第十三章》)"以其人之道"就是因为人皆性善,这是人的当行之道;"还治其人之身"就是"君子之治人"乃本于人性,这是人所"能知、能行"的,而不是"远人"违逆人之本性的。

除去理学内部在理气关系和心性关系上的理论分歧不论,可以说宋明理学家普遍认为人之"性善"占本原或主流的地位,同时他们也承认人的"气质"中含有向不善发展的可能,"变化气质"遂也成为宋明理学家普遍持有的工夫论。在此意义上,"天地之性"与"气质之性"的思想是宋明理学人性论中占主导地位的思想。

八

崇尚道德是中国传统文化的最高价值取向。《左传》云:"太上有立德,其次有立功,其次有立言。""太上"就是最高。《易传·系辞下》也说:"精义入神,以致用也;利用安身,以崇德也;过此以往,未之或知也。"与此相应,儒家哲学的人性论是以主张"性善"或人性向善为主流,"性与天道合一"和"性即理也"不仅与儒家主张的"以德治国"相联系,而且这也正是中国哲学主张"内在超越"而不是靠外在"上帝"之救赎的特点之所在。当然,人性中也包含着感性欲望、向不善发展的"幽暗意识",这也是一个不可否认的客观事实,儒家哲学的人性论实际上也或多或少地承认有这种意识,只不过认为它不占主流地位。

性恶论在中国古代并不是为民主制提供人性论的依据,而是为君主制的"集权"和"任法"提供人性论的依据。在当今时代,我们应承认人性中有"善"亦有"恶"。承认"性善",就是承认人的尊严、自由意志或人之固有的内在价值(孟子所谓"良贵"),主张"以德治国"而不是以严刑峻法治国。承认人性中

---

① 〔宋〕朱熹:《四书或问》,黄珅校点,上海:上海古籍出版社;合肥:安徽教育出版社,2001 年,第 475 页。

也有感性欲望或"恶"的因素,就是要坚持"以义导利"的价值取向,并且在政治上充分认识君主制的历史局限性,总结和吸取君主集权在历史上造成祸害的经验教训,从民本走向民主。[①]而民主制的一个要义就是"以权力来制约权力",把权力关在制度的"笼子"里,防止掌权者的权力滥用和腐败,这就要"依法治国",用"法治"来规范、节制权力的使用。曾有学者说:性善论使民主制成为可能,性恶论使民主制成为必要。如何重新认识儒家所讲的"性善"和"性恶",这也关乎中国传统文化在当代的创造性转化和创新性发展。

(李存山:中国社科院中国哲学研究室主任、研究员、
博士生导师,兼任中华孔子学会副会长)

---

① 如黄宗羲总结秦以后特别是宋明两代的经验教训,在《明夷待访录》中提出"为天下之大害者君而已矣",他主张提升宰相的权力和使学校成为教育兼议政的机构,其实质是以权力来制约权力。参见李存山《从民本走向民主的开端——兼评所谓"民本的极限"》,《华东师范大学学报(哲学社会科学版)》2006 年第 6 期。

儒家文化自觉精神

朱人求

儒家文化自觉,是指儒家知识分子进行文化反省、文化创造和文化实践中所体现出来的一种文化主体意识和文化心态。在特定的文化转型和文化自我批判时代,由于文化与人生的困顿,一些先知先觉的儒家知识分子往往能对自身文化进行深刻的自我反省和自我批判,从而对旧文化的没落和新文化的诞生有清醒而充分的认识,能深切地体认到自身的历史文化使命,并努力付诸实践。在这些先知先觉者身上呈现出一种文化使命的历史担当精神、文化承传与文化损益精神、兼知兼行的文化实践精神,这便是儒家文化自觉精神。儒家文化自觉精神形成于孔孟荀,后世儒者基本承袭了这一原点精神并略有创发,它们构成儒家文化乃至整个中国文化持续发展的内在动力。

一、文化使命的历史担当精神

文化使命的历史担当精神是儒家文化自觉的逻辑起点。文化自觉源于对社会与人生的自觉,作为儒家文化的创始人和传统精神的守护者,孔子对历史文化使命所表现的自觉担当直接源于他对"礼崩乐坏"的社会现实和人生困境的反省与自觉。孔子生活的春秋时代,社会处于新旧交替之中,周室衰微,诸侯争霸,周天子失去了原有的权威,礼制遭到破坏,僭越现象不断发生。对于这种状况,孔子深感不安和忧虑,认为礼制破坏的根本原因在于"天下无道,则礼乐征伐自诸侯出"(《论语·季氏》)。"道"的失落意味着文化价值理想的失落和价值标准的失范,是知识分子的文化良知促使孔子立志改变"道之不行"的现状,重新恢复"天下有道"的局面。孔子苦心孤诣找回的"道",是指儒家孜孜追求的古者先王之道,是尧舜禹汤文武周公一脉相承的文化传统,它代表着儒家文化的价值理想和最高典范。孔子以周文化的继承者自居,他声称：

> 文王既没，文不在兹乎？天之将丧斯文也，后死者不得与于斯文也；天之未丧斯文也，匡人其如予何？（《论语·子罕》）

自觉地担当起延续历史文化的使命与职责。对于孔子的文化自觉，朱熹注解说：

> 道之显者谓之文，盖礼乐制度之谓也，不曰道而曰文，亦谦辞也"[1]（《论语集注·子罕》）

后来又干脆称：

> 三代圣贤文章，皆从此心写出，文便是道。[2]（《朱子语类》卷一三九）

可见，孔子对文化的自觉也即对儒家之"道"的自觉。

孔子对历史文化使命的自觉担当所彰显的是一种主体自觉精神。孔子深切地体认到"道之不行"的社会责任在于人们自身，是人们的心灵麻痹了，浸淫于其中而不知其味。孔子感叹道：

> 道之不行也，我知之矣，知者过之，愚者不及也；道之不明也，我知之矣，贤者过之，不肖者不及也。人莫不饮食也，鲜能知味也。"（《中庸》第四章）

"道"就在百姓伦常日用之中，没有哪一刻离开过，就如人们天天饮食一样，但人们很少知道其中的"真味"。因此，应积极倡导一种主体自觉精神，自觉卫道，重新发现失落的传统并努力使之发扬光大，"人能弘道，非道弘人"（《论语·卫灵公》），其中的深意也在此。在道与人的互动中，人是主动的而非被动的存在，人是道的制定者、追求者和光大者，只有通过主体自觉努力，才能把道的文化理想（或价值理想）转变为现实。正是在此种意义上，孔子强调："士不可不弘毅，任重而道远。"（《论语·泰伯》）这里表达的是一种深沉

---

① 〔宋〕朱熹：《四书章句集注》，北京：中华书局，1983 年，第 110 页。
② 〔宋〕黎靖德编：《朱子语类》卷一三九，王星贤点校，北京：中华书局，1994 年，第 3319 页。

的使命感,它从宽广的文化历史背景上,凸显了主体的历史责任。应当指出,"任重而道远"的历史文化的使命感,即是以"人能弘道"的历史文化自觉为前提的。

被后世尊为"亚圣"的孟子以私淑孔子门人自勉(《孟子·离娄下》)。孟子看到了世衰道微,圣人不作,诸侯放肆,处士横议,杨朱、墨翟的言论充盈天下,决心以"正人心,息邪说,距诐行,放淫辞,以承三圣(禹、周公、孔子)"。(《孟子·滕文公下》)这是一种由强烈的历史意识和深厚的文化认知融合而成的使命感,它同样源于主体对文化的自觉,是孟子的文化使命。孟子以"先知先觉者"自许:

> 天之生此民也,使先知觉后知,使先觉觉后觉也。予,天民之先觉者也,予将以斯道觉斯民也。非予觉之,而谁也? (《孟子·万章上》)

孟子试图以先王之道的文化理想和价值准则来引导那些尚未觉悟的民众,把他们从"行之而不著焉,习矣而不察焉,终身由之而不知其道"(《孟子·尽心上》)的混沌中拯救出来。孟子作为一个孤独的圣者,看到了自身的历史责任和文化使命,他把个体自觉积极转化为一种社会自觉,以拯救那些后觉的众生,他豪迈地宣称:"如欲平治天下,当今之世,舍我其谁也。"(《孟子·公孙丑下》)

荀子的文化自觉集中体现在他对道的自觉捍卫和解蔽上,在《荀子·解蔽》篇中,他历数各家各派代表人物仅仅"观于道之一隅"而未能认识到道的整体。他指出:墨子为实用所蒙蔽就不知有礼乐,宋子为人之情欲寡淡所蒙蔽就不知道情欲的满足,慎子为法所蒙蔽就不知道法要贤能来贯彻执行,申子为权势所蒙蔽就不知道人和的作用,惠子为虚辞所蒙蔽就不知道要尊重客观事实,庄子为天道所蒙蔽就不知人为的重要意义。这些都只是道的一方面,至于整体的道,既体现常理,又极尽变化,不可能从一个方面去概括它,只有孔子"仁知且不蔽,故学乱术足以为先王者也。一家得周道,举而用之,不蔽于成积也。故德与周公齐,名与三王并,此不蔽之福也。"(《荀子·解蔽》)荀子对孔子推崇,实质是对尧舜禹汤文武周公之道的推崇,这是一种深厚的历史文化意识和自觉卫道的担当精神。荀子明确提出他的文化使命:"上则法舜禹之制,下则法仲尼、子弓之义,以务息十二子之说,如是则天下之害除,仁人之事毕,圣王之迹著矣。"(《荀子·非十二子》)值得一提的是,荀子之后,儒家文化使命的自觉担当精神逐渐演变为一种自觉卫道的道统精神,对道统精神的继承和发扬遂成为儒家标志性的旗帜。

二、文化承传与文化损益精神

文化承传与文化损益精神是儒家文化自觉精神的核心。如果说文化使命的历史担当只是文化主体意识的自觉，那么文化承传与文化损益则是文化价值内涵的选择与创新，是儒家主体自觉的进一步深化。在儒家的话语系统中，文化传承指"述"，文化损益指"作"。"作者之谓圣，述者之谓明"①（《礼记·乐记》）。由于创业垂统的"作"乃是圣王之事，所以孔子自称"述而不作"（《论语·述而》），实际上他有"述"有"作"。通过对历史文化的深刻洞察，孔子深深体认到：在文化失范文化转型时期，"述"与"作"是从旧文化向新文化转化的最佳范式。他说：

> 殷因于夏礼，所损益，可知也；周因于殷礼，所损益，可知也；其或继周者，虽百世，可知也。（《论语·为政》）

这里的"因"便是文化的承传，这里的"损益"便是文化的创新。孔子承继了周礼和先王之道，其文化创新在于他能适应时代潮流，肩负着文化使命的自觉，在古代中国思想符号世界中第一次提出了"仁道"的价值理想和价值原则。孔子认识到人们食而不知其味的麻木不仁和"任重而道远"的历史文化使命，首先，他的"仁"旨在唤醒人们的主体自觉："为仁由己，而由人乎哉？"（《论语·颜渊》）"仁远乎哉，我欲仁，斯仁至矣。"（《论语·述而》）每一个主体都蕴含着自主的力量，是自觉的、主动的，而非被动的，只要自己想达到仁，仁道便可以达到。"仁"是一种自主自觉意识，在文化上体现为"一种深刻的文化自学意识和忧患意识，一种深厚的文化使命感和文化自学践履精神"②。其次，"仁"是一种普遍的价值原则，孔子把"仁"界定为"爱人"（《论语·颜渊》）。"仁"体现的乃是一种朴素的人文观念，它意味着人在天地万物中的至上地位。而且，表现为爱人、尊重人的仁道原则必须以亲情为基础：

> 孝弟也者，其为仁之本与！（《论语·学而》）

"仁"又体现出人类血缘关系的族类本质。有人认为孔子主张"爱有差

---

① 〔清〕阮元校刻：《十三经注疏》，北京：中华书局，2009 年，第 3317 页。
② 见朱人求《孔子文化哲学思想初探》，《南昌大学学报（社会科学版）》1997 年第 2 期。

等"，它构成了对仁道原则的限制。杨国荣指出，这一观点并非毫无根据，然而由此否定孔子仁道的普遍性原则似乎缺乏根据，孔子强调孝悌为仁之本，"其真正的旨趣并不是以狭隘的血缘关系来限制仁道原则，而在于将原始的（最初的）自然关系加以人化，就其本质而言，人文化总是意味着普遍化，它体现的是人的普遍的族类本质。"①复次，"仁"还表现为最高文化理想和超越境界。最高理想是可近而不可及的，孔子本人也从来不敢以"仁"自许：

> 若圣与仁，则吾岂敢？（《论语·述而》）

即使是他最得意的弟子颜渊，也只能做到：

> 其心三月不违仁，其余则日月至焉而已矣。（《论语·雍也》）

孔子的"仁"含义丰富，从最高理想和超越境界层次上来说，"仁"是"道"的代名词，孔子之道即"仁道"。孔子曰：

> 道二，仁与不仁而已矣。（《孟子·离娄上》）

> 修身以道，修道以仁。（《中庸》第二十章）

蔡仁厚也指出："孔子之学，是仁学。仁，可以是德，可以是道，亦可以是性，是理。"②可见，"仁"在孔子的符号象征世界中，具有一种最高范式的意义。

孟子进一步发挥了孔子的仁道思想。陆九渊在概述孔孟仁道精神的逻辑连续性时说："夫子以仁发明斯道，其言浑无罅缝。孟子十字打开，更无隐遁，盖时不同也。"③（《陆九渊集》卷三十四）在社会政治方面，孟子继承了孔子的"仁"的精神，它的现实敞开即为"仁政"：

> 人皆有不忍人之心，先王有不忍人之心，斯有不忍人之政矣。（《孟子·公孙丑上》）

---

① 杨国荣：《善的历程：儒家价值体系的历史衍化及其现代转换》，上海：上海人民出版社，1994年，第16页。
② 蔡仁厚：《孔孟荀心论之比较》，中国孔子基金会编：《孔孟荀之比较——中、日、韩、越学者论儒学》，北京：社会科学文献出版社，1994年，第421页。
③ 〔宋〕陆九渊：《陆九渊集》卷三十四，钟哲点校，北京：中华书局，1980年，第398页。

　　孟子提倡制民恒产,推动王道政治,以德化民,实行"仁政"。这样,"从孔子仁道到孟子的仁政,儒家人文主义原则便表现为一个深化的过程:它开始由一般的伦理要求,进一步提升为社会政治生活的准则。"①这是对孔子仁道的横向展开。在纵向上,孟子把孔子推己及人、由内而外的行仁路径上下贯通为"尽心知性知天"。孟子的逻辑是,人人皆有恻隐之心,善恶之心,恭敬之心,是非之心,它们是仁义礼智四种美德的萌芽,对内在心灵的发掘,可以深入人类内在的善的本性;相反,如果把人的仁爱之心向外扩充,推己及人,便可扩充他人的仁爱之心,最终可以上贯为"知天""事天"。孟子自信地说:

> 万物皆备于我,反身而诚,乐莫大焉。(《孟子·尽心上》)

　　达到"诚"的境界,天地万物与我为一,也就实现了儒家"天人合一"的最高境界,那才是儒家最大的快乐。

　　同孟子相比,荀子打开了社会现实的"治道",却切断了儒家超越的理想追求及其内在的心性根源,切断了儒家对天道和人性的美好向往。荀子尊崇孔子和先王之道,并把先王之道规定为以礼义为核心的人道:

> 先王之道,仁之隆也,比中而行之,曷谓中? 曰:礼义是也。道者,非天之道,非地之道,人之所以道也,君子之所道也。(《荀子·儒效》)

　　但他又对古者圣王之道加以时代改造,他认为,道是自古至今最公正的标准:

> 道者,古今之正权也。(《荀子·正名》)

> 何谓衡? 曰:道。(《荀子·解蔽》)

　　对于后者,王先谦注解说:"道,谓礼义。"②可见,荀子的目光仅仅集中在"人道"上,集中在"礼"上,二者是等同的:"礼者,人道之极也。"(《荀子·礼论》)"礼"概括了人道的一切规范,个人的生存,事业的成就,国家的安宁,都不能脱离礼的规范。因此,《荀子·修身》篇宣称:"人无礼不生,事无礼不成,

---

① 杨国荣:《善的历程:儒家价值体系的历史衍化及其现代转换》,上海:上海人民出版社,1994 年,第59 页。

② 〔清〕王先谦:《荀子集解》卷十五,沈啸寰、王星贤整理,北京:中华书局,1988 年,第394 页。

国家无礼则不宁。"荀子还吸取了法家的思想,主张礼法并施,王霸并用,"君人者,隆礼尊贤而王,重法爱民而霸。"(《荀子·大略》)又云:

> 治之经,礼与刑,君子以修百姓宁。明德慎罚,国家既治四海平。(《荀子·成相》)

在荀子思想中,"天人相分"和"人性恶"是他的独创,天与性皆是自然义,是负面的、被动的,这是他同孔孟思想迥异之处。也正是由于荀子断绝了道与天和人性的内在联系,荀子之"道"便只有从现实中诞生,道的神圣性和终极性彻底失落了,就连孔子孜孜以求的"圣人之道",到了荀子这里也经他的现实改造而成为"君子之道",其内容也是"礼义之文"。荀子对礼的文化模式的推崇,是对先王圣人之道的下坠,圣人之道也走向了平民化和世俗化。由于荀子过于现实过于冷峻,他省略了儒家内在超越的一面,导致其思想的平面化的倾向。人的心灵总渴望理想,所以后世儒者虽然践履着荀子的"治道",却心仪孔孟的终极理想,儒家最终还是重复着孔孟理想主义的道路。

三、兼知兼行的文化实践精神

兼知兼行的文化实践精神是儒家文化自觉精神的现实归宿。儒家文化自觉精神并不局限于意识与精神领域,它具有自己的实践性。每一个儒家思想家既是思想的大师,也是实践的大师,在他们的文化生命中始终贯穿着一种实践的自觉。从文化使命自我担当、文化传承和文化创新到兼知兼行的文化实践,也是儒家文化自觉逻辑发展的必然进程。兼知兼行也是中国儒学的原点精神之一。从字源上看,甲骨文中的"行"字,像一个四通八达的十字路口,它的本义是道路。《说文》:"行,人之步趋也,从彳从亍。"①引申为缓步或急步行走,又引申为行动和实践。因而,"知行"一词的原初意义即"知道",知道怎样去行道和实践,尤其是日常生活实践也进入"道"的关怀领域。然而如何知道行道还必须通过学习来解答,在此种意义上,"学"包含知道和行道。孔子作为儒学的开创者,虽然承认"生知",但他更重视"学知",认为只有圣人"生而知之"。他自己也是"学而知之",学道知道对生命的意义至为重要。孔子感慨曰:"朝闻道夕死可矣"(《论语·里仁》),只要能了悟大道,哪怕早上得道,傍晚便死去也在所不惜,孔子还反复强调:"士志于道"(《论语·里仁》),要求士

---

① 〔汉〕许慎:《说文解字》,徐铉校定,北京:中华书局,1963年,第44页。

君子要志于学道、知道和行道，这三者是统一的。他告诫人们：

> 君子食无求饱，居无求安，敏于事而慎于言，就有道而正焉，可谓好学
> 也已。(《论语·学而》)

人们的思想与行为合乎正道，这也就是好学。就此，方克立指出，孔子所谓"学"，实兼有"知""行"二义。[①]孔子"敏而好学，不耻下问"(《论语·公冶长》)。他的一生是好学的一生，更是行动的一生。为了实现自己的文化理想，恢复周道，孔子遑遑栖栖，一生颠簸奔走于列国之间，"累累如丧远家之犬"也在所不辞。尽管其文化理想早已落后于时代，从一开始就注定无法实现，但他"知其不可而为之"(《论语·宪问》)，不仅执着于"任重道远"的历史文化使命，而且对圣王之道加以时代性的改造，使之薪火相传，表现出对儒家文化的高度自觉与自信。

孟子进一步发挥了孔子的"生知"说，他认为人被先天赋予了"良知""良能"：

> 人之所不学而能者，其良能也；所不虑而知者，其良知也；孩提之童，
> 无不知爱其亲也；及其长也，无不知敬其兄也。亲亲，仁也；敬长，义也。
> (《孟子·尽心上》)

这是一种先验的道德认识论。仁义作为人先天具有的"良知""良能"，其外在转化便是"亲亲""敬长"的道德行为，可见，道德认知与道德行为具有内在的一致性。孟子还进一步说明："仁""义"这类先天道德观念产生的根源在于人的内心，他说："恻隐之心，仁也；羞恶之心，义也；恭敬之心，礼也；是非之心，智也。仁义礼智，非外铄我也，我固有之也。"(《孟子·告子上》)因此，求知的途径不是向外界探索，通过实践认识客观事物及其规律，而是通过向内心探求认识自己的先天本性，把迷失了的天性找回来："求则得之，舍则失之""学问之道无他，求其放心而已矣。"(《孟子·告子上》)实践被根本排除在认识论之外，知即是行，行即是知，它们都是心的派生物。"心兼知行"是孟子知行观的最大特色，学习也不过"求其放心"而已。其实，孟子也注重"学知"，重视学习的作用，学习只不过是安顿好本心，使心灵不被物欲所蒙蔽的方法。对那些不觉悟的民众，通过学习予以教化尤为重要，孟子主张：

---

① 　方克立:《中国哲学史上的知行观》，北京：人民出版社，1982 年，第 17 页。

设为庠序学校以教之;庠者养也,校者教也,序者射也。夏曰校,殷曰序,周曰庠,学则三代共之,皆所以明人伦也。(《孟子·滕文公上》)

通过教化,使人人能以仁存心,以义存心,深造自得于大道,回到至纯无碍的天性。孟子一生,以弘扬孔子周公之道为职志,为恢复圣王之道,实行"仁政",孟子辗转于诸侯之间,四处宣扬自己的学说和理想。由于他所述的唐虞三代之德,"迂远而阔于事情",终不为齐宣王、梁惠王所用,孟子只得"退而与万章之徒序《诗》、《书》,述仲尼之意,作《孟子》七篇"《史记》卷七十四,孟子一生也是自觉投身于文化实践的一生。

荀子依然坚持了孔孟内圣而外王的路线,积极倡导"君子务修其内而让之于外,务积德于身而处之以遵道"(《荀子·儒效》)。道是君子修身处世的行为准则,君子的行为实践即是道的实践。荀子非常重视实践的作用,他认为:

不闻不若闻之,闻之不若见之,见之不若知之,知之不若行之,学至于行之而止矣。行之,明也,明之为圣人。……知之而不行,虽敦必困。不闻不见,则虽当,非仁也,其道百举而百陷也。(《荀子·儒效》)

道的实践是学习和认知的必然归宿,不闻不见之道,不是真正的仁道,它的实行终将以失败而告终。我们应努力践履正道,因为道就在我们身边,不努力实践,仍然达不到目的,再小的事情,不做永远也不会成功。一言以蔽之,儒家的知行观发展到荀子这里已呈现出"行兼学知"的思想倾向,荀子所强调的"行之,明也"和"符验"说,已经出现在实践中检验真知发展真知的思想萌芽,已经接近科学的知行观。荀子也十分强调"知"的重要性,荀子的"知"关心的是人间日常智慧,"唯圣人不求知天",竭力反对那些不着边际无关痛痒的言论,主张对"无用之辩,不急之察,弃而不治,若夫君臣之义,父子之亲,夫妇之别,则日切磋不舍也。"(《荀子·天论》)与孟子不同的是,荀子认为后天的学习是获得知识和道德价值的重要手段,应博学多识,真积力久,"学至于行之而止"远远不够,还应活到老学到老,"学至乎没而后止"(《荀子·劝学》)。在现实生活世界里,荀子的思想和行为也是一致的。为了施展自己的政治抱负和文化理想,荀子曾周游齐、楚、赵、秦等国,试图说服诸国王侯接受他以王道统一天下的抱负,终不能用,但荀子的"遗言余教,足以为天下法式表仪,所存者神,所过者化。……天下不治,孙卿不遇时也"(《荀子·尧问》)。尽管荀子生不逢时,这并不妨碍他非十二子、为道解蔽、自觉行道卫道,毕生执着于文化实践,对先圣先贤的文化理想一往情深,言其"足以为天下法式表仪"的说法虽然有些言过其实,但其中饱含着弟子们的无限敬慕和深远的文化意蕴。

四、价值根源与价值评判

文化使命的历史担当精神、文化承传与文化损益精神、兼知兼行的文化实践精神共同构成了儒家文化自觉精神的价值内涵,这一文化精神的形成有其现实的、形而上的和内在的价值根源。在先秦时期,"礼崩乐坏"的社会现实是儒家文化自觉的现实根源。一般说来,文化的自我批判总发生在旧文化衰落时期,每当社会政治经济危机处于爆发的前夜或已经爆发,各种社会矛盾日益尖锐,旧的价值体系崩坏,于是一个文化批判时代,一个文化反省和文化自觉的时代开始了。"礼乐文化"是我国春秋时代的文化标志,"礼崩乐坏"带来了"文化断裂"和文化危机,也引起有识之士的反思并由此而达到文化自觉。文化自觉是文化进步的内在动力,是旧文化的终结和新文化崛起的契机。儒家文化自觉精神的形成还有其形而上的价值渊源。脱胎于原始宗教的早期儒家并没有完全摆脱天命神学的羁绊,听命于天、祈天安命是其文化自觉的形而上根源,也为其思想和行为洒上了神圣的光辉。孔子认为,文化的创造和存亡最终依存于天的力量,他把自己的文化使命视为天的赐予,认为周文王死了以后所有的文化遗产都承接在自己身上,天若要消灭这种文化,那我也不会掌握这种文化了,既然上天不想消灭这一文化,那么匡人又能把我怎么样呢? 文化的创造与延续可通过人来实现,但人的创造与延续文化的终极动力,归根到底根源于天。孟子同样强调天命的至上性,在《孟子·梁惠王》篇中,他把自己一生政治文化理想的失败解释为天意使然。其文化自觉更是上承天命所当然:

> 夫天未欲平治天下也,如欲平治天下,当今之世,舍我其谁也? 吾何为不豫哉! (《孟子·公孙丑下》)

荀子否定天的神秘性,把天还原为物质性的天,主张"制天命而用之(《荀子·天论》),但他并不否定命的作用。荀子云:"死生者命也"(《荀子·宥坐》),"节遇之谓命"(《荀子·正名》),其把生死、时机和遭遇称为命。荀子并不刻意要求人们知天,但应知晓命运非人力所能左右,因此,人生应达观而又自信,"知命者不怨天"(《荀子·荣辱》),人们应乐天、知命、安命。笃信天命只是早期儒家思想的一个侧面,他们更多地看到了理性的作用,把目光投向人自身,投向人类自我的深层——人性,人性构成了儒家文化自觉的内在价值根源。儒学的开创者孔子只是淡淡地说了句"性相近也,习相远也"(《论语·阳货》),并未对人性作善恶价值判断,但这足以成为他能承接周公继承周文化最充分的内在依据。孔子之后,孟子看到了人性的正面价值,宣扬人性本善圣凡同类并为之寻找心理的依据,于是人的价值自觉文化自觉只需"反求诸己"(《孟子·公孙丑上》),向内心去寻求。荀子则看到了人性的负面价值——性恶,看到了"涂之人可以为禹"(《荀子·性恶》),即人人皆有改善人性走向圣人的潜能,因此,人的文化自觉就在于"化性起伪"(《荀子·性恶》),克服自身的负面价值而走向理性自觉。

应当指出,儒家文化自觉精神更多的是源于内在人性的理性自觉,源于认识主体对自己行为的自主选择,它既是自觉的,又是自愿的。"道"是儒家知识分子进行理性认识和自主选择的最高理想和价值标准。实行"仁道"是孔子毕生的追求,孟子也要求"君子深造之以道,欲其自得之也"(《孟子·离娄下》),肯定主体自觉地把握道,遵道而行。荀子指出,人的行为必须以道为准则:

> 道者,古今之正权也。离道而内自择,则不知福祸之所托也。(《荀子·解蔽》)

儒家的文化自觉就是对"道"的自觉。有了"道"的自觉,一方面,面对现实的文化危机,早期儒者挺身而出,承担起自觉救世的文化使命,并不断地向生命的深层进行探索,寻找文化的内在依据;另一方面,即便是面对那神秘莫测的"天命",也应努力破译它的文化密码,孔子"五十而知天命"(《论语·为政》)的自信,荀子"知命者不怨天"(《荀子·荣辱》)的达观,孟子"知命者不立乎岩墙之下"(《孟子·尽心上》)的警示,都显示出早期儒者对天命的乐观豁达和对理性自觉的信念。

儒家文化自觉精神中还有许多耐人寻味的话题,例如,儒家文化自觉被后人称道的多是文化使命的历史担当精神、文化承传和文化实践精神,而文化批判和文化创新精神常常被忽略,儒家文化自觉为什么多以自觉卫"道",回归传统,回归先贤圣王之"道"的文化理想而告终? 这些都是非常有意义的课题。儒家文化自觉代表一种成熟的儒家知识分子群体的兴起,他们既是文化的承传者,也是文化的创造者,文化自觉是他们的使命和责任,也是他们存在的现实理由。在社会转型、文化转型时期,文化失范和文化重构的时代诉求,更迫切呼唤一种文化自觉意识和文化自觉精神,这正是今天我们重提这个话题的时代理由。总之,儒家文化自觉精神以其独特的使命自觉、理性自觉和实践自觉,激励了一代又一代的中国知识分子投身于文化,自觉承担起历史文化使命,自觉地进行文化批判和文化创新。当今我们应该把文化落实为一种生活,一种实践,因为在漫长的历史文化进程中,它们是中国文化不断进步的内在动力,推动着中华文化的薪火相传。

（朱人求：厦门大学哲学系教授）

文化同一性与时代差异性：儒学研究者与儒家的关系

周可真

不知"儒学"之名最初起于何时，但先秦典籍中已有"儒术"之名①。古时言"学"、言"术"，其意义并不等同。对此，朱维铮曾做过如下考释：

> "学之为言觉也，觉悟所未知也"，写入东汉章帝亲任主编的经学辞典《白虎通义》的这一定义，表明"学"的古老涵义是教育学的，指的是教师启发学生的学习自觉性。《白虎通义》没有诠释"术"字，但它的整理者班固首创"不学无术"这一著名术语，说明他认定学与术并不等价。因而稍后成书的《说文》诠释"术"为"邑中道"，即今所谓"国道"，意为实践可以遵循的法则、技能与方法，就在实际上指出了两个概念的主要区别：学贵探索，术重实用。②

据此，"儒学"与"儒术"这两个名词所指称的对象之间的差异，或可归结为理论探索与实践应用之间的差异。但从这两个名词出现的先后次序来看，是先有"儒术"而后有"儒学"。这表明，是相关的实践应用遇到问题时，才出现相应的理论探索。

这里不去深究"儒学"之名的来源出处，只说五代时期史学家刘昫在其所编《旧唐书》中首创了《儒学传》，此后《新唐书》《元史》等亦皆有《儒学传》。而《元史》有云："前代史传，皆以儒学之士，分而为二，以经艺颛门者为儒林，

---

① 如《墨子·非儒下》："胜将因用儒术令士卒曰：'毋逐奔，撽函勿射。'"又如《荀子·富国》："故儒术诚行，则天下大而富，使而功，撞钟击鼓而和。"

② 朱维铮：《求索真文明——晚清学术史论》，上海：上海古籍出版社，1996年，第3页。

以文章名家者为文苑。然儒之为学一也,六经者斯道之所在,而文则所以载夫道者也。故经非文则无以发明其旨趣;而文不本于六艺,又乌足谓之文哉。由是而言,经艺文章,不可分而为二也明矣。"《元史》卷一百八十九《列传》第七十六《儒学一》这里说明了儒学是依据"六经"而发明其旨趣的学问。

然则,儒学与儒家乃有密不可分之关系,因为"儒家"作为司马谈《论六家要旨》所讲的"六家"(阴阳、儒、墨、名、法、道德)之一,原本就是指"以'六艺'为法"的一个学派:

> 夫儒者以"六艺"为法。"六艺"经传以千万数,累世不能通其学,当年不能究其礼,故曰"博而寡要,劳而少功"。若夫列君臣父子之礼,序夫妇长幼之别,虽百家弗能易也。

尽管"六艺"有两种含义,其一指"六经"(《诗》《书》《礼》《易》《乐》《春秋》),其二指礼、乐、射、御、书、数,但司马谈这里所说的"六艺"显然是指"六经",所谓"'六艺'经传以千万数"乃其明证。"'六艺'经传以千万数,累世不能通其学"之说表明,所谓"以'六艺'为法",就是指儒家所从事的学问是以"六经"为依据的。由此可见,儒学与儒家原来是这样一种关系:儒学是依据"六经"而发明其旨趣的学问,儒家则是专门从事这样的学问的学者群体。

那么,对儒家所从事的学问做专门研究的学者——儒学研究者,与儒家又是怎样一种关系呢?之所以提出这个问题,是鉴于有些儒学研究者自称或被称为"新儒家"或"新新儒家"之类。这些称呼表明,他们像过去的儒家一样,也是依据"六经"而发现其旨趣者,其差异仅仅是在于他们对"六经"旨趣的发现有别于过去的儒家而已。笔者并不关心"新儒家"或"新新儒家"的信仰如何,因为这是他们个人的私事,也不关心他们为什么对"六经"的旨趣如此感兴趣,以至于愿意用自己的毕生精力去发现,因为这是他们个人的癖好。笔者所关心的是,作为真正的儒学研究者,他们应该怎样看待自己同儒家的关系,因为这关系儒学研究者应该坚持怎样的主体立场抑或应当有怎样的主体性。

近二十年来,笔者的学术研究始终都是围绕顾炎武这个中心课题来展开的。顾炎武是举世公认的清初大儒,顾炎武研究的当然属于儒学研究范畴。笔者曾在《我为何热衷于研究顾炎武?》一文中指出:"学者为何要尽其心竭其力去研究那些老去已久的历史人物的思想?我想,总不外乎是出于顾炎武所谓'引古筹今'的需要。这里的'古'与'今'实际上是'往'(过去)与'来'(未来),却又不是简单的时间上的'往''来',而是历史的文化上的'往''来'。

所谓'引古筹今'，实质上是作为文化主体的人为创造其文化所从事的继'往'开'来'的历史活动。人类特有的文化，就是通过而且必须通过这种历史活动才能被创造出来。在这种历史活动中，'引古'是'温故'以'继往'；'筹今'是'知新'以'开来'。通过'温故知新'的历史活动，才能实现'继往开来'的文化创造。研究顾炎武思想的文化意义乃在于此。"①

如果说研究顾炎武思想的文化意义是在于通过"温故知新"的历史活动来实现"继往开来"的文化创造的话，那么，就整个儒学研究来说，其文化意义亦不外乎是如此。这意味着，儒学研究者乃是"继往开来"的文化创造者。如果说儒学研究者和儒家之间有某种同一性的话，这种同一性无非在于儒学研究者和儒家同属于中华文化的创造者。这种同一性当然也意味着儒学研究者和儒家之间存在如此差异性：儒家是曾经参与中华传统文化创造活动的一个学者群体，而儒学研究者是正在参与中华新文化创造活动的一个学者群体。简言之，儒家是传统学者，儒学研究者则是现代学者。

我们作为现代学者与儒家作为传统学者之间的时代性差异在于：儒家是处在前全球化时代，我们则处在全球化时代。处于全球化时代的我们从事儒学研究需要有一种新哲学来指导。以笔者之见，这种新哲学是以"和谐"和"自由"为基本范畴的——"和谐"是标志其思维方式的范畴，"自由"是标志其价值目标的范畴。和谐与自由是相互联系、不可分割的。和谐以自由为旨归，自由则存在于和谐中。离了自由则和谐为无根之谈；离了和谐则自由为无稽之谈。② 这意味着，在笔者看来，我们与儒家之间的时代性差异体现在两个方面的主体性差异：以"和谐"作为标志的思维方式之间的差异和以"自由"作为标志的价值目标之间的差异。——若以儒家固有的术语来表示，"和谐"即是"礼之用，和为贵"（《论语·学而》）之"和"，"自由"即是"克己复礼为仁"（《论语·颜渊》）的"仁"。

儒家所讲的"和"是以"礼"为根据和标准的，是依"礼"而"和"。这个"礼"是标志宗法等级制度（包括这种制度的精神原则和言行规范）的范畴。儒家所讲的"和"是宗法等级制度社会体系中的和谐，在其"和"的关系状态中，君臣之间、父子之间、夫妇之间均无平等可言。以君臣关系来说，他们之间如同人们直观世界中天在上、地在下的空间位置关系，其尊（上）卑（下）关系是确定

---

① 周可真：《吴中俊杰顾炎武（外一篇）》，王立人主编：《吴文化与和谐文化》，南京：凤凰出版社，2008年。

② 参见周可真《和谐与自由——论新时代哲学的思维方式与价值目标》，《南京政治学院学报》2008年第2期。

不移的,所谓"天尊地卑,乾坤定矣。卑高以陈,贵贱位矣"①。关于君臣之间的君尊臣卑观念是君主制时代君臣关系在人们头脑中的反映,人们是根据当时这种现实的政治关系创造出君尊臣卑观念的。儒家所讲的"和",以其对君臣之间的关系来说,正是基于君尊臣卑观念的君臣和谐,在这种关系状态中,臣是从属于和依附于君的,即这种和谐是以臣对君的服从为提前的,而"忠"则是这种等级制服从关系在道德意识中的表现,在实践中是维护这种等级制服从关系的道德行为。这种和谐观念和相应的道德显然不是我们这个时代所需要的。

至于"仁",笔者曾撰文指出:"孔子所谓'仁'未尝不可以被理解为一种自由,而且就这种自由的实现必须以制约自己('克己')而服从法律('复礼')为前提而言,孔子的自由观更可以说是兼有古希腊毕达哥拉斯关于'不能制约自己的人,不能称之为自由的人'、古罗马西塞罗关于'为了自由,我们服从法律'两种自由观的内容的。而孔子又有'从心所欲不逾矩'之说,考虑到这句话是他就自己七十岁所达到的人生境界而言,故此说完全可以被理解为是他对'克己复礼为仁'之说的补充和完善,亦即他对自由('仁')的完整界说,按照这种界说,自由('仁')有两个方面:对礼制的服从('不逾矩')和对自我需求的服从('从心所欲')。这意味着按孔子的观点,自由('仁')有两个尺度:外在的制度('礼')尺度和内在的心理('欲')尺度。人追求自由('仁')的行为应该而且必须同时符合这两个尺度,而只要满足了这两个条件,他就可以达到自由('成仁')。由于孔子这里所讲的'从心所欲'是以'不逾矩'为条件的,即'欲'是在'礼'的范围之内,故如果把'礼'理解为法律的话,'欲'就可以被理解为一种受到法律('礼')承认和支持的正当的个人需求,这与英语'right'(汉译'权利')一词所包含的意义(正当、合理、合法或合乎道德的东西)是一致的,所以,其'欲'也可理解为是孔子自由('仁')观中的权利概念。孔子所谓'富与贵,是人之所欲也;不以其道得之,不处也',这里为'道'所容的富贵之'欲',正可理解为孔子所肯定的人皆具有的追求富贵的权利。"②

然而,当把孔子所讲的"仁"理解为一种自由时,同时也应该看到,对这种自由起限制作用的"礼"是古代宗法等级制度下的法律,而非现代民主制度下的法律。从这个意义上讲,它也不是我们这个时代所需要的自由,正如儒家所讲的"和"不是我们这个时代所需要的和谐一样。

---

① 〔清〕阮元校刻:《十三经注疏》,北京:中华书局,1980 年,第 156 页。
② 周可真:《中国文化的自由、民主、人权观念——兼论劳动权利作为现实的人权赖以充分实现的历史前提》,《长白学刊》2016 年第 1 期。

我们这个时代所需要的和谐和自由是怎样的和谐和自由呢? 这里关键的问题不在于"和谐"和"自由"这两个词所标志的观念,而是在于这种观念所反映的社会关系。我们同儒家之间在和谐与自由观念方面的差异,本质上是传统儒家所要维护的社会关系和我们所要构建的社会关系之间的区别。毫无疑问,我们现在所要构建的社会关系绝不是传统儒家所要维护的那种宗法等级制度体系中的社会关系。早在五四时期,我们的先贤就提出了"民主"与"科学"的口号。按照笔者的理解,民主本质上是对人的尊重,具体表现为人们彼此互不侵犯并且互相维护其作为人的尊严,在这个过程中实现他们每个人做人的尊严,科学本质上是对自然的尊重,具体表现为人们遵循和利用自然规律来办事,在这个过程中实现他们每个人做事的目的。无论是为了实现每个人做人尊严的民主理想,还是为了实现每个人做事目的的科学理想,都包含着人人平等的价值原则。五四先贤们对"民主"与"科学"的追求,其价值内涵无非就是对人人平等的理想社会的憧憬。

人人平等是实现每个人的做人尊严和做事目的的社会条件。对每个人来说,在社会生活中,无论是做人尊严的实现,还是做事目的的实现,都意味着获得自由:做人尊严的实现意味着在人与人的关系中获得自由;做事目的的实现意味着在人与自然的关系中获得自由。如果说自由是人皆有之的权利的话,那么,人人平等就是保证这种权利从人人应有转变为人人实有的社会条件。迄今为止,尚不能说这种社会条件已经具足,但是创造这种社会条件以实现每个人的自由权利,这无疑应该成为我们这个时代的价值诉求。对儒学研究者来说,我们要继承和发展以"和"(和谐)为标志的儒学思维方式和以"仁"(自由)为标志的儒学价值目标,也理所当然应该为实现人人平等的理想社会而努力,因为只有在人人平等的社会关系中,才有每个人的自由和他们彼此之间的和谐。我们与儒家之间在和谐思维与自由价值方面的时代性转换,本质上是从等级社会关系到平等社会关系的转变。按照马克思主义的历史观,这种社会关系的转变归根到底依赖于社会生产力的发展。在现有的社会生产力水平上,尚不足以建立人人平等的社会关系。要建立人人平等的社会关系,还必须进一步发展社会生产力。这意味着,按照儒家的和谐思维与自由价值,同时又坚持我们自己的时代所赋予我们的主体性,我们所应当为之努力的进一步发展社会生产力的目的,就应该是也仅仅是为了建立人人平等的社会关系,以便在这种社会关系中实现每个人的自由和自由人之间的和谐。

(周可真:苏州大学哲学系教授、博士生导师、中国哲学史学会理事)

儒家义务伦理辩正

涂可国

儒家义学长期局限于义利观、正义论范围之内,其中所蕴含的义务伦理虽被少数有识之士关注,却为绝大多数儒学研究者所忽视;对儒家义务伦理的关注度极为不够,即便最具原创性的智者型哲学家、现代新儒家第二代标志性人物牟宗三,虽然长期致力于中国哲学与康德哲学的互诠互解,但对康德义务伦理学与儒家道德哲学二者关系进行比较性研究用力不多、创见匮乏,遑论儒家义务伦理的阐释与建构。迄今为止,国内外学界围绕儒家伦理究竟是德性伦理还是规范伦理、目的论还是义务论、意图伦理还是信念伦理仍然争论不休,尚无定论。其实,儒家伦理并不是纯粹的德性伦理,也不等同于功利主义之类的后果论,而是义务伦理、责任伦理、德性伦理和规范伦理的综合,在某种意义上说,儒家义务伦理是德性伦理与责任伦理的中介。儒家伦理未把人是什么和人应当成为什么样的人加以区分,从而将人的本性是什么同人的德性视为一体,呈现出比较鲜明的德性伦理学特征;而且,儒家伦理经常依据行为者本身的动机、目的、特性等要素推出人的行为应当做什么,从而表现出义务伦理学的基本倾向。

尽管儒学从思想实质上蕴藏着丰富的义务伦理,从学术宗旨的经世致用上追求责任担当,却终究没有上升到自觉理性层面建构系统化的义务伦理学说;尽管儒家文献中不乏"义""务""义务"等字眼,可它们还不能与康德义务伦理学、现代西方义务论直觉主义创构的概念范式相提并论,仅是一些关于义务伦理的思想片段;尽管儒家之"义"包含义务和责任的思想旨趣,但毕竟与正义、道义、从公、适宜等内涵缠绕在一起,需要智慧的洞察力剥离,才能彰显出来,这些也正是儒家义务伦理长期被遮蔽的重要根由。不过,儒家有关义务伦理的论说不但精彩深邃、启人心智,而且独到独特,完全可以弥补西方义务伦理学的不足。通过对儒家义务伦理的诠释,将为建构与儒家角色伦理学、儒家规范伦理学同异互现的儒家义务伦理学提供良好的基础。基于此,本文将分四个方面就儒家义务伦理展开讨论:一是儒家义务伦理的内涵与实质,二是儒家义务伦理的道德规范表达形式,三是儒家义务伦理的基本特点,四是儒家义务伦理的作用。

一、儒家义务伦理的内涵与实质

本文力图遵循三条逻辑理路阐释儒家义务伦理:其一是挖掘儒家经典中"义""务""义务"这三个明言概念所包含的义务伦理意蕴,其二是注重阐发儒家相关伦理思想暗含的义务伦理精义,其三是从包括"礼"在内的儒家道德规范中探寻义务伦理特质。

(一) 儒家经典中"义""务""义务"的义务伦理意蕴

笔者已在《荀子责任伦理发微》[①]一文中对儒家之"义"所包含的义务和责任意蕴做了较为详细的阐发,旨在澄明儒家义论(或义学)存在多种面向、多个层次。儒家义论实际上是一个由正义论、道义论、公义论和义务论(或责任论)组成的多元一体思想体系。这里打算继续围绕"义""务""义务"三个概念从义务论角度做进一步的语义学诠释。

1. 儒家之"义"从不同维度体现了"义务"的意蕴

古典儒家之"义"虽然在不同语境中被赋予适宜、正当、从公、道义、义务、责任等含义,但是不同含义之间存在着相互联结、相互为用的关系。就义务和责任而言,道德义务是人应当做的适宜行为。犹如凯尔森所说:"在道德领域中,'义务'的概念和'应当'的概念是一致的,成为某人道德义务的行为只不过是他根据道德规范所应当遵守的行为而已。"[②]儒家历来推崇爱亲尊贤,并且常常将"尊贤"视为一种应当履行的政治化伦理义务。《中庸》有云:"仁者,人也,亲亲为大;义者,宜也,尊贤为大;亲亲之杀,尊贤之等,礼所生也。"由此可见,《中庸》认为"仁"最为重要的规定就是用以协调家庭内部关系的、体现道德人文主义的亲亲,而把"义"视为用于处理家庭成员之外他者关系的应然义务,这就是对贤人的尊重。荀子的观点与之十分契合。他说:"亲亲、故故、庸庸、劳劳,仁之杀也;贵贵、尊尊、贤贤、老老、长长,义之伦也。行之得其节,礼之序也。仁,爱也,故亲。义,理也,故行。礼,节也,故成。"(《荀子·大略》)在这

---

① 　涂可国:《荀子责任伦理发微》,《东岳论丛》2017年第3期。

② 　〔奥〕凯尔森:《法与国家的一般理论》,沈宗灵译,北京:中国大百科全书出版社,1996年,第67页。

一由仁、义、礼、乐组成的四元基本道德结构之中,尊崇身份贵重的人、尊敬官爵显赫的人、尊重有德才的人、敬爱年老的人、敬重年长的人一律被界定为义的合理化的伦理规定。这表明,"贵贵、尊尊、贤贤、老老、长长"即是人应信守的重要道德义务。尽管《中庸》和《荀子》将仁与义对峙起来借以说明二者不同的行为指向及其不同的规定性过于偏颇和狭隘——因为从宽泛意义上说,亲亲、故故、庸庸、劳劳也是有义的表现,而贵贵、尊尊、贤贤、老老、长长则也是有仁的祈求,可是它毕竟揭示了"义"应该利人、爱人和敬人的伦理义务特质。

2. 儒家话语体系中的"务"具有"义务"的意蕴

"务"的原始义项是"疾走"。许慎《说文解字》训"务"为"趣",而段玉裁注释说:"趣者,疾走也。务者,言其促疾于事也。"这意味着"务"的本始含义即为"紧急之事"。不论是古代汉语还是现代汉语,对"务"字义的解释大致分为三方面:一是作为名词的事情、事务;二是作为动词的从事、致力、追求;三是作为副词的必须、一定、务必。这三种含义与现代的义务范畴都具有一定的相关性。儒家经典文献中"务"字有的也包含道德义务的内涵。"务"字在《论语》中有两见:一为有子说的"君子务本,本立而道生"(《论语·学而》)。在有子看来,本(孝悌)立才道生,一个君子必须重视和追求孝悌之本,这揭示了"务本"是君子应当遵守的伦理义务。二为孔子讲的"务民之义,敬鬼神而远之,可谓知矣"(《论语·雍也》)。这大概是儒学历史上第一次把义与务联结起来,只是此处的"务"字本义主要是追求,而"义"字本义主要是适宜。这一段话表达了孔子这样的思想:只有专注于民众感觉合宜的事情,尊敬鬼神但远离它,才是真正的智慧。基于适宜为"义"的原初义,可以说它从政治智慧的角度指明了以民为本、远离鬼神的人文主义义务内涵。

《孟子》一书使用"务"字仅有一处,即:"君子之事君也,务引其君以当道,志于仁而已。"(《孟子·告子下》)就字面意义而言,此处的"务"当训解为"必须、一定、务必"。但是,如果把整段话综合起来理解,孟子所要告诉慎子的就是,一个君子在侍奉君主时所应尽到的重要义务就是引导君主遵守王道、实行仁政,于是这里的"务"被赋予"伦理义务"的指向。人生在世,必定要做人、做事,也就是时时处处必定要有所"务";同时,人生活在各种社会关系中,他人和社会必定会向他提出各种各样的义务要求,每个人不仅必须尽到对自己的义务、责任,还要倾力、务必专心。这也许正是孟子"当道志仁"的道德义务观给予我们的启迪。

《荀子》一书大量使用"务",有 56 处之多,绝大多数表示从事、致力、追求的意思。有的带"务"字的论断是荀子根据人性论、人格论和治道论等思想理

念,就如何待人处世、治国理政所提出来的应然道德义务、社会义务和政治义务。如《荀子·非十二子》讲:

> 今夫仁人也,将何务哉? 上则法舜、禹之制,下则法仲尼、子弓之义,以务息十二子之说。如是则天下之害除,仁人之事毕,圣王之迹著矣。……故君子务修其内,而让之于外;务积德于身,而处之以遵道。

这段话首先指出了仁人的一项重要义务是效法舜、禹的制度和仲尼、子弓的要旨,致力于制止其他诸子学说,然后讲明了君子的根本义务是注重内在的修身积德和外在的谦让循道。

3. 儒家文献中的"义务"包含道德义务的萌芽。

现代人常用的"义务"概念在古籍中因为句读不同会出现两种可能的表述:一为分用,即"义,务";二为合用,即"义务"。汉代徐幹在《中论·贵验》中说过:"言朋友之义务,在切直以升于善道者也。故君子不友不如己者,非羞彼而大我也,不如己者须己而植者也。"显然这里的"义务"是指合理、正直、适宜的事务、行为,属于道德义务范畴而不是法律义务。尽管先秦儒家文献中的《论语》和《孟子》没有"义务"之类的语句,但《荀子》中可见"义务"之说,虽然仅有一见。在《强国》篇中荀子从推崇古圣先贤的思想出发论证:"古者禹汤本义务信而天下治,桀纣弃义倍信而天下乱。"(《荀子·强国》)无疑,徐幹"言朋友之义务,在切直以升于善道者也"论断,更为直接地阐明了朋友之间的义务应当是彼此率直切磋以实现良好的道德,如此断句也比较符合现代人对古典的解释习惯。此语境中的"义务"已经具备近现代"义务"范畴的雏形——虽然这样说并不是唯一的,也会引起争议,譬如将其断为"言朋友之义,务在切直以升于善道者也",逻辑上也无不可;而荀子所言说的"古者禹汤本义务信而天下治"中"本义务信"的确切含义是"依据道义追求诚信","本义务信"只是包裹着现代意义上"义务"的胚胎。正因如此,一些论者指认"义务"一词最早来源于徐幹的《中论·贵验》。①

"义"与"务"连用,就把"义"的适宜、正当、应当等抽象义与行为上的从事、谋求、追求和实际上的事情、事务等具体义三者有机结合起来,使"义务"成为意指正当做、应当做或必须做的行为或事情。遗憾的是,先秦以后的儒家文献材料极少谈论"义务"范畴,笔者曾搜检董仲舒的《春秋繁露》和朱熹的《朱子语类》,均未发现"义"与"务"合用的情况,以至于我们不得不更多地借

---

① 参见叶蓬《传统儒家道德义务思想研究》,《孔子研究》1997年第2期。

助对儒家"义"与"务"概念和隐含的儒家伦理资料进行分析,以便挖掘其义务伦理思想。

(二) 儒家相关伦理思想体现了义务伦理的特质

从语义学上说,义务即正当、应当、合宜的行为和事情,即一种应然要求,因而儒家义务伦理不仅通过"义""务"和"义务"等范畴来呈现,还借助于一些祈使句、命令句等道德判断加以表达,而这些道德判断往往以"应"和"当"等语词的形式呈现出来。需要强调的是,儒家并不像西方休谟主义者、直觉主义者和感情主义者那样把"是"和"应当"、事实和价值绝然两分,而是统一起来,从人类的经验性事实中推出"应当"性的伦理义务来。

就"应"而言,它可训解为应当、应该。《尔雅》和《说文解字》均解释道:"应,当也。"与"应"搭配的组合词许多具有义务的含义,如应该、应当、应事、应役、应供、应约、应合、应分等。不过先秦儒家文献中的"应"字虽然没有表示情理上必然或必须如此的义务或责任的意蕴,大多是指顺合、适合、顺应、适应、对待、应付、应变等义项,但间接呈现了社会主体旨在适应自然和社会各种事象的义务。"应"字用例《论语》有 1 项、《孟子》有 7 项、《荀子》有 63 项。董仲舒的《春秋繁露》"应"字用例达 71 项,其中说:"金者秋,杀气之始也。建立旗鼓,杖把旄钺,以诛贼残,禁暴虐,安集,故动众兴师,必应义理。"①董仲舒立足于"天人感应"思想指出兴师动众必须依照义理行事,从而体现了儒家倡导的务必合于一定的伦理道德行事的准则,彰显了必须按照义理而行的义务感和责任感。

比较起来,儒家之"当"更多地表达了道德义务的内涵。《论语》中"当"有三见,即"当暑,袗绤绤,必表而出之"(《论语·乡党》)。"当仁不让于师。"(《论语·卫灵公》)"子夏之门人小子,当洒扫应对进退,则可矣。抑末也,本之则无,如之何?"(《论语·子张》)这三处只有"当仁不让于师"较为明确地体现了道德义务的意涵。它意指以仁为任、无可谦让,遇到应该做的事情应责无旁贷,并积极主动去做而绝不推让。朱熹注解说:"当仁,以仁为己任也。虽师亦无所逊。言当勇往而必为也。"②由此表明孔子提倡一种仁以己任、勇于担当的道德义务感。《孟子》中的"当"字用例一共 22 项,大多数为"在"的意思,还有作为"当作"的用法,如"养生者不足以当大事,惟送死可以当大事"(《孟子·离娄下》)。但是,《孟子》中"当"的有些用例显示了道德义务的意味,例

---

① 〔清〕苏舆:《春秋繁露义证》,钟哲点校,北京:中华书局,2011 年,第 375 页。
② 〔宋〕朱熹:《四书章句集注》,《中华国学文库》,北京:中华书局,2012 年,第 157 页。

如孟子说："言无实,不祥。不祥之实,蔽贤者当之。"(《孟子·离娄下》)意思是假如言谈没有实际内容那就不吉祥,由此造成的不吉祥后果应由那些埋没贤才的人承担。

与孔孟有所不同,荀子更为重视"当"字的运用。《荀子》"当"字用例一共 67 项,绝大多数意谓恰当、合适、遇见、掌管、主持、面对、相称、相配、判罪、等于等。不过,也有少数具有道德义务的意涵,如荀子道:"言必当理,事必当务,是然后君子之所长也。"(《荀子·儒效》)这虽然是讲君子的优长所在,但从另外一个角度不失为说明做一个真正的君子必须践行说话一定要符合事理、做事一定要符合社会要求的义务。荀子还指出:"圣人也者,本仁义,当是非,齐言行,不失毫厘,无他道焉,已乎行之矣。"(《荀子·儒效》)虽然荀子这里也是旨在阐明圣人的人格特点,但也可以推而广之,不妨把它理解成荀子要求人们应当像理想的圣人一样尽到"本仁义,当是非,齐言行"的义务和责任。

二、儒家义务伦理的道德规范表达形式

一般说来,"规范"有两方面的意蕴:其一是作为名词,是指制度、法规、原则、典范、标准等,其中社会规范的一项重要功能就是确定人的权利与义务;其二是作为动词,是指约束、调控、指导等,由此与"义"基于"适宜"基础上所衍生的"裁制"相关联。历代儒家阐发了不可胜数的道德规范,借此丰富了儒家道德哲学的内容,而儒家建构的无数道德规范鲜明地体现了义务伦理的精神内涵。

(一)儒家之"义"本身就是普遍的重要道德规范

先秦时期,"义"不仅作为德性伦理也被当作规范伦理受到极为广泛的推崇。原始儒学之前的典籍中,义就被赋予具有普遍伦理意义的道德规范。《国语·晋语》说:"夫赵衰三让不失义。让,推贤也;义,广德也。"让是对贤人的尊重,赵衰在三次礼让贤人的过程中总是考虑是否适宜、恰当而不会失义,可见"义"是较为广泛的道德规范,它统摄并影响着礼让行为。孟子虽然从血亲伦理出发经常把义看成是"从兄"之类的家族道德,但是他不仅据此凸显了"义"的道义特性,还上升到五伦的高度提出了"君臣有义"(《孟子·滕文公上》)命题,由此说明了君臣双方之间彼此具有对等性义务的问题。更为关键的是,孟子不但从"人同此心,心同此理"的人类共同性视角论证了"义"为一个较为广泛的心性伦理规范(《孟子·告子上》),还将爱亲敬长当成人与生俱来的良知良能,并把敬长这一单向义务看成是通达天下的普遍要求(《孟子·离娄上》),

从而实现了从义规到义务的转变。正是由于儒家之"义"本质上属于普遍的道德规范，它才成为当代伦理学视域中道德义务的思想源流，才对人的行为具有指令性的调节导向功能。

（二）道德义务通过各种社会规范加以表达

在儒学中，道德规范不仅指向"礼"这一范畴，更多地由道德判断或道德命题如"己所不欲，勿施于人"（《论语·颜渊》）加以承载，而这些道德规范又表达了倡导仁义礼智信等伦理价值观，或者说是受到背后的价值观念支撑。并不像西方感情主义伦理学所认定的那样不过表达了一些无法确证或证实的人的情感、情绪。儒家文献尤其是《论语》普遍呈现的道德判断不仅传达了人类美好的道德情感和道德价值追求——譬如孔子所说的"生，事之以礼；死，葬之以礼，祭之以礼"（《论语·为政》）就体现了晚辈对长辈的敬养之情，也是对以往中华民族伦理生活正反两方面经验性事实的追忆总结，同时还从传统伦理生活的"是"中推出"应当"来，提出了用以调节和指导人的行为的伦理命令、义务要求，从而既体现了道德的"善"、情感的"美""乐"，也体现了认识的"真"，还体现了实践的"利"，实现了真、善、美、乐、利五种价值的有机统一，并由此建构了区别于西方规范伦理学的中国特有的规范伦理学和义务伦理学。

（三）道德规范表达义务伦理的具体形式

就语言表达来说，承载义务伦理价值观的儒家道德规范丰富多样，大致有以下几种情形。

1. 一个字的义务伦理

历代儒家典籍大量采用单音节词，以说明各种义理。毫无疑问，儒家文献中的单个伦理词首先表达的是德性伦理，像仁、义、礼、智、信、恭、宽、敏、惠、忠、和、勇、孝、悌等均是重要德目和理想人格品质。正因如此，许多海内外学者把儒家伦理学归结为德性伦理学，以为现代德性伦理学的建构提供中国文化资源。不过，如果由此走向否定这些伦理词具有的规范意义进而抹杀它们传达了儒家的角色伦理、义务伦理意向，就失之偏颇。要知道，儒家不但把这些伦理范畴当作重要德性或德目加以提倡和推广，借此引导人们激发内在的道德潜能，而且将内在德性转换为义务规范，希望各个社会主体在角色化、道德化的实践活动中认真遵循，以指导人做什么、不做什么以及如何做。

2. 两个字的义务伦理

《左传·文公十八年》提出了著名的"五教"之说："舜臣尧……举八元，使布五教于四方：父义，母慈，兄友，弟恭，子孝。"《左传·昭公二十六年》引述晏子解释礼的话说:"君令臣恭,父慈子孝,兄爱弟敬,夫和妻柔,姑慈妇听。"显而易见,这些都是儒家道德哲学极为重要的伦理规范,它们为社会主体相应地设定了义、慈、友、恭、孝、爱、敬、和、柔、听等伦理义务。如果说前一个字表明的是承担道德义务的主体或角色的话,那么,后一个字就指代社会成员所应履行的道德义务的实际内容。

3. 三个字的义务伦理

儒家伦理思想材料有很多采用"三字经"表述方式叙说道德义务,拿《论语》来说,它借三字传达伦理义务的情形丰富多样,可分为以下类型:或指明行动出处时的义务伦理要求,如"弟子入则孝,出则弟,谨而信,泛爱众"(《论语·学而》);或提出思想言行选择的义务伦理,如"志于道,据于德,依于仁,游于艺"(《论语·述而》);或阐明待人做事时的义务规整,如"居处恭,执事敬,与人忠"(《论语·子路》);或讲明行为要求的伦理义务,如"君子有九思:视思明,听思聪,色思温,貌思恭,言思忠,事思敬,疑思问,忿思难,见得思义"(《论语·季氏》),等等。三字一句的格式具有朗朗上口、易记易背等优点,有助于推动儒家义务规范在社会化过程中内化于心、外化于行。

4. 四个字的义务伦理

儒家采用四个字的语言方式表达义务伦理是最常见的,这也是传统儒学通用的道德义务表述模式。《论语》通篇充满了四字一句的论说,广泛而深刻地宣扬了孔子及其弟子围绕如何为人、为政所提出来的义务伦理思想。像《论语·学而》中的"敬事而信"和"导之以德,齐之以礼",《论语·颜渊》中的"以文会友,以友辅仁"等,无不表现指导人如何待人处世、治国理政的合理义务要求。运用四个字讲述义务伦理,《孟子》也不乏其例,影响最大的莫过于孟子提出的五伦"父子有亲,君臣有义,夫妇有别,长幼有序,朋友有信"(《孟子·滕文公上》)。此外,还有七个字的义务伦理,如《大学》以修身治国平天下为本提出的"五止":"为人君止于仁,为人臣止于敬,为人子止于孝,为人父止于慈,与国人交止于信"以及《汉书·董仲舒传》所讲的"正其谊不谋其利,明其道不计其功"等。八个字的义务伦理,如"己所不欲,勿施于人"(《论语·颜渊》)等,限于篇幅就不一一展开论列了。

三、儒家义务伦理的基本特点

从根本上说,儒家义务伦理建立在以仁为核心的情感伦理和德性伦理基础之上,它由儒家所阐发和倡导的各种道德规范加以固化和呈现,本质上是针对不同人伦关系所建构的应然性行为方式,不仅具有一般道德哲学体系中道德义务所具有的他律性和自律性两大基本特征,也具有其自身独有的特点,主要体现为内在性、至上性、对等性和多样性。

(一) 内在性

儒家诠解的义务伦理的内在性,与儒家道德的主体性和血缘性密不可分,只是不太完整也不够完善。大体说来,它体现在以下三方面。

1. 家庭关系上的义务伦理内在性

儒家虽然建构了仁—义—礼—智四元结构,可往往并非总是逻辑一贯的,经常在不同语境下、从不同维度对义务加以解释。就孟子而言,他不仅立足于"四心"说创建了"四德"说(《孟子·公孙丑上》),还从既经验又超验的亲情伦理角度对仁与义做了各自不同的解释:

> 人之所不学而能者,其良能也;所不虑而知者,其良知也。孩提之童,无不知爱其亲者,及其长也,无不知敬其兄也。亲亲,仁也;敬长,义也;无他,达之天下也。(《孟子·离娄上》)

本来,亲亲和敬长都是人后天应当履行的道德义务,可孟子把它们界定为人与生俱来的"良知良能"。孟子把亲亲看成仁、把敬长看成义,使人感觉到亲亲不是义的规定性,不是人应完成的伦理义务。然而孟子又说:"仁,人心也;义,人路也"(《孟子·告子上》),"仁,人之安宅也;义,人之正路也"(《孟子·离娄上》)和"居仁由义,大人之事备矣"(《孟子·尽心上》)。按照这一居仁由义、仁体义用的逻辑理路,同敬长一样,亲亲也是下一代必须履行的道德义务。很显然,孟子的"义路"说虽然具有原创性和普遍性,却与他的"亲亲,仁也;敬长,义也"的特殊化伦理规定论存在难以自洽的矛盾。也许这是因过于重视血缘家族内部伦理,孟子视野狭窄所造成的。

孟子限于家内对儒家义务伦理内在性的诠释路向,与《郭店楚简·六德》《春秋穀梁传注疏》的"门内之治恩掩义,门外之治义断恩"或《礼记·丧服四制》的"门内之治恩揜义,门外之治义断恩"义务伦理外在性思想进路也完全相反。该"门内门外"说框架中的"义"并非绝对等同于"义务",但也包含正义、道义和社会义务、社会责任等多种内涵,整段话呈现了"亲亲相隐"与"大义灭亲"(或"情"与"义""法")两种义务类型的差异乃至冲突。显见,与孟子的认识不同,它把"义"当成外在于家庭的贵贵、尊尊等社会大义来对待。可见,即便儒家内部也存在义务伦理内在性与外在性的分歧,或许合理的态度应当是肯定儒家言说的义务伦理本身两种特性均有。

2. 主体自我上的义务伦理内在性

这一点主要由董仲舒的"仁义法"加以阐发：

> 所以治人与我者，仁与义也。以人安人，以义正我……仁之法，在爱人，不在爱我。义之法在正我，不在正人。我不自正，虽能正人，弗与为义。人不被其爱，虽厚自爱，不予为仁。[①]

> 义者，谓宜在我者。宜在我者，而后可以称义。故言义者，合我与宜以为一言，以此操之，义之为言我也。[②]

仁与义自始至终是孔孟儒家的核心伦理规范，《周易·说卦传》云："立天之道，曰阴与阳；立地之道，曰柔与刚；立人之道，曰仁与义。""仁义道德"因其人文主义特质后来发展成为儒家伦理的代称。董仲舒立足于人我之分的角度省察仁义之别，既把仁归结为正人爱人、把义归结为正我爱我，同时注意强调正人与正己、爱人与爱我的统一，有助于体认仁与义二者的同与异。虽然他所说的"义"不能归结为伦理义务而呈现为道义、正理、义务等多种含义，但它毕竟揭示了正己是人重要的道德义务，其"以义正我""义之法在正我""义在我""义主我"等一系列论说凸显了义务伦理的道德自我主体性，从特定意义上丰富了儒家义务伦理的内容。

不过，董仲舒的"仁义法"道德哲学也存在需要辩护的问题：第一，把仁归结为爱人，明显否定了仁有自爱的成分。要知道，作为本体论和价值论统一的儒家仁学肯定了"仁"乃是他爱与自爱的结合；第二，把仁归结为爱人、把义归结为正我，某种程度上割裂了儒家仁体义用、由内而外的完整义务逻辑链条，而从发生学来说儒家设定的人的伦理义务正是建立在"仁"这一本源道德情感基础之上的；第三，假如将"仁义法"的"义"训解为"伦理义务"持之有故的话，那么，儒家义务伦理的对等性表明，道德义务不仅可以端正行为主体的自我也可以端正行为客体的他人，它不失为调节己他关系的共同行为要求。

3. 道德来源践行上的义务伦理内在性

对此的阐释以孟子的论说最为典型，并突出地体现在他的"义内"说之中。孟子的"义内"说在《孟子·告子上》中有两段集中的阐述：一者为孟子与

[①] 〔清〕苏舆：《春秋繁露义证》，钟哲点校，北京：中华书局，2011 年，第 249 页。

[②] 〔清〕苏舆：《春秋繁露义证》，钟哲点校，北京：中华书局，2011 年，第 253 页。

告子的论辩,一者为孟子与公都子的论辩。后一论辩基本上重复前一论辩,并无多少新意,故不予置评,这里重点讨论孟子与告子围绕义的内外问题所展开的论辩。

首先,告子提出了"仁,内也,非外也;义,外也,非内也"的结论,然后立足于"敬长"从两方面陈述了自己的理由:一方面是"彼长而我长之,非有长于我也;犹彼白而我白之,从其白于外也,故谓之外也",意思是别人因为年长我才尊敬他,并不是我内心早存有尊敬之意,就像一个东西我之所以承认它白,是因为它外在于我本身就白。孟子以反问的方式反驳道:"异于白马之白也,无以异于白人之白也;不识长马之长也,无以异于长人之长与? 且谓长者义乎? 长之者义乎?"在孟子看来,白马之白与白人之白固然没有区别,但尊敬马与尊敬人是不同的,"长"或年长者不是义,"长之"或尊敬年长者才是义。当代学者徐克谦为孟子辩护,认为告子的"义外"说犯了双重错误:一是把主体"义"的行为和这个行为的对象混为一谈,二是把"义"与义的行为混为一谈。因为"长"只是客体的属性,"长之"才是主体出于"义"的行为,而"长之"这个行为是出于"义"的选择,并不就是"义"本身。[①]确实,告子没有也不可能上升到道德哲学的理性高度,告子很难既严格区分主体"义"的行为和这个行为的对象又缜密分清"义"与义的行为。但是告子并不像徐克谦所要求的那样先主观设定"义"这一形而上前提,而是从"长"和"长之"的主客体互动关系的经验主义角度论证"义"的外在特性。"长"和"长之"之"长"有所不同,前一个"长"是指年长者的客观属性,后一个"长"则是道德主体尊敬的行为。道德常识告诉我们,一个人之所以能够发生"长之"的义务化行为,不仅取决于对义的认同或者说有无义务心,也取决于互动对方是否具备"长"这一特性。其实,孟子的"义内"说和告子的"义外"说并不正相对立,孟子不过是基于"君子所性,仁义礼智根于心"(《孟子·尽心上》)和"羞恶之心,义之端也"(《孟子·公孙丑上》)的内在心性论强调"义"的内在性。朱熹说:"义不在彼之长,而在我长之心,则义非外明矣。"[②]而告子则注重"长之"这一义务行为发生或发动的外在社会决定性。当代伦理学告诉我们,根本上说"义"和"义务"既是内在的又是外在的。

其次,告子认为:"吾弟则爱之,秦人之弟则不爱也,是以我为悦者也,故谓之内。长楚人之长,亦长吾之长,是以长为悦者也,故谓之外也。"告子所说的爱自己而不爱秦人的弟弟正是"仁",与孟子讲的"亲亲,仁也"(《孟子·离娄

---

① 徐克谦:《孟子"义内"说发微》,《孔子研究》1998 年第 4 期。
② 〔宋〕朱熹:《四书章句集注》,《中华国学文库》,北京:中华书局,2012 年,第 306 页。

上》）相吻合，也与"仁义内在"说相一致。告子尽管把"悦"视为实现仁义之道的共同情感因素，但把引起"悦"的来源分为主体的"我"和客体（属性）的"长"，认为"以我为悦"引起的"仁"是内在的，而"以长为悦"引发的"义"则是外在的。这种将仁与义分别对待的仁内义外说，孟子显然不能接受，他辩论道："耆秦人之炙，无以异于耆吾炙。夫物则亦有然者也，然则耆炙亦有外与？"这里，孟子给出的理由是吃秦国的烤肉与吃自己国家的烤肉没有什么区别，任何事物都是同样的道理，吃烤肉的心理不是外在的而是内在的。这表明，在孟子看来，"耆炙"的心理与告子说的"爱"与"长"的"悦"的心理虽然有己他的内外之分，但就其从属于主体而言都是内在的。自古以来许多注释家和辩者之所以产生孟子之辩"难免有能胜人之口，不能服人之心的感觉"，有的甚至不得不承认孟子并没有驳倒告子，就在于孟子和告子各自的出发点或所处的逻辑层次不一样，孟子主要立足于其"四端说"和"四德说"，而告子则立足于人性无善恶论的"社会决定说"。其实"长之"一类的道德义务无论就其起源抑或就其践履来说，既受到内在主体心性的驱动又受到外在客体社会因素的制约，因此兼具内在性与外在性。

（二）对等性

关于儒家义务伦理的对等性历来存有争议，在 20 世纪初的激进反传统运动中，梁启超强调义务与权利的均等性，主张对国民进行权利和义务的双重教育，这不得不说具有"新民"的重大意义。他批评以儒学为代表的中国传统文化带有义务本位主义的思想倾向，认为儒家阐述的道德义务缺乏对等性，儒家设定的义务是单向度的、私人性的，较为强调为下者（子、臣、女等）应尽对为上者（父、君、男等）的服从、孝顺、忠诚等义务，而忽视后者对前者的义务。梁启超的观点并不都是完全正确的。在儒家义务伦理思想体系中，由于其追求政治伦理化和伦理政治化的致思模式，导致道德义务和政治义务浑然一体，但梁启超在批评儒家义务观念时经常不把二者区分开。儒家所讲的义务不论是政治的还是道德的，的确偏重于为下者对为上者的义务，而且不大注重相应的权利。但是不注重并不等于完全抹杀，实际上，儒家不乏对权利的阐发，如孔子就讲"因民之利而利之"（《论语·尧曰》）。儒家言说的道德义务与道德权利虽然不如现代社会的道德规范强调权利的统一性、对称性，但没有彻底抹杀，它不仅揭示了不同主体之间伦理义务的对等性，也体现了关系双方道德义务与道德权利的对称性。传统儒学是对血亲关系、姻缘关系、业缘关系、朋友关系和政治关系等多种多样人伦关系的反映，因而儒家往往针对不同角色主体提出与之相应的道德义务要求。例如荀子就阐发了"五义"之说的义务伦理：

"遇君则修臣下之义,遇乡则修长幼之义,遇长则修子弟之义,遇友则修礼节辞让之义,遇贱而少者则修告导宽容之义。"(《荀子·非十二子》)然而,人和人之间从总体上说存在互惠互利、相互联结的依存关系,否则就会面临社会解体的危险,正是围绕各种人伦关系的这一特点,儒家提出了己与人、我与他之间对应性的正当性和应当性义务要求。《礼记·礼运》继承了《左传》关于不同社会角色应承担不同伦理义务的观念,创建了"父慈子孝,兄良弟悌,夫义妇听,长惠幼顺,君仁臣忠"的鲜明义务伦理结构。与之有所不同,孟子所说的"父子有亲,君臣有义,夫妇有别,长幼有序,朋友有信"(《孟子·滕文公上》),则通过亲、义、别、序、信五种德目提出了父子、君臣、夫妇、长幼、朋友五种人伦关系相互对应的主体间性道德义务。

人伦关系依据不同标准可以划分为不同的关系类型,由于儒家伦理在某种意义上属于亲情伦理,据此笔者把人伦关系分成亲情性人伦关系和非亲情性人伦关系两种形态,借以阐发儒家义务伦理的对等性。

一方面是亲情性人伦关系的义务伦理对等性。作为建立在宗法血缘关系基础上的儒家伦理,注重以仁为核心的情感理性,尤为立足于亲情浓厚的家庭或家族内部成员之间义务伦理的建构,它固然在一定程度上过分张扬为下者对为上者的义务——主张"事亲为大"和"劳而无怨",但是儒家伦理毕竟阐发了社会角色之间的相互义务。譬如《礼记·礼运》中的"父慈子孝,兄良弟悌,夫义妇听,长惠幼顺"和孟子所说的"敬老慈幼"(《孟子·告子下》),都注意到了父子、兄弟、夫妇、长幼等彼此之间的双向伦理义务。

另一方面是非亲情性人伦关系的义务伦理对等性。这又分两种:一是朋友义务的对等性。孔子认为朋友之间可以也应当相互批评:"朋友切切偲偲,兄弟怡怡。"(《论语·子路》)孟子则把"责善"视为朋友之间的义务:"责善,朋友之道也。"(《孟子·离娄下》)二是君臣义务的对等性。且不说孔子提出了"君君,臣臣,父父,子子"(《论语·颜渊》)和"君使臣以礼,臣事君以忠"(《论语·八佾》)等互负义务论思想,拿孟子来说,他基于儒家道统至上的理念也主张臣君伦理义务的对称性:"君之视臣如手足,则臣视君如腹心;君之视臣如犬马,则臣视君如国人;君之视臣如土芥,则臣视君如寇仇。"(《孟子·离娄下》)孟子还在《孟子·子张》中围绕召见问题与弟子万章做了"五问五答",充分论证了对应性道德义务的政治伦理取向。

(三)至上性

儒家义务伦理的至上性主要表现在儒家重义轻利价值观上。自20世纪80年代以来,学界围绕儒家义利观展开了极为广泛而深入的讨论,绝大多数人主张儒家重义轻利,有的甚至认为儒家特别孟子是唯义主义者,有的断言以儒家为代表的中国传统文化提倡的是与西方权利本位论相对的道德义务本位主义。与之相反,有的学者力图为儒家义利观做辩护,认为儒家重义但不轻利,肖群忠甚至还指明儒家伦理实为道德功利主义。①

儒家的确不一概反对言利、求利,承认人有自利性,但是从总体上说,儒家倡导的还是重义轻利。这从儒家"罕言利"(《论语·子罕》)、"义之与比"(《论语·里仁》)、"君子喻于义,小人喻于利"(《论语·里仁》)、"君子义以为上"(《论语·阳货》)、"君子义以为质"(《论语·卫灵公》)等一系列论断透露出的义理中可以得到印证。所有儒家在某种意义上都属于唯义主义者,都要求把是否合乎仁义作为一切行动的动机和出发点,做到唯义是求,反对从"利"出发去选择行为方式,强调在义、利发生冲突时要舍生取义,这一理念在孟子"大人者,言不必信,行不必果,惟义所在"(《孟子·离娄下》)的论断中得到了充分体现。儒家唯义是从的义务论动机主义如果限定在道德领域是完全合理的。试想身处道德场合进行选择时,难道不应该倡导舍利取义吗? 只是由于传统社会一些腐儒、伪儒把儒家本来合理的重义轻利价值观不分条件地推广到非道德领域,才导致非利主义的流弊。

儒家之"义"包含现代伦理学所讲的"义务"意蕴,在许多语境中是指人作为特定的社会角色所应当履行的职责、使命,像孟子所说的"敬长,义也"(《孟子·尽心上》)就把敬爱长兄视为人的一种道德义务。在特定的道德境遇下,儒家义务伦理的实际主张固然要尊重道德主体的自主权、自律权、人格权,维护正当的个人权益,但也要尊重道德互动客体的道德权利,坚决履行自己的伦理义务。正是儒家重视道德义务的价值观导向,一定程度上使传统中国社会一些人义务感比较强,出现了许许多多的义庄、义田、义民、义工。在当前许多人义务感下降、不愿尽义务的时势下,深入挖掘儒家的义务伦理资源,用来对民众进行正确义务观教育,强调义以为上、义以为质,相信将会改变梁启超所忧虑的"吾国民义务思想薄弱"②的道德危机现状,大大提高公民的义务感。

四、儒家义务伦理的作用

就义务伦理的功能与作用,历代儒家不只阐发了其中介作用,还诠释了道德义务的裁制作用、调节作用和导向作用。

---

① 肖群忠:《论"道德功利主义":中国主导性传统伦理的内在运行机制》,《哲学研究》1998 年第 1 期。

② 梁启超:《新民说》,黄珅评注,郑州:中州古籍出版社,1998 年,第 178 页。

(一) 裁制作用

《礼记·中庸》说:"义者,宜也。"东汉末年刘熙所作的《释名》说:"义,宜也。裁制事物,使各宜也。"到了宋代,"义"同样被朱熹看成事物的适宜性:"义者,事之宜也。"① 它的功能被他认定为裁制。那么这里要问,裁制什么? 由谁裁制? 为何裁制? 就字义而言,裁制有基本义裁剪制作和炮制、制式、规划、安排、制止、制裁、约束、束缚等引申义。就义务伦理而言,所谓"裁制事物,使各宜也"中的"裁制"理解为安排、制止、约束、束缚更为恰当。朱熹最重视阐释义务的裁制作用。他认为仁为体、为四德之长,也就是总德目,说:"仁者,人心之生理也;礼者,仁之节文;义者,仁之裁制;智者,仁之明辨;信者,仁之真实也。"② 朱熹在这里把"义"视为"仁"的裁制,也就是通过"义"的裁制实现仁的发用。更进一步,裁制又是为了什么? 当然是经过理性的内省、审视与决断使仁爱情感发乎外的行为合适合宜。《韩诗外传》卷四说:"爱由情出谓之仁,节爱理宜谓之义。"而所谓合宜即是符合公认的规范(礼)或一定的标准,做到不偏不倚、恰到好处;而且,正如《礼记·礼运》篇所言"义"为"仁之节"。由"仁"生发的施与对象多种多样、亲疏有别,难免会产生各种道德义务冲突,这就需要"义"的裁制,做出适宜的行为选择,以解决诸如"孝亲为大"与"大义灭亲"之类的义务矛盾。

值得注意的是,朱熹的弟子陈淳继承发挥了朱熹的"义"的裁制说:

> 义就心上论,则是裁制决断处,宜字乃裁断后字。裁断当理,然后得宜。凡事到面前,便须有剖判,是可是否。文公谓:义之在心,如利创然,物来触之,便成两片。若可否都不能剖判,便是此心顽钝无义了。且如有一人来邀我同出去,便须能剖判当出不当出。若要出又要不出,于中迟疑不能决断,更何义之有? 此等处,须是自看得破。如韩文公以行而宜之之谓义,则是就外面说,成"义外"去了。③

> 既知得是非已明,便须判断,只当如此做,不当如彼做,有可否从违,便是义。若要做此,又不能割舍得彼,只管半间半界,便是心中顽钝而无义。既断定了只如此做,便看此事如何是太过,如何是不及,做得正中恰好,有个节文,无过无不及,此便是礼。④

---

① 〔宋〕黎靖德编:《朱子语类》卷六,王星贤点校,北京:中华书局,1994年,第109页。
② 〔宋〕黎靖德编:《朱子语类》卷六,王星贤点校,北京:中华书局,1994年,第109页。
③ 〔宋〕陈淳:《北溪字义》,熊国祯、高流水点校,北京:中华书局,2011年,第19页。
④ 〔宋〕陈淳:《北溪字义》,熊国祯、高流水点校,北京:中华书局,2011年,第21页。

义是通过心的裁制决断而使事物合宜的。一事当前需要人做出决断时，就有个可否、当否的问题，此时心就可以判断当做不当做，这就是所谓的"义"；由于韩愈"行而宜之之谓义"缺少心的决断，因而与告子的"义外"合流了。由此可见，陈淳是从朱熹的心学出发理解"义"的裁制功能。

按理说，儒家所讲的"义"和义务本身无形无迹、无动能，因而它必须借助于人，更准确地说是人心进行裁制。这里又要进一步追问，裁制什么呢？仝晰纲等认为，义的作用就是"裁制众德使之合宜，使之行于社会就是义范畴应有的逻辑内涵"。[①]显然这与《释名》所说的"义，宜也。裁制事物，使各宜也"有所不合。应当说《释名》的解释更为精当些。它表明，义已经把较为虚拟的、抽象的"适宜"转化为具体的"裁制事物"，也就是义务。不过，仝晰纲等引述《说文解字注》"义之本训谓礼容各得其宜。礼容得宜则善矣"和"义必由中制也。从羊者，与善美同意"两句话，指明前者为西周礼乐传统和后者为孔子传统、两者有外在规范和内在自律之别还是颇有见地的。[②]理应肯定，不仅孔子，在绝大多数儒家那里，"义"被规定为起裁制众德的作用，被视为评定仁、礼、信、勇、知（智）、忠、孝等德目是否应当实际践行的合宜标尺，最典型的是孔子提出的"君子义以为上，君子有勇而无义为乱，小人有勇而无义为盗"（《论语·阳货》）论断。

（二）调节作用

尽管道德义务不如法律义务那样具有强制性，但是它也通过个人的良心、良知、羞耻感和社会风俗、社会舆论等手段而赋予调节功能。换言之，道德义务外借义务规范制约、内依个人自身义务观念的支持，发挥着调控人言行举止的作用。儒家对"义"的调控功能做了深刻阐释，早在《国语》中就有"以其善行，以其恶戒，可谓德义矣"（《国语·晋语七》）之语，指明了"义"的惩戒功能。荀子"隆礼义"的义学也着力阐明了"义"的节控功能。在荀子看来，依靠同礼的联体，义和义务能够从消极意义上防止人为非作歹："夫义者，所以限禁人之为恶与奸者也。"（《荀子·强国》）从根本上说，道德义务是符合社会伦理规范、与康德所谓的"善良意志"的道德命令一致。它既具有激励、劝导作用，也具有阻止、约束作用，可以防止人们在做出行为选择时任意作恶。不仅如此，荀子还将道德义务的功能扩充到调节人与自然的关系之中。他说："夫义者，内节于人而外节于万物者也，上安于主而下调于民者也。"（《荀子·强国》）这与

① 仝晰纲、查昌国、于云瀚：《中华伦理范畴——义》，北京：中国社会科学出版社，2006年，第18页。
② 仝晰纲、查昌国、于云瀚：《中华伦理范畴——义》，北京：中国社会科学出版社，2006年，第27页。

儒家的"仁民爱物""天下一体之仁"理念相吻合,与当代生态伦理学流派的自然主义伦理主张相一致,从宽广的视域彰显了道德义务的调控作用。

儒家不仅构建了正义论,还创造性地发展出义正论,从特定方面阐释了义务伦理的作用。《礼记·乐记》提出了"仁以爱之,义以正之,如此,则民治行矣"的社会治理之道。与之既相同又不同,董仲舒站在个人自治的立场上,建构了独特的义正论:"所以治人与我者,仁与义也。以仁安人,以义正我。"① 正我即是正己,即是用为社会所认可和倡导的道德义务去胜己、克己、律己,一句话就是自我治理,从而使道德主体的心性和行为正直无邪、合理合规。不论是"义以正之"抑或是"义以养其心""以义正我",不仅本身就是用义或道德义务端正自我、完善个人的义务道德诫命,还揭示了道德义务具备调整个人心性和行为、引人向上向善的功能。

(三) 定向作用

1. 价值的定向

由于道德义务主要是为了处理和协调人与自我、人与人、人与群体、群体与群体之间利益关系所设定的工具理性,是一种基于事实判断的应当性的行为要求和行为类型,无论对道德义务的种类如何划定,它总是体现一定的价值导向,具有价值发现和价值定向的功能。就儒家义务伦理来讲,它尽管注意到个体自我价值的实现、对个人价值的尊重,却主要体现了社会本位的价值定向作用。儒家义务伦理思想中关于个人对自我的义务构想如克己、反省、自责、慎独、好学、求知、贵生等,注重引导人自身的发展完善,但是儒家更为凸显对他人、对群体和对社会的道德义务,以此展示社会为本的价值观念,如与人为善、成人之美、立人达人、亲亲仁民、宽以待人、杀身成仁、齐家治国平天下等社会化的义务伦理规定,无不彰显了儒家利人、利家、利国、利天下的价值追求,尤其是儒家的公义说更是直接表现了以身为公的价值情怀。

2. 人格的定向

在儒家义务伦理思想那里,"义"既是优秀人格品质的基本构成,又是评价优秀人格的重要标准——一个人是不是达到了理想的人格境界,衡量的一个重要尺度就是看他是否具备正义感和义务心。先秦儒学尤为重视各种理想人格的义务伦理导向。孔子认为真正的君子把义置于首位:"君子义以为质。"(《论语·卫灵公》)荀子把义勇定为士君子的品质:"重死持义而不桡,是士君子之勇也。"(《荀子·荣辱》)"君子……唯义之为行。"(《荀子·不苟》)二程

---

① 〔清〕苏舆:《春秋繁露义证》,钟哲点校,北京:中华书局,2011年,第249页。

理学则将利不妨义规定为圣人的基本底线："圣人于利,不能全不较论,但不至妨义耳。"①应当承认,这些材料中的"义"准确地说当属于道义之义,难说是道德义务。但是也不能因此完全否定掉其中隐含的伦理义务意蕴,诸如义以为质、义之与比、持义而不桡和唯义之为行等断语,不但本身即是君子必须履行的道德义务,而且这些论断的"义"也可以诠解为伦理义务,它旨在表明君子务必具备强烈的义务感,务必负义而行。

3. 行为定向作用

儒家言说的道德义务是出乎仁爱本源情感的适宜性行为,是一种遵守社会规范的行为必要性、正当性和应当性,道德义务一旦确立,就意味着被人的行为划了界,使人清楚了哪些是当做的、哪些是不当做的以及应该怎样做,确定了"只当如此做,不当如彼做",这犹如《中庸》所讲的"义者,宜也,尊贤为大"(尊贤是最大的义务行为)以及韩愈说过的"行而宜之之谓义"(《原道》)。可见,"义"被作为人的行动进退取舍的选择标准。儒家义务伦理的行为定向作用表明,儒家伦理不仅仅属于德性伦理,也属于规范伦理,而且从根本指向上说儒家义务伦理更接近德行伦理。恰如陈来所言,古代中国文化中德字的使用、德目的列表常常兼德行与德性而言,孔子伦理学的体系虽然包含了部分德性的讨论,却是以"德行"为主导框架的,始终不脱离"行为"来展开。②

进一步展开说,孟子提出的"由仁义行"而非"行仁义"(《孟子·离娄下》)也显示出行为境界的高下差异。假如从儒家义务伦理角度透视,"行仁义"是刻意为之,体现的是孔子所批评的"为人";而"由仁义行"则是出于主体自觉自愿的善良意志,它建立在主体对道德义务的真诚认同基础之上,展现的是孔子所肯定的"为己"目的。一般地说,当一个人把外在的义务规范转化为内在的义务信仰之后,其行动路线就有了明确的定位,他就会将外在他律的社会规范约束同自我内在自律的义务服从有机统一起来,就可以化当然、应然为"从心所欲不逾矩"(《论语·为政》)的自然,于是义务不再是锁链,践行道德义务不再是强制的、非自愿的,而成为自由愉快的行为选择。

(涂可国:山东省社科院文化所所长、研究员)

---

① 〔宋〕程颢、程颐:《二程集·河南程氏遗书》卷十八,王孝鱼点校,北京:中华书局,2004 年,第 215 页。
② 参见陈来《〈论语〉的德行伦理体系》,《清华大学学报(哲学社会科学版)》2011 年第 1 期。

朱子《仁说》中的义理与工夫

唐文明

就仁关联于人的心意能力及相关活动这一面而言,朱子之前有三种对仁的解释进路。二程以前,主流的进路是以爱释仁。无论是西周时期的"爱亲之谓仁",孔子的"仁者爱人",还是董仲舒的"仁者,憯怛爱人",韩愈的"博爱之谓仁",虽具体理解不同或各有侧重,但都是以爱释仁。[①] 爱是人类的一种经验,必然涉及所爱的对象和爱者的情感,所以,以爱释仁实际上是从情上说仁。北宋以来,程颢和程颐发展出对仁的新理解。程颢以一体和知觉论仁,一体即"仁者以天地万物为一体",讲的是心灵境界,知觉即"医家以不认痛痒谓之不仁,人以不知觉不认义理为不仁",讲的是达到此种境界的心灵途径。既然境界的呈现和达到境界的途径都依赖于心的作用,那么,程颢以一体和知觉论仁实际上是从心上说仁。程颐则从仁的根源处将仁与"爱之情"区分开来,强调仁与爱有性情之别,所谓"爱自是情,仁自是性,岂可专以爱为仁"。显然,程颐提出的新理解是从性上说仁。

朱子的《仁说》,直接地说,是在他己丑中和之悟后"清算、纠正和转化湖南学派"[②] 的重要作品。既然此前朱子在工夫问题上深受湖南学派的影响,那么,对湖南学派的清算当然也是自我清算。正是在这种自我清算的过程中,朱子对北宋以来的新儒学进行了综合。其实,从仁论这一主题来看,朱子的《仁说》不仅是对北宋以来的新儒学的综合,也是对整个儒学史上仁论的一个综合。朱子论仁,以"心之德,爱之理"为主见。从《仁说》的内容来看,一开篇总论仁的部分即以"心之德"来概括。既然"爱之理"侧重的是仁与爱的性情之别,而德恰恰是兼及性情的,那么"爱之理"其实是包含在"心

---

① 参见陈来《仁学本体论》,北京:生活·读书·新知三联书店,2014 年,第 101 页。
② 陈来:《中国近世思想史研究》,北京:生活·读书·新知三联书店,2010 年,第 83 页。

之德"之中的。朱子在"心之德"之后特别提出"爱之理",显然是有所针对,是为了突出仁与爱的区别与关联。因此,朱子的《仁说》,一言以蔽之,是**从德上说仁**。德并非现成,涉及德的根源、德的成就与德的呈现等不同环节和因素,这也就是说,涉及性、心、情不同的能力及相关活动。结合朱子己丑中和之悟后确立起来的心统性情的义理—工夫架构,不难看出,朱子从德上说仁,正是找到了一个更为恰当的进路,借此能够对此前从情上、心上和性上说仁进行全面的综合。

　　问题在于,为何到了二程,对仁的理解开始有了较大的变化?答案自然要从唐宋以来中国人精神生活的变迁中去寻找,关系到宋代新儒学兴起的整个历史背景,在此不能详说。相比于过去,宋代新儒学在思想层面的特点表现为:超越性与内在性的双重突显与深化。[①]而与此密切相关的一个思想处境是佛学的刺激和影响。佛学往往从认识论的进路来解释世界和人生,这等于说是对心性问题高度重视,于是,在佛学的挑战和刺激下,儒门也逐渐重新理解自身的经典,从中挖掘、开展了儒学自身的心性论。也正是由于有这样一种思想因缘,宋代以来的新儒学乃至后来的这个新儒学传统一直面临辨儒佛的问题,这么做的首要目的并非为了从外部排斥异端,而是为了避免自身流于"弥近理而大乱真"的异端思想。[②]就心性问题而言,简单来说,佛学以知觉论性,又将此知觉之性归于心,认为一切唯心所造;儒学以天命为性,说心总以性为旨归,强调心、性的超越性。至于与心性问题相关的宇宙问题,佛学通过揭示世界为心所造来说明宇宙的虚幻性,实际上是将宇宙论建立在其心性论之上;儒学则出于对经典的认信捍卫宇宙的真实性,并将心性纳入宇宙创生、大化流行的过程来理解,实际上是将心性论植根于其宇宙论。对儒门来说,无论是心性问题还是宇宙问题,立论的最后根据只能是天,这与佛学以心为立论的最后根据形成鲜明的对比。程子曾以"圣人本天,释氏本心"一语概括儒佛之间的差异,实在极为精当。

　　对宋代新儒学兴起的思想背景做简单的描述,或许有助于我们理解程颐以性、情说仁、爱的观点在儒学史上的重要意义。当然,首先必须指出,这一观点自然是为了应对某种具体的历史处境,但绝非凭空提出,而是有充分的经典依据。具体来说,依据就是《中庸》《孟子》中的人性思想,特别是《孟子》以仁义礼智为人性所固有的思想。如果基于对经典的根本认信和理性的适当考量

---

① 超越性与内在性如何运用于儒学是有争议的,在此从描述的意义上我指的是宋代新儒学对天道、天理、天命和心性等问题的高度重视和深化认识。

② 宋代新儒家特别警惕的异教除佛之外还有老,但显然前者带来的挑战更大。对各种异端危害程度的排列,可见于《近思录》中所载程颢的话:"杨墨之害,甚于申韩,佛老之害,甚于杨墨。"

而从人类的心意能力及相关活动来理解性、心、情这些概念，那么，由较早时期的从情上说仁发展到宋代以来的从心上说仁和从性上说仁，自然意味着对仁的认识在拓展与深化。这种拓展与深化有其特别的历史意义，它表现为一段独特的历史，但或许更重要的是其在儒学体系中的思想意义，表现为内在于经典的思想潜能在逻辑上的展开。换言之，就内在于经典的思想潜能而言，由早期历史上的从情上说仁，发展到从心上说仁，再发展到从性上说仁，具有逻辑上的必然性。

关联实践的和历史的维度，从性上说仁之所以重要，是因为从情上说仁和从心上说仁都不能清晰地表达儒学的特质，从而使儒学无法真正区别于异端思想并在实践中产生种种流弊。具体来说，之所以不能满足于以爱释仁，是因为仅仅从爱的情感层面无法彰显儒学的特质。比如说，仅仅从爱的情感层面理解仁，极易与墨家的兼爱混同，甚至也可能与佛教的慈悲混同，既然"恻隐之心"在以爱释仁的解释进路中一直占有重要地位。从心上说仁也可能存在类似的问题。以一体说仁，仍然有落入老、墨思想的嫌疑。不难想到，程子提出"理一分殊"回答杨时关于《西铭》的疑问，就是服务于如何将儒门教化中的万物一体境界真正区别于老、墨等异端这一重要的思想主题。[①] 以知觉论仁更容易让人联想到佛学的以知觉为性。停留于痛痒等知觉实际上无法保证思想的纯正和精神的健康，反而极易落入佛教因对痛苦的过度感触而生发出来的那种特有的怜悯和慈悲逻辑。程颐尚有"惟公近仁"的看法，实际上是基于"仁性爱情"的观点而在心的层次上说仁，所谓"仁者用心以公"，未尝不是对程颢从心上说仁的某种有意识的补漏救弊。

从情上、心上说仁的不足要求有更为根本的理解，这就是程颐提出的从性上说仁。唯有从性上说仁，才算是回归本源，仁才真正呈现为引向德行的源头活水，践履者才能不再将仁混同于种种虚妄不实的念头。而唯有在充分理解了程颐"仁性爱情"观点的重要意义之后，我们才能进入对朱子《仁说》的真正理解。朱子明确提到《仁说》的写作动机，正是为了发明程子"仁性爱情"的遗意，但他针对的恰恰是在"仁性爱情"的观点在被二程门人接受过程中产生的新的流弊，即离爱言仁："吾方病夫学者诵程子之言而不求其意，遂至于判然离爱而言仁，故特论此以发明其遗意，而子顾以为异乎程子之说，

---

① 陈来在《论宋代道学话语的形成和转变——以二程到朱子的仁说为中心》一文中如是评论程颢的"仁者以天地万物为一体"："难免流于泛言和抽象，这就无法清楚地与墨家的'兼爱'、名家的'泛爱万物'、道家的'万物与我为一'等其他一体说区别开来。"（陈来：《中国近世思想史研究》，北京：生活·读书·新知三联书店，2010年，第62页）

不亦误哉。"①

　　"仁性爱情"观点的提出,是为了强调仁与爱之间有性情之别,所以程颐特别指出,"仁者必爱,指爱为仁则不可。"②但是,如果在领会、接受这一观点的过程中忽略了仁与爱之间固有的关联,就有可能在"指爱为仁则不可"的基础上再走一步,从而产生离爱言仁的流弊。朱子以"爱之理"名仁,就是既要肯定程颐所指出的仁与爱之间的性情之别,又要说明仁与爱之间固有的关联。因此朱子说:"盖所谓情性者,虽其分域之不同,然其脉络之通,各有攸属者,则曷尝判然离绝而不相管哉。"就与义理紧密相关的工夫关切而言,朱子这里可以说是性情双彰,体用兼顾。换言之,朱子所要发明的程子遗意,其要点在于:不达于性而论仁则无本,无本则不明;不通于情而论仁则玄虚,玄虚则不实。如果说前者是原来以爱释仁的进路在被领会、接受的过程中最有可能产生的流弊的话,那么,后者则是以心灵境界及相关心灵途径说仁的进路在被领会、接受的过程中最有可能产生的流弊。③

　　朱子非常有针对性地指出了离爱言仁的两种具体观点,二者正与程颢的仁论有密切的渊源,即杨时的一体言仁与谢良佐的知觉言仁。这里需要说明的是,就朱子特别关切的工夫问题而言,朱子在《仁说》中主要针对的是湖南学派。湖南学派发展到朱子的时代,主要指包括张栻在内的胡宏门人。胡宏曾于 20 岁时在京师太学师事杨时,但主要还是从学于父亲胡安国。胡安国虽先识杨时、游酢,却执后进礼问学于谢良佐。由湖南学派的师承关系可以看出,二程门人中,谢良佐对湖南学派的影响最大,杨时可能次之。④朱子显然认为,湖南学派的工夫论所存在的问题,其根源在于二程门人在接受程颐"仁性爱情"观点过程中产生的离爱言仁的思想流弊,所以,为了批评湖南学派的工夫

---

① 〔宋〕朱熹:《仁说》,《朱子全书》第 23 册,上海:上海古籍出版社,2010 年,第 3280 页。(后文除无特殊说明,皆引用此版本)下引《仁说》文字一律加粗,不再出注。另外,在癸巳(1173 年)《答吕伯恭》第二十四书中,朱子也对《仁说》的写作动机作了清楚的说明:"其实亦只是祖述伊川仁性爱情之说,但剔得名义稍分界分,脉络有条理,免得学者枉费心神,胡乱揣摩,唤东作西尔。"(《朱子全书》第 21 册,上海:上海古籍出版社,2010 年,第 1442 页)

② 〔宋〕程颢、程颐:《粹言》卷一,《二程集》(下),北京:中华书局,1981 年,第 1173 页。(后文除无特殊说明,皆引用此版本)

③ 张栻曾在庚寅、辛卯间"类聚孔孟言仁处"而编辑《洙泗言仁录》,朱子在与张栻就《洙泗言仁录》进行辩论时曾总论二程以来儒门离爱言仁之流弊:"大抵二先生之前,学者全不知有仁字,凡圣贤说仁处,不过只作爱字看了。自二先生以来,学者始知理会仁字,不敢只做爱说,然其流复不免有弊者。盖专务说仁,而于操存涵泳之功,不免有所忽略,故无复优柔厌饫之味、克己复礼之实,不但其蔽也愚而已;而又一向离了爱字,悬空揣摸,既无真实见处,故其为说恍惚惊怪,弊病百端,殆反不若全知有仁字而只作爱字看却之为愈也。"(《答张敬夫》第十六书,《朱子全书》第 21 册,第 1335 页)

④ 对湖南学派的专门研究,参见曾亦《本体与工夫——湖湘学派研究》,上海:上海人民出版社,2007 年。

论而拎出杨时和谢良佐的观点作为直接的靶子,就是非常合适且必要的。

写作时间早于《仁说》的《知言疑义》记载了胡宏与门人的一段问答,最能见出胡宏工夫论的进路和特点,后面有朱子、张栻和吕祖谦的按语,可与《仁说》批判离爱言仁的部分对观。① 我们先来看胡宏与门人的问答:

> 彪居正问:"心无穷者也,孟子何以言尽其心?"曰:"惟仁者能尽其心。"居正问为仁。曰:"欲为仁,必先识仁之体。"曰:"其体如何?"曰:"仁之道弘大而亲切,知者可以一言尽,不知者虽设千万言亦不知也。能者可以一事举,不能者虽指千万事亦不能也。"曰:"万物与我为一,可以为仁之体乎?"曰:"子以六尺之躯,若何而能与万物为一?"曰:"身不能与万物为一,心则能矣。"曰:"人心有百病一死,天下之物有一变万生,子若何而能与之为一?"居正竦然而去。他日,某问曰:"人之所以不仁者,以放其良心也。以放心求心可乎?"曰:"齐王见牛而不忍杀,此良心之苗裔,因利欲之间而见者也。一有见焉,操而存之,存而养之,养而充之,以至于大,大而不已,与天地同矣。此心在人,其发见之端不同,要在识之而已。"②

"欲为仁,必先识仁之体",这是胡宏工夫论的纲领。但是,当彪居正问到"万物与我为一"是否就是"仁之体"时,胡宏并没有直接回答,而是反问彪居正人以六尺之躯如何与万物为一。当彪居正说心能够与万物为一时,胡宏并不赞许。这说明胡宏所谓的"先识仁之体"并非是说用心凭空、直接体验到"万物与我为一"的境界。当另一个门人在学习过程中产生了"以放心求心"的疑问而请教于胡宏时,胡宏则通过《孟子》中齐王见牛不忍其觳觫的例子来点拨他。胡宏的意思是说,在齐王见牛的一刹那,他的良心呈现,如果他从此处识得"仁者浑然与物同体"的仁体,再加操存、扩充,最终必能达到"与天地同"的极境。朱子将湖南学派的工夫论概括为"先察识后涵养",确是抓住了要点。③ 结合前面彪居正与胡宏的问答,可以看到,胡宏的这种"先察识后涵养"的工夫进路,关键在于从事上论工夫,也

---

① 根据陈来的考证,"《知言》之论当始于庚寅,而终于辛卯",(陈来:《朱子哲学研究》,上海:华东师范大学出版社,2000年,第183页)又,根据赖尚清的考证,朱子《仁说》初稿写作于壬辰三月或四月,定稿则在癸巳八月或九月,参见《朱子仁论研究》,清华大学博士学位论文,2014年,第328~329页。

② 《朱子全书》第24册,第3560~3561页。

③ 类似的说法在谢良佐那里早已提出:"须察见天理,涵养始得。"参见〔清〕黄宗羲《宋元学案》第2册,陈金生、梁连华校,北京:中华书局,1986年,第919页。

就是说,工夫始于接物,反对以心凭空想象、揣摩一个"万物一体"的境界。①

朱子在这一段后加按语说:

> "欲为仁,必先识仁之体",此语大可疑。观孔子答门人问为仁者多矣,不过以求仁之方告之,使之从事于此而自得焉尔,初不必使先识仁体也。又,"以放心求心"之问甚切,而所答者反若支离。夫心操存舍亡,间不容息,知其放而求之,则心在是矣。今于已放之心不可操,而复存者置不复问,乃俟异时见其发于他处,而后从而操之。则夫未见之间,此心遂成间断,无复有用功处。及其见而操之,则所操者亦发用之一端耳,于其本源全体,未尝有一日涵养之功,便欲扩而充之,与天同大,愚窃恐其无是理也。②

朱子在此处虽然提到仁体,但并未就何谓仁体的问题直接展开讨论,而是将批评的焦点集中在察识之前是否欠缺一段工夫上,也就是工夫的间断问题上,所谓"则夫未见之间,此心遂成间断,无复有用功处"。因此在最后回应吕祖谦的按语时他又通过解释齐王见牛不忍其觳觫的例子进一步说:"孟子指齐王爱牛之心,乃是因其所明而导之,非以为必如此,然后可以求仁也。夫必欲因苗裔而识本根,孰若培其本根,而听其枝叶之自茂耶。"③"培其本根"一语点出了朱子工夫论的基本路向,也说明了朱子批评湖南学派工夫论的主要关切。

"欲为仁,必先识仁之体"的工夫论,关联于其语义内容,可以提出三个递进的问题。关联于其中的"仁之体",可以问,何谓仁之体? 关联于其中的"识",可以问,识仁如何可能? 此处的"仁"当然是指"仁之体"。关联于其中的"必先",可以问,何以为仁必以识仁为先? 前面已经提到,在《仁说》中,朱子并没有直接对"欲为仁,必先识仁之体"进行批评,而是将问题的根源追溯至杨时和谢良佐的观点。从这里分析出来的三个递进的问题来看,朱子对杨时和谢良佐的观点的批评其实是分别侧重何谓仁之体和识仁的可能性这两个问题,对为仁必以识仁为先的批评则隐含在其中,尤其隐含在对谢良佐的观点的批评中。以下对朱子的批评略作进一步分析。

---

① 这一点也是谢良佐早已论述过的:"非事上,做不得工夫也。须就事上做工夫。""道,须是下学而上达,始得。"分别见〔清〕黄宗羲《宋元学案》第 2 册,陈金生、梁连华校,北京:中华书局,1986 年,第 923、920 页。

② 《朱子全书》第 24 册,第 3561 页。

③ 《朱子全书》第 24 册,第 3562 页。又,《朱子语类》卷 101 记载朱子"看《知言》彪居正问仁一段"的评论,前面一截说:"极费力。有大路不行,只行小径。至如'操而存之'等语,当是在先。自孟子亦不专以此为学者入德之门也。"(《朱子全书》第 17 册,第 3401~3402 页)

　　谢良佐的知觉言仁，是朱子在《仁说》中批评的重点。朱子首先从"得名之实"的角度指出"仁"字并没有知觉的意思。这样，从体用兼顾的考虑来看，就知觉与仁的关系而言，理解的分寸应当回到程颐所说的"不仁者无所知觉，指知觉为仁则不可"。① 对于"仁者必有知觉"，朱子通过仁包四德——在此表现为仁包智——来解释，而对仁包四德的理解又基于他对天地之心的看法。② 对于"指知觉为仁"，朱子特别指出其在践履工夫上可能有流弊："**专言知觉者，使人张皇迫躁而无沉潜之味，其弊或至于认欲为理者有之矣。**"朱子这里的潜台词首先是，既然爱是仁的题中应有之义，就不能离开爱而专以知觉言仁。换言之，如果离开爱而专以知觉言仁，即使在某些时候知觉及乎天理，也难免"张皇迫躁而无沉潜之味"的窘境。

　　这就点出了朱子批评湖南学派的一个重要主题，对情的高度重视。情的重要性不仅关系用上的工夫，即事上的工夫，更重要的，情还关系体上的工夫，即无事时的工夫。而且，既然体用不能两橛，体上的工夫相比于用上的工夫又有其更为根本的重要性，那么，作为体上工夫的情，对于作为用上工夫的觉，定有积极助成的作用。或许我们不能说湖南学派完全不重视情的意义，既然他们主张在察识仁体之后尚需操存涵养。但是，就朱子对他们的批评而言，有两个方面无疑是极有意义的。首先是工夫的欠缺或间断问题，即，在无事之时欠缺一段工夫则难免于"张皇迫躁而无沉潜之味"。不难看出，这里的焦点在于应当如何理解察识与涵养的恰当次序。其次是情之于知觉的意义问题，即，接物时的察识能否及乎天理，在很大程度上是与平时的涵养分不开的。如果这里的察识，或者就其能力来说是知觉，所涉及的对象是事上之理，那么，朱子的意思里面尚有一层，对于事上之理的知觉，离不开无事时的情的涵养。

　　不过，朱子恰恰不认为谢良佐的知觉言仁是以理为知觉的对象。这是朱子区分程颢的知觉论仁与谢良佐的知觉言仁的关键。程颢知觉论仁的要点落在"人以不知觉不认义理为不仁"，这里只是一个否定性的说法，就是说，他只是讲到仁必定有知觉，并未直接说知觉就是仁，而且，他前面讲"不认痛痒谓之不仁"，只是用医家来打比方。但到了谢良佐那里，则是直接说"心有所觉谓之仁"，"有知觉、识痛痒，便唤作仁"。程颐在提出"不仁者无所知觉，指知觉为仁则不可"的同时，通过对《孟子》中"以先知觉后知，以先觉觉后觉"的解释提出了他对"知"和"觉"的理解："知者指此事也，觉者觉此理也。"这未尝不是对程颢知觉论仁的补充说明。朱子曾在多处援引程颐的这个解释，并顺

---

① 《二程集》（下），第 1173 页。
② "天地之心"是朱子《仁说》中另一个更为根本也更为重要的观念。

此断言谢良佐的知觉言仁并非以理为知觉的对象,也未尝不隐含着将谢良佐的知觉言仁与程颢的知觉论仁区别开来这一层意思。[①]

如果知觉的对象并不是理,且还要在这样的知觉中达乎仁之体,那么,我们不难想到,其实这个进路上的察识仁体就是指那种"万物与我为一"的感受。这个辨析差不多已经揭示出,除了因察识之前欠缺一段工夫而可能导致"张皇迫躁而无沉潜之味"的窘境之外,谢良佐的知觉言仁,还可能存在另一种更为严重的流弊,即朱子所说的认欲为理。如果说张皇迫躁的流弊是因为在修养过程中忽略了情,那么,认欲为理的流弊则恰恰表现为丧失了理。由此可以看到,朱子所指出的知觉言仁的两个流弊,直接看来并不在同一个方向上。也就是说,一方面是对情的忽略导致无事时一段工夫的欠缺,从而有张皇迫躁的流弊;另一方面是在事上做工夫时以情代理导致理的丧失,从而有认欲为理的流弊。既然朱子将这两个流弊作为他对知觉言仁的批评,而他对知觉言仁的批评又是他对离爱言仁的批评的一部分,那么,此处恰切的理解应当是,作为离爱言仁的一种代表性观点,知觉言仁的问题在于没能把爱之情作妥当安排,因而既会产生因忽略爱之情而导致的流弊,也会产生因错认爱之理而导致的流弊。这就更能突显朱子心统性情之工夫架构的重要性。

我们还应当注意到,朱子对认欲为理的批评也可能关联于他在《知言疑义》中对胡宏"天理人欲同体而异用"的批评。朱子同意说天理人欲同行而异情,但反对说天理人欲同体而异用,于是他说:

> 盖天理莫知其所始,其在人则生而有之矣。人欲者,梏于形、杂于气、狃于习、乱于情而后有者也。然既有而人莫之辨也,于是乎有同事而异行者焉,同行而异情者焉,君子不可以不察也。然非有以立乎其本,则二者之几微暧万变,夫孰能别之。今以天理人欲混为一区,恐未允当。

朱子在此批评"天理人欲同体而异用"的看法未能"立乎其本"。我们可以顺此推论说,正因为不能"立乎其本",所以只能从事上论工夫了。针对吕祖谦对胡宏"天理人欲同体而异用"的辩护,朱子又说:

[①] 《朱子语类》卷101有多条相关记载,这里仅录一条说得较为全面的:"上蔡以知觉言仁。只知觉得那应事接物底,如何唤作仁? 须是知觉那理,方是。且如一件事是合做与不合做,觉得这个,方是仁。唤着便应,抉着便痛,这是心之流注在血气上底。觉得那理之是非,这方是流注在理上底。唤着不应,抉着不痛,这固是死人,固不仁。唤着应,抉着痛,只这便是仁,则谁个不会? 如此须是分作三截看:那不闻痛痒底,是不仁;只觉得痛痒,不觉得理底,虽会于那一等,也不便是仁;须是觉这理,方是。"(《朱子全书》第17册,第3366页)

　　　　胡子之言，盖欲人于天理中拣别得人欲，又于人欲中便见得天理，其
　　　意甚切，然不免有病者，盖既谓之同体，则上面便著"人欲"两字不得，此
　　　是义理本原极精微处，不可少差。试更子细玩索，当见本体实然只一天理，
　　　更无人欲。故圣人只说克己复礼，教人实下工夫，去却人欲，便是天理，未
　　　尝教人求识天理于人欲汩没之中也。若不能实下工夫去却人欲，则虽就
　　　此识得，未尝离之，天理亦安所用乎！①

　　如果以天理人欲为同体，那么，认欲为理就是一个必然需要面对的问题。既然
又说认欲为理是知觉言仁的一个可能的流弊，那么，这之间又有何关联呢？其
实，结合朱子对胡宏的多方面批评，我们能够在这两个批评之间找到合理的关
联：之所以强调要先察识本体，正是因为本体不明；之所以本体不明，正是因为
以天理人欲为同体。我们知道，朱子认为胡宏"天理人欲同体而异用"的观点
的实质是"性无善恶"，这也显示出知觉言仁的问题归根结底还是关系性的问
题，这也就是前面提到的"立乎其本"的问题，换言之，先察识后涵养的工夫所
存在的根本问题正在于未能"立乎其本"。
　　在谢良佐、胡宏等人看来，在接物时心能否有所察识，也就是说，能否体会
到"万物与我为一"，是区别仁与不仁的一个标志。在有所限定的情况下，朱子
也可能同意这一点，但是，即使如此，朱子不认为接物时可能察识到的"万物
我为一"就是仁之体。既然"万物与我为一"的观点主要来自杨时，朱子在《仁
说》中就以杨时作为靶子对一体言仁的观点提出了很具体的批评："彼谓物我
为一者，可以见仁之无不爱矣，而非仁之所以为体之真也。"朱子的意思是，"万
物与我为一"表明的是"仁之量"，而非仁之体。②朱子的这个解释意味着他在
否认了"万物与我为一"为"仁之体"的同时又从"仁之量"的意义上肯定了"万
物与我为一"。那么，什么才是朱子所认为的仁之体呢？在正面回答这个问题
之前，我们先来叙述一下朱子批评一体言仁时牵涉到的另一个方面的问题。
　　程颐曾说："仁道难名，惟公近之，非以公便为仁。"③又说："仁之道，要之只
消道一公字。公而以人体之，故为仁。只为公，则物我兼照，故仁，所以能恕，
所以能爱。恕则仁之施，爱则仁之用也。"④在与朱子关于《仁说》的辩论中，张
栻阐发程颐的语录，以"公而以人体之，故为仁"来说明"万物与我为一"是仁

---

① 《朱子全书》第 24 册，第 3557 页。
② 《朱子语类》卷 6 记载廖德明与朱子论杨时"万物与我为一"的一段问答："问：'此还是仁之体
　　否？'曰：'此不是仁之体，却是仁之量。'"（《朱子全书》第 14 册，第 260 页）
③ 《二程集》（上），第 63 页。
④ 《二程集》（上），第 153 页。

之体,试图为乃师胡宏"欲为仁,必先识仁之体"的工夫论提出一个新证据:

> 又曰"公而以人体之故为仁",此意指仁之体极为深切。爱终恐只是情,盖公天下而无物我之私焉,则其爱无不溥矣。如此看乃可。①

张栻的意思是说,仁体的呈现,光有爱是不够的,还必须有待于"公而以人体之"的工夫。这是他对上引程颐第二条语录的理解。这里他所谓的仁体,就是指由克己去私而来的廓然大公、物我为一的境界,从爱的角度来说就是超出了单纯的爱之情的"爱之溥"。

朱子在回应张栻的这个看法时指出,程颐说"公而以人体之,故为仁""犹言'克己复礼为仁'",而且,程颐也并没有以"公天下而无物我之私"为仁之体的意思。② 这是朱子理解程颐语录的要点所在。这里或许需要说明的是,对于"公而以人体之"与"公天下而无物我之私",张栻似乎并未明确区分,朱子则并不将二者等同看待,而是认为前者是工夫,等同于"克己复礼",后者则是对应于这种工夫的效验。③ 朱子认为张栻误解了程颐的语录,势必得出仁必待公而后有这种体用倒置的错误看法,于是,他在给张栻的回信中就仁与公的关系进行了清晰的说明,其中特别关联于爱与一体:"盖仁只是爱之理,人皆有之。然人或不公,则于其所当爱者,又有所不爱。惟公,则视天地万物皆为一体,而无所不爱矣。若爱之理,则是自然本有之理,不必为天地万物同体而后有也。"④

重述一下,朱子这里的意思是,仁之体为先有,其情则是爱,作为工夫的"公而以人体之"(即"克己复礼")作用于爱其所当爱的领域,从而成全这种来自仁之体的爱,其效验就是"视天地万物皆为一体"的"廓然大公",也就是将爱扩及无限的"无所不爱"。按照这个理解,如果把"天地万物皆为一体"或

---

① 朱杰人、严佐之、刘永翔主编:《朱子全书外编》第 4 册,《南轩先生文集》卷 21,上海:华东师范大学出版社,2010 年,第 331 页。关于张栻与朱子的《仁说》之辩的来龙去脉,可参见赖尚清《朱子仁论研究》第七章的详细分析。

② 《又论仁说》第四十四书,《朱子全书》第 21 册,第 1411 页。

③ "公天下而无物我之私"也就是程颢《定性书》中所说的"扩然而大公,物来而顺应"的境界。《朱子语类》卷 95 记载朱子与门人讨论程颢《定性书》的问答,其中一段朱子说《定性书》"只是一篇之中,都不见一个下手处",然后弟子问"扩然而大公,物来而顺应"是不是下工夫处,朱子回答说:"扩然而大公,物来而顺应",说的是工夫已成效。参见《朱子全书》第 17 册,第 3209~3210 页。

④ 《答张敬夫》第四十六书《又论仁说》,《朱子全书》第 21 册,第 1414 页。又,在《答张敬夫》第四十八书中,朱子专门阐述"仁不待公而后有",亦是针对张栻此论,参见《朱子全书》第 21 册,第 1418 页。

"廓然大公"看作仁之体,实际上是错把对应于事上工夫的效验当作了本体。①
这正是朱子强调仁不待公而后有的一个意思,因此,他说:"非'公'之一字便
是直指仁体也。"紧接着这句话,朱子又给出了一个更为具体的说明,对张栻的
看法进行了更为清晰、更为犀利的批评:

> 　　细观来喻,所谓公天下而无物我之私焉,则其爱无不溥矣。不知此两
> 句甚处是直指仁体处。若以爱无不溥为仁之体,则陷于以情为性之失,高
> 明之见,必不至此。若以公天下而无物我之私便为仁体,则恐所谓公者,
> 漠然无情,但如虚空木石,虽其同体之物,尚不能有以相爱,况能无所不溥
> 乎?然则此两句中,初未尝有一字说着仁体。②

可以看到,朱子分别说明"公天下而无物我之私"(也就是廓然大公)与"爱无
不溥"为何都不是指仁之体。如果以爱无不溥为仁之体,那是错将仁之量当作
仁之体,从而无法将仁之体区别于异端的博爱思想,朱子认为这是"陷于以情为
性之失"。朱子之所以先说这一点是因为这是程颐早已揭示过的。如前所述,程
颐拈出"仁性爱情"说,就是为了极力避免将仁混同于无差等的博爱。因此,虽然
朱子要向张栻指出这一点,但这不是他批评张栻的重点所在。朱子在此着重要批
评的,是张栻以公天下而无物我之私为仁之体的看法。朱子认为,如果以公天下
而无物我之私为仁之体,恐怕会因为只强调"公而以人体之"的工夫而忽略了爱
的意义,从而落入"漠然无情,但如虚空木石"的境地,这样爱无不溥也不可能了。

　　这就引出了一个在此必须认真对待的问题:在对仁的理解中,公与爱究
竟是什么关系?实际上,从情与理的关系来说,爱属于情而公近于理。程颐说
"惟公近仁",其实也是要矫正只从爱来理解仁的传统看法,且担心像程颢那样
从知觉论仁或从一体论仁都不能清晰地呈现出理之于仁的意义。因此,正如
朱子所说,作为用上工夫的公,通过作用于爱其所当爱的领域而成全来自仁之
体的爱。其实,只要谈到爱其所当爱,理就在其中了。而只要理在其中了,爱
就不会泛滥而流于无差等的博爱。这是理解公与爱的关系的要点所在。反过
来说,过分强调公的作用而忽略爱的意义,则难免于无情之弊。③因此,朱子

---

① 这意味着,在朱子看来,湖南学派所谓的"察识仁体"其实已经是效验。进而言之,虽然将此效验
　　作为继续做工夫的基础是可能的,但以此为仁体则是错误的。
② 《答张敬夫》第四十四书《又论仁说》,《朱子全书》第 21 册,第 1411~1412 页。
③ 从张栻的《仁说》可以看到,他比朱子更重视公的问题,而朱子对张栻《仁说》初稿的一个批评要
　　点正是"但言性而不及情",《答张敬夫》第四十八书,《朱子全书》第 21 册,第 1417 页。至于今
　　人犹以情为本体,则是由于不识性。

的意思概括来说就是,爱而无公与公而无爱都可能有所失,前者会因情胜而失理,后者会因理胜而失情。

朱子针对张栻观点的批评性说明,非常有助于我们准确理解朱子在《仁说》中对一体言仁在工夫上有流弊的批评:"泛言同体者,使人含糊昏缓而无警切之功,其弊或至于认物为己者有之矣。""含糊昏缓而无警切之功"是以爱无不溥为仁之体所带来的流弊,"认物为己"则是以公天下而无物我之私为仁之体所带来的流弊,或者说,前者是爱而无公所带来的流弊,后者则是公而无爱所带来的流弊。可见,朱子所指出的一体言仁的两个流弊,直接看来也不在同一个方向上。因为朱子《仁说》的一个重要关切是反对离爱言仁,从正面说就是强调爱之于仁的重要性,所以,朱子这里的批评主要是为了提示我们,从工夫的层次上说,公而以人体之必当以爱为基础,从效验的层次上说,公天下而无物我之私正是由爱而来的境界,本身也是爱的境界。

在与朱子的反复讨论中,张栻最终被朱子说服,放弃了原来以公天下而无物我之私为仁之体的看法。于是张栻在后来自作的《仁说》中说:"己私既克,则廓然大公,而其爱之理素具于性者,无所蔽矣。……指公以为仁则失其真,而公者人之所以能仁也。"① 这基本上是发挥朱子将克己去私与"公而以人体之"等同对待且并不以其效验为仁之体的意思了。至于朱子,我们知道,他在《仁说》中没有明确论述公的问题,而是从兼顾体用的综合视野提出克己作为工夫的中心,所谓"能克去己私,复乎天理,则此心之体无不在,而此心之用无不行也"。朱子只在《仁说图》中明确提到公的问题,亦是明确将公而以人体之与克己复礼等同对待:"公者所以体仁,犹言'克己复礼为仁'也。盖公则仁,仁则爱。"②

回到朱子对于仁之体的正面看法,其实,关于这一点,张栻在被朱子说服的过程中就已经将之点明了:"夫其所以与天地一体者,以夫天地之心之所存,是乃生生之蕴,人与物所公共,所谓爱之理者也。故探其本则未发之前,爱之理存乎性,是乃仁之体也;察其动则已发之际,爱之施被乎物,是乃仁之用者也。体用一源,内外一致,此仁之所以为妙也。"③ 张栻指出的"爱之理存乎性",正是朱子所认为的仁之体。要深入理解朱子所认为的仁之体,必须关联于他

---

① 朱杰人、严佐之、刘永翔主编:《朱子全书外编》第 4 册,《南轩先生文集》卷 18,上海:华东师范大学出版社,2010 年,第 287~288 页。从写作于壬辰九或十月的《答朱元晦秘书》第九书中可以看到,张栻此时被朱子说服。详细的分析参见赖尚清《朱子仁论研究》,第 219~221 页。张栻的《仁说》之作则在后一年了。

② 《朱子全书》第 17 册,第 3455 页。

③ 朱杰人、严佐之、刘永翔主编:《答朱元晦秘书》第九书,《朱子全书外编》第 4 册,《南轩先生文集》卷 20,上海:华东师范大学出版社,2010 年,第 319 页。

对"天地之心"的看法,我将另文专门讨论。

此外,朱子在《仁说》中批评了一体论仁,但并不是彻底否定一体论仁。既然一体论仁来自程颢的《识仁篇》,这里还应当注意到《仁说》批评离爱言仁一段与程颢《识仁篇》的对话关系。程颢在《识仁篇》一开始就亮明了主要观点:"学者须先识仁。仁者,浑然与物同体,义、礼、智、信皆仁也。识得此理,以诚敬存之而已,不须防检,不须穷索。"其后引用孟子"必有事焉而勿正,心勿忘,勿助长"的话,说明诚敬之道何以又"不须防检,不须穷索";最后总结说:"此理至约,惟患不能守。既能体之而乐,亦不患不能守也。"[①]可以看到,朱子在《仁说》批评离爱言仁这一段最后也援引了孟子的"一忘一助",又特别援引《识仁篇》里也援引过的"乐山""能守"等经典中的训谕来说明他认为问题更大的还不是一体论仁,而是知觉论仁:"而知觉之云者,于圣门所示乐山能守之气象,尤不相似。"我们知道,朱子认为《识仁篇》讲的是"地位高者事",因此未把《识仁篇》收入《近思录》。从朱子这里的论述可见,他并不将他对湖南学派工夫论的批评扩及于程颢,而是隐含了对《识仁篇》在效验层次上的肯定,并认为他在工夫问题上的看法与《识仁篇》并不相悖。[②]

总之,朱子对离爱言仁的批评表现出他对情的高度重视,这与他在己丑中和之悟中确立起来的心统性情的义理—工夫架构以及因此而对湖南学派的心性论的清算有密切关系。从前面的分析可以看到,他对湖南学派的工夫论的一个最重要的批评是他认为他们没有安放好情,从而导致不同方向上的各种流弊。[③]至于朱子由此而确立起来的工夫进路,如前所述及,是以克己复礼为要。朱子在《仁说》中对此尚有详细阐发:"……此孔门之教所以必使学者汲汲于求仁也。其言有曰'克己复礼为仁',言能克去己私,复乎天理,则此心之

---

① 〔清〕黄宗羲:《宋元学案》第 1 册,北京:中华书局,1986 年,第 540~541 页。

② 朱子在工夫问题上批评二程门人也只是说其"下梢"有问题,并未否定其"上一截":"程门高弟如谢上蔡、游定夫、杨龟山辈,下梢皆入禅学去。必是程先生当初说得高了,他们只晓见上一截,少下面着实工夫,故流弊至此。"(《朱子语类》卷 101,《朱子全书》第 17 册,第 3358 页)

③ 在回答"谢氏心性之说如何"的提问时,朱子说:"性,本体也,其用,情也,心则统性情、该动静而为之主宰也,故程子曰'心,一也'。有指体而言者,有指用而言者,盖谓此也。今直以性为本体,而心为之用,则情为无所用者,而心亦偏于动矣。且性之为体,正以仁义礼智之未发者而言,不但为视听作用之本而已。"(《孟子纲领》,《朱子全书》第 24 册,第 3584 页)《朱子语类》卷 5 记载了朱子对胡宏的一段批评:"旧看五峰说,只将心对性说,一个情字都不下落。后来看横渠心统性情之说,乃知此话大有功,始寻得个情字着落,与孟子说一般。孟子言:'恻隐之心,仁之端也。'仁,性也,恻隐,情也,此是情上见得心。又曰:'仁义礼智根于心',此是性上见得心。盖心便是包得那性情,性是体,情是用。心字只一个字母,故性、情字皆从心。"(《朱子全书》第 14 册,第 226 页)前面已经引用过朱子对张栻"但言性而不及情"的批评,可见,朱子在不同场合分别批评谢良佐、胡宏与张栻都没有把情安放好。

体无不在,而此心之用无不行也。又曰'居处恭,执事敬,与人忠',则亦所以存此心也。又曰'事亲孝,事兄弟,及物恕',则亦所以行此心也。又曰'求仁得仁',则以让国而逃、谏伐而饿为能不失乎此心也。又曰'杀身成仁',则以欲甚于生、恶甚于死为能不害乎此心也。"①克己既是体上工夫,又是用上工夫,存此心也是兼及体用讲,行此心、不失乎此心、不害乎此心,则都是从事上讲,意在说明,涵养之于察识至关重要,正所谓"涵养愈深醇,则察识愈精密"。②

（唐文明：清华大学哲学系教授）

---

① 　朱子另有《克斋记》,发明克己工夫更详,参见《朱子全书》第 24 册,第 3709~3711 页。
② 　吴光主编:《马一浮全集》(第一册上),杭州:浙江古籍出版社,2013 年,第 45 页。

孔子的两翼——牟宗三论孟子与荀子

王兴国

孟子和荀子思想的出现,是对战国时代"尽物量"和"尽物力"(《牟宗三先生全集》第9册,第321~323页)精神的逆反,同时也是继承孔子的思想而对其所开创的文化理想"仁"及礼乐精神给予充分肯定的重要成果。

早在唐代,杨倞就极力表彰孟、荀二子"根极理要,敷陈往古,掎挈当世,拨乱兴理","羽翼六经,增光孔氏",保持与巩固儒家的王道,使儒家在"四夷交侵""三纲弛绝"的战国时代而不至坠落与沦丧[①],可见孟、荀二子在战国儒学史上的地位极具重要性。如若缺孟少荀,则"孔氏之道"真难不息矣。可惜,杨倞未能对孟、荀之学的内在差异做出辨析与分判,致使后之学者既不能厘清孟、荀之学及其与孔学的关系,也不能真正理解和善绍孟、荀思想之精髓;不仅视之若水火冰炭,扬孟抑荀,诋横生,而且抹杀了荀学的儒学地位,不能对荀子做出公正的历史评价与定位,甚至自晚清谭嗣同非荀以来,以为中国两千多年之君主专制统治思想皆荀学之流毒,令人徒叹奈何。

牟宗三站在现代世界哲学的高度,重新探究孟、荀二子的哲学思想,廓清了笼罩在他们头上的迷雾。他分析透辟,论述入理,对孟、荀做出了恰当与公正的评价。

一、孟　　子

牟宗三对孟子与荀子哲学思想的论述,与以往的中国哲学史或中国思想史的做法不同,这种不同在于牟宗三预设和建构了一个中西文化哲学比较的

---

① 参见〔清〕王先谦《荀子集解》,沈啸寰、王星贤整理,北京:中华书局,1988年,第51页。

框架,即中国文化是一个"仁的文化系统",西方文化是一个"智的系统"①。对牟先生来说,孟、荀学思想虽在根本上都是中国"仁的文化系统"中的哲学,相对而言,荀子却有接近于西方哲学"智的系统"的一面,而孟子则是正宗地道的"仁的文化系统",且与孔子共同成为这一系统的建立者与奠基者。尽管孟、荀二子都各自建立了一套儒家的"内圣外王"之学,但是比较而论,孟学重在"内圣"一面,并以"内圣"之学称胜,而荀学则重在"外王"一面,并以"外王"之学见长,所以孟、荀分别为孔子的两翼。在这一比较框架中将孟荀合观,不仅可见孟、荀二子与孔子思想之渊源关系,得孔子思想之大全,而且亦可见儒学在现代与未来发展之道路。此实为牟宗三提出"儒学第三期开展"使命之所本。可以说,"返本开新"必由孔子以及孔子之两翼的孟、荀二子出焉,这也是牟宗三论孟、荀哲学思想的进路、方法及其重要意义之所在。

在牟宗三眼中,孟子上承孔子,下开陆(象山)王(阳明),与孔子一起同为中国文化生命主流精神与智慧的奠基人和代表人物。②概而言之,就是孟子在中国哲学思想和文化上借由"内在道德性"树立起一种"绝对之主体性",由此而直通"天地精神",实现人"与天地同流"(《孟子·尽心上》)的境界,开创了一种新的时代精神,因而彰显了中国文化生命精神的根源形态。这是孟子的独特表现与贡献之所在。当然,这也是相对于荀子来说的。就彻底通透性而论,荀子是不可与孟子同日而语的。

从儒学史来看,孟子和荀子大抵自汉代开始受到重视。众所皆知,汉武帝与董仲舒联袂演出了一幕复古更化的历史大戏,从此儒学登上了中国的政治舞台,取得了至高无上的官学(经学)地位,成为主宰中国社会两千多年的主导思想,而荀子正是董仲舒的先驱。汉帝国最终选择了儒学为立国之本,可谓自春秋战国以来历史发展的必然结果。从荀子到董仲舒,儒学虽经曲折与歧出,但终于复回自身而成就正果。是故荀子在汉儒中所受到的尊崇自然不免有高过孟子之处,其影响和地位亦不亚于孟子。然而,盖因受累于韩非和李斯之恶名的影响,即使对荀子衷心推崇和拥戴的学者,也不愿意为《荀子》作注或题留。此则为荀子的难堪与悲哀。尽管有董仲舒非难孟子的性善论,《孟子》一书也受到王充的怀疑,但总体上看,孟子的地位和影响还是远高于荀子之上。另外,荀子虽被视为儒学的传经大师,一时颇受称美,但也不像《孟子》那样曾一度(孝文帝时)置博士,又有赵岐为《孟子》题注。至唐,虽有杨倞为《荀子》作注,但孟子则被韩愈标举为孔圣道统的继承者。及至宋元明以降,荀子与孟

---

① 吴兴文主编:《牟宗三先生全集》第 9 册,长春:吉林出版集团有限公司,2012 年,第 189~198 页。
② 参见吴兴文主编《牟宗三先生全集》第 22 册,长春:吉林出版集团有限公司,2012 年,第 12~13 页。

子的地位和影响之间的差距,更是被前所未有地拉大,孟子获得了仅次于孔子的"亚圣"称号,配享孔庙,荀学则倍受攻讦诋毁,甚至荀学的儒学地位亦不能保。究其原委,则正在于荀学的儒学根源之通透性没有透出,并为其长于"知性"的性格所掩盖,因此荀子就不可能像孟子那样享有孔子之嫡传的崇高地位与荣誉。与此相应,汉帝国注重政治的"变法",并力图有所扩展,因而尤重儒学的"外王"之道,而宋王朝面对五代以来社会道德秩序混乱失范,又要在思想和学术上对治佛教,则不得不注重和凸显儒学的"内圣"之学。这就是荀子地位一度高于孟子(如汉代),至宋代则完全相反,不仅荀子的声誉绝对低于孟子,且此后荀学在儒学中的地位也被抹杀的社会原因。正如唐君毅所指出的:"由宋及明,学者乃大皆以孟子为孔学之嫡传,荀学为杂学。"[1]孟、荀二子同为孔子之后儒学的两座高峰,构成孔学之两翼,然而一荣一辱,适成鲜明之对比,令人深思。如果说汉儒对孟子理解有误,重视不够,没有做出完整与公正的评价是一大偏失,那么宋儒不识荀学真面目,极力贬斥荀子,罢黜其儒家地位,则是更加不应该的。

牟宗三论孟、荀之学,一扫汉宋学者之弊病,从近代中西方哲学文化之比较着眼,在其历史时代之精神的"破裂"中,澄清和消除了宋明儒对荀子的误解与毁谤,保留和汲取了他们对于孟子有价值的论述,做出了合理的哲学分析,给予客观公正的历史定位。

牟宗三就明儒罗近溪和宋儒二程之论孟子进行论析。依他之所见,孟子的圣贤人格虽然不如孔子和颜子圆满,但是"孟子之为大为乾,为泰山严严,露才雄辩,其迹著"。[2]孟子自有其不得已之时代因缘,绝不能因此而看不到孟子思想的伟岸与超拔。对此,不能做简单判断,必须转进一层,深入其内而出乎其外。

孔子以后,儒学一分为八并在分裂中趋于衰落而沉寂。在孟子看来,"圣王不作,诸侯放恣,处士横议,杨朱、墨翟之言盈天下。……杨墨之道不息,孔子之道不著,……吾为此惧,闲先圣之道,距杨墨,放淫辞,邪说者不得作。"(《孟子·滕文公下》)因此,孟子要重振孔子开创的儒学,恢复与捍卫儒学之显学地位,就必须挺身而出,为儒学辩护,也就不能不露才雄辩而著迹。程子以为,这是孟子有"英气""圭角"的表现。牟宗三不赞同程子对孟子的这一批评,认为这是程子没有深入孟子的思想而浮于事情表面的判断,实不及明儒罗近溪对于孟子了解的到位。罗近溪所说的"孟子庶几乎乾"一语,便是对孟子作了深一层次的理解。如若"充实而有光辉之谓大"是孟子人格的写真,那么深

---

[1]　唐君毅:《中国哲学原论·原道篇(卷一)》,台北:台湾学生书局,1984年,第436页。
[2]　吴兴文主编:《牟宗三先生全集》第9册,长春:吉林出版集团有限公司,2012年,第132页。

层次地了解后就应该看到,如果孟子整个是"方形"、整个是"圭角",就不是以小家碧玉的含蓄温润可以比拟和形容的,而是体内蕴之光的外现,内外都是荧光满照。简言之,"孔子整个是圆形,孟子整个是方形"。根据《周易·系辞上》的观点,"圆形"有"圆而神"之意,表示孔子是大圣,"方形"有"方以智"之意,表示孟子为次于大圣的大贤。牟宗三承认孟子"完成了'充实而有光辉之谓大'一型范",然"未至'大而化之之谓圣'的境地。"① 那么,孟子为什么没有进到"大而化之之谓圣"的圣人境界呢?

原因就在于孟子要尽到他那个时代的责任,与它来"一个破裂的对反","把尽物力的时代风气压下去"② 彻底改变那个时代的精神。因此孟子决不愿意做乡愿,与那个时代的风气讲和,更不愿意做"以顺为正"的"妾妇"。此为孟子所深恶痛绝的(参见《孟子·滕文公下》),他不愿去奉承与迎合时代风气中强行"霸道"的君王与权贵,而要做时代的中流砥柱,力挽狂澜于既倒,救民于水深火热,解除生灵涂炭之灾祸(此为其"民本"与"仁政"王道思想之所由出),牟宗三赞之以"全幅是精神,通体是光辉"。③ 所以孟子树立了一个"充实而有光辉之谓大"的典范,实现了其个人生命精神的客观化,取得实际上的重大意义,只是没有进到"大而化之之谓圣"的境界。就其时代而言,既不容许孟子进到"大而化之之谓圣"的境界,也没有必要进到"大而化之之谓圣"的境界。这犹如佛教中的菩萨不成佛而住世,力行菩萨行,以普度众生而无遗憾一样。若说要进到"圣"的境界,这在孟子个人的主观性一面当然是可能的,但是孟子既在客观上已经实现了"充实而有光辉之谓大"的典范,对于一个有限的人的命来说,他不可能保持"个人的"与"客观的"双重存在,因为这一"个人的"存在与"客观的"存在在当时是有矛盾、难以统一的。

牟宗三强调,论孟子圣贤人格的问题,不能完全从时代的外在因缘上说,必须看到这与其内在的性情和天资有密切的关系。就是说,一个人的圣贤人格是由其内外因缘共同决定的,不能只看到单一的外因或内因之一面。这就在宋明儒的基础上把对孟子思想的诠解大大推进了。

然而,应该如何理解孟子实现了"充实而有光辉之谓大"的典范呢? 答案可以概括为两点。

第一,孟子思想所树立的"内在道德性""理之骨干""主体之自由"④ 是

---

① 吴兴文主编:《牟宗三先生全集》第9册,长春:吉林出版集团有限公司,2012年,第138~139页。
② 吴兴文主编:《牟宗三先生全集》第9册,长春:吉林出版集团有限公司,2012年,第139页。
③ 吴兴文主编:《牟宗三先生全集》第9册,长春:吉林出版集团有限公司,2012年,第131页。
④ 吴兴文主编:《牟宗三先生全集》第9册,长春:吉林出版集团有限公司,2012年,第132、135、136页。

客观的,虽以悖逆时代"尽物力"的主流精神而出现,却为时代所必须具有,是扭转时代的新精神,代表历史文化向前发展的方向,是时代、历史与文化的命脉之所在。所以,这一根源之形态彰著了人类文明根源形态的"内在道德性"的一面,为积极的、正面的、健康向上的精神,否则历史就只能是黑暗和趋于毁灭。

第二,这一"根源之形态"借由"内在道德性"而在精神上显现为"绝对主体性"。这本身就是"内在道德性"的具体表现,因此它作为精神的主体即为一道德的"主体之自由"。换言之,这一"主体之自由"正是人类精神之本性,因而精神作为精神而展现出来。但是,人类的精神不是空洞虚无的,而是有具体内容的,亦即是有价值的。这在孟子来说,首要的便是人之为人而区别于禽兽的道德价值。人类的精神价值当然是由人类的"主体之自由"充分表现和实现的。

究实而言,牟宗三的"主体之自由"概念,不过是源自康德哲学的"意志自由"的另一种表述。从人类精神中发现与肯定这一"主体之自由"是十分重要的。恰因如此,一方面人类才能在其精神的表现中自觉自由地将其固有的"内在道德性"("四端"或"本心")充分地扩充和展示出来,并由此"主体之自由"与"内在道德性"的同一而体证到"内在道德性"的存在,实际上,这是一种"绝对精神",因此"主体之自由"所表现的精神即是"绝对的主体性",亦即"内在道德性"的"绝对精神",乃成为人类价值"立法"的形上本原与根本原则。另一方面,则借由此"主体之自由",在"尽心、知性、知天"的一连串工夫磨炼中,上升为"与天地同流"的"天地精神"。换言之,"内在道德性"经过"修身""不动心"和"善养吾浩然之气"的一连串工夫的修炼之后,即可上达而为天德。所谓"天人合德"之境,亦即"上下与天地同流"的境界,这是绝对无待的超越的精神境界,也是人所能达到的最高理想的觉悟境界,与《中庸》的"参天地,赞化育"的境界异曲而同工。这就是"复由此而直下通透绝对精神即天地精神"[1] 之意。

牟宗三将人类时代精神的积极表现区分为三种形态:根源型态、纯粹理解(知性)与外在自然的对立型态以及国家政治层面的"真实的客观化"的型态。孟子所表现的中国文化的时代精神属于第一种型态。中国文化缺少第二种型态。至于第三种型态,本来就需要对于文化理想有所肯定并有赖于它转出积极的时代精神,还要有学术上的自觉反省,才有可能实现。孟子虽然有对于文化理想的肯定,但是尚未上升到学术自省的高度(只有在学术实现了从古典形

---

[1]　吴兴文主编:《牟宗三先生全集》第9册,长春:吉林出版集团有限公司,2012年,第132页。

态向现代形态的转型后才有可能），因此孟子在此一型态上还是欠缺的。这固然是孟子的不足，也是其时代的限制之使然。

　　然而，孟子有一套"反身而诚"的工夫，由这一套工夫经历，可以在自我反省的自觉中显现出人的"精神"与"自然"关系的破裂，从而使"精神透露"与自我展开成为可能。可见，这套工夫是十分关键的。但对孟子和儒家来说，这套工夫本质上是道德修养与实践的工夫。就孟子而言，他的自我反省与自觉所显现的"精神"与"自然"关系的破裂，乃是"道德"（"道德内在性"）与"自然"（如告子所谓"生之谓性"的"性"，即自然的本能之性）关系的破裂，那么由此而来的"精神透露"与自我展开就是一个"道德主体"的展现。这当然是由人在道德上的自觉而来的。"精神透露"与自我展开必然表现为"主体的自由"。这一"主体的自由"正是"道德主体"的自由之表现。[①] 由这一"道德主体"之"绝对主体性"为人类价值（或道德"立法"）的本原与根本原则，则可溯源和反证"内在道德性"乃一真实的"绝对精神"。

　　诚然，在这一过程中，使"精神透露"成为可能的另一个关键，是由于孟子重新肯定了孔子所开创的文化理想，否定战国时代"尽物力"的精神所致。这当然就要在时代精神上显出一个必然的"破裂"，从而使中国文化生命精神积极表现的理路得以彰显。这与孟子从"内在道德性"凸显"绝对主体性"是完全一致的。这可以从如下两方面来看。

　　一方面，孟子在中国文化生命精神积极表现的根源型态中，直接点出"人性善"，便直接把握到了"内在道德性"，即一个绝对的主体，亦即道德的主体。由此"道德的主体自由"充分地表现出来。"内在道德性"是一个壁立千仞的"体"（大体、本体、大本、大根），是一个"绝对主体性"，就可以讲求中国文化的建体立极，显出中国文化的规模。牟宗三在后来的《中国哲学的特质》一书中，对此有进一步的说明与分析，他指出孟子主张和坚持仁义内在于人心，是"以心说性"，可谓"即心见性"。这一思路是"道德的进路"（moral approach），与《中庸》和《易传》从天命、天道讲性即所谓"天命之谓性"的"宇宙论的进路"（cosmological approach）不同，但二者殊途同归，在归结上相会合[②]。"孟子为了了解与定住'天命之谓性'的性之真实意义，直接从道德意识论性，使性之意义不再含糊不清（obscure）或引人入邪。而通过主观的道德意识来了解并且定住性的全幅意义，正好比耶教中人教人通过耶稣了解并且定住上帝的全部

---

①　参见吴兴文主编《牟宗三先生全集》第 9 册，长春：吉林出版集团有限公司，2012 年，第 135~136 页。

②　参见吴兴文主编《牟宗三先生全集》第 9 册，长春：吉林出版集团有限公司，2012 年，第 57 页。

内容一样。"① 实际上,孟子承接孔子的仁、智、圣三个概念,从仁心的全幅意义说人性,即说人之所以为人之理、之真几。这一说性方式的最大意义就是孟子以"道德心"直接表达道德意识。"心"的概念首先是由孟子提出来的。孟子的这个"心"代表"道德的主体性",只有"心"堂堂正正地树立起来,人才可以堂堂正正地站立起来。人站起来了,立得稳了,其他的一切才可以站起来,立得稳;否则,道德、宗教、科学、艺术,总之,一切文化,都没有价值。这是人类精神价值世界的"立法"之本,这也就是"建体立极"的意思之所在。因此,了解孟子的性善论,才可以了解并建立人的"真实的主体性"。但是,孟子的"性善"之义既不易了解,也不易辨明。② 必须弄明白"仁义内在",才能真切地理解与把握"性善",并确立"性善",而"仁义内在"则表现为绝对的"道德主体"的挺立与透出。孔孟之道是儒学的正宗,由此,中国哲学思想大传统的中心,就必定落在对主体性的重视上面,也因此中国的学术思想可以大约地称为"心性之学"。孟子是中国"心性之学"的正宗与主脉,孟子与《易传》《中庸》所论的"性"则归结于宋儒所说的"义理之性"或"天地之性"。至此,中国的心性之学业已获得最具概括性的总结。③

另一方面,尽管孟子没有在人类精神表现的第三种型态上达到完全自觉与高度理性的反省,但是他对"尽物力"精神的否定与对文化理想的肯定,在客观上必然导致"道德的主体"与"物质的自然"的对立与冲突,并由此造成破裂的出现,同时"在孟子的担负上与其所处的时代上,皆必须有这个破裂。"④由此,则进一步逼出一个"绝对主体性"。可见,孟子开创性地、大无畏地挺立起道德主体的自由精神,在中国哲学史上建立起第一个绝对主体性的型范,乃是他肯定孔子文化理想与反对时代的"尽物力"精神的必然结果,同时也是他的文化生命之必然结果。

牟宗三还进一步说明了孟子不仅是由仁义内在透出了绝对的道德主体精神,而且由这一精神主体建体立极,通于绝对,彻上彻下,彻里彻外,更表现为至大至刚的浩然正气,配义与道,充塞于宇宙之间,与天地同流,成为天地精神。⑤ 在这一过程中,孟子的生命获得了一种客观化的意义,他虽然具有形而上的高远文化理想和天地精神,但是在现实中,他却是一个为自己的文化理想与远大抱负而奋进并显才著迹、擅于雄辩和批判的斗士。总之,孟子虽然未至

① 吴兴文主编:《牟宗三先生全集》第 28 册,长春:吉林出版集团有限公司,2012 年,第 69 页。
② 参见吴兴文主编《牟宗三先生全集》第 22 册,长春:吉林出版集团有限公司,2012 年,第 19 页。
③ 参见吴兴文主编《牟宗三先生全集》第 28 册,长春:吉林出版集团有限公司,2012 年,第 72 页。
④ 吴兴文主编:《牟宗三先生全集》第 9 册,长春:吉林出版集团有限公司,2012 年,第 133 页。
⑤ 吴兴文主编:《牟宗三先生全集》第 9 册,长春:吉林出版集团有限公司,2012 年,第 138 页。

"大而化之之谓圣"的境地,但完成了"充实而有光辉之谓大"的型范之建立,为文明之价值"建体立极"和如何到达"圣"的境界指明了方向和路径,在中国历史和文化中树立起永远不倒的形象。

二、荀　　子

在晚周诸子中,荀子是一个最重视和标榜"礼义"的思想家。牟宗三用一句话来概括荀子,说:"荀子之文化生命,文化理想,则转而为'通体是礼义'。"[①]对荀子来说,礼是辨别统类而定分的最高原则。荀子就是由此表现出他的精神和文化理想。荀子的精神和文化理想,牟宗三也只用一句话概括为:"隆礼义而杀《诗》《书》。"[②]荀子看重和凸显"礼义",但不同于孔孟。"孔子与孟子俱由内转,而荀子则自外转。孔、孟俱由仁、义出,而荀子则由礼、法(文)入。"[③]

如果说孟子是一位仁者型的哲学家,那么荀子就是一位智者型的哲学家。荀子有一颗极其发达的理智之心、逻辑之心,这使他与西方具有理论思辨头脑的哲学家心灵接近。一如牟宗三所指出的,"荀子之思路,实与西方重智系统相接近,而非中国正宗之重仁系统也。"[④]这突出地表现在荀子的"正名"思想之中。"欲了解荀子逻辑之心灵,亦必须先通其学术之大体。"[⑤]在牟宗三的眼中,荀子之言"名"近似于柏拉图之言理型,二人都重视外在的"客体之有",彰显的是"理智的认识之心"。[⑥]严格地说,中国哲学家很少有西方哲学意义上的知识论,但荀子例外,他在知识论上也不乏与西方知识论相近之处。牟宗三比较了荀子与杜威的知识论,认为荀子的知识论类似于杜威的唯用论。只是荀子对于"天有"的认识,依据的是道德系统的笃行实践,亦即历代帝王累积而来的典宪系统的笃行实践,而不是纯粹的自然规律。在归结上,荀子仍是一个古典人文道德的理想主义者,而非以知识为中心的自然主义者。[⑦]这当然是荀子与杜威的区别之所在,也是他为儒家的底色所在。

荀子彰著"理智的认识心"而重智的系统的路数,与孟子重仁的系统的路

---

①　吴兴文主编:《牟宗三先生全集》第 9 册,长春:吉林出版集团有限公司,2012 年,第 139 页。

②　吴兴文主编:《牟宗三先生全集》第 9 册,长春:吉林出版集团有限公司,2012 年,第 140 页。

③　吴兴文主编:《牟宗三先生全集》第 9 册,长春:吉林出版集团有限公司,2012 年,第 139 页。

④　吴兴文主编:《牟宗三先生全集》第 2 册,长春:吉林出版集团有限公司,2012 年,第 165 页。

⑤　吴兴文主编:《牟宗三先生全集》第 9 册,长春:吉林出版集团有限公司,2012 年,第 165 页。

⑥　吴兴文主编:《牟宗三先生全集》第 9 册,长春:吉林出版集团有限公司,2012 年,第 221 页。

⑦　吴兴文主编:《牟宗三先生全集》第 9 册,长春:吉林出版集团有限公司,2012 年,第 191~192 页。

数形成了鲜明对照。而荀子"能识礼义之统类性,而不能识《诗》《书》之兴发性。"①正是他的心灵特质与内在精神使然且限制的。由于这一缘故,荀子不解孟子,亦不能全面地理解与把握孔子的思想。牟宗三独具慧眼地从心灵特质上区分荀子与孟子的不同。"孟子敦《诗》《书》而道性善,正是向深处去,向高处提。荀子隆礼义而杀《诗》《书》,正是向广处走,向外面推。一在内圣,一在外王。"②在牟宗三看来,孟子和荀子分别从"内圣"之学与"外王"之道继承和发展了孔子的思想。

由此看,可以发现孟子和荀子各有其优长与不足,或所"见"与所"蔽"。孟子凸显了主体精神与绝对精神(即天地精神),但客观精神不足;荀子彰著了客观精神,但本源不透,不能提挈出主体精神与绝对精神。③然而,孟、荀的思想之间并不对立与冲突,而是互补与连成一系的,这就是仁(或仁的系统)与智(或智的系统)的互补与合一,孔子则是所谓"仁且智"的仁智双彰。因此,合观孟荀的思想,可以见孔子思想之大全;而由孔子察看孟荀的思想,则可以看到孔子思想在发展中的分向,孟、荀各为其一翼。相对于儒分为八的情形来说,这可能更具有重大的历史价值和文化意义。

重要的是,牟宗三画龙点睛地以荀子所谓"隆礼义而杀《诗》《书》"之语,勾勒出荀子思想的主旨与最大特征。那么如何理解荀子的"隆礼义而杀《诗》《书》"呢?

众所周知,荀子多次反复指出和强调"隆礼义而杀《诗》《书》"的重要性,并将"俗人"或"俗儒"与"雅儒"相比较,认为"俗人"或"俗儒""不知法后王而一制度,不知隆礼义而杀《诗》《书》",而"雅儒"则是"法后王,一制度,隆礼义而杀《诗》《书》;其言行已有大法矣"。(《荀子·儒效》)但在"雅儒"之上更有"大儒"。荀子推崇与希望树立的是"大儒"和"雅儒",否定与贬斥的是"俗儒"或"俗人",因为"大儒"和"雅儒"较能接近他心中完美的"圣人"或"圣王","俗儒"或"俗人"则相反。对荀子来说,"法后王、一制度、隆礼义"为"圣人"或"圣王""大儒"和"雅儒"必行之"大法",而其中的核心与关键,就在于"礼义之统"的建立,所以荀子不遗余力地把"隆礼义"推至重要的地步。唐君毅敏锐地发现荀子特别喜欢用"隆"字,并指出:"大儒则更能知礼制之有道为之贯……即能举此统类之道以应之。"④无疑,唐君毅对于荀子的这些解释是颇

---

① 吴兴文主编:《牟宗三先生全集》第 9 册,长春:吉林出版集团有限公司,2012 年,第 140 页。
② 吴兴文主编:《牟宗三先生全集》第 9 册,长春:吉林出版集团有限公司,2012 年,第 141 页。
③ 参见吴兴文主编《牟宗三先生全集》第 2 册,长春:吉林出版集团有限公司,2012 年,第 181~188 页。
④ 唐君毅:《中国哲学原论·原道篇(卷一)》,台北:台湾学生书局,1984 年,第 488 页。

有见地的。就荀子而言，"人文统类之道"①或"人文化成"之道最终还是要由礼义法度系统来表现的。因此，荀子必须且必然要把"隆礼义"置于至高无上的地位。在此意义上说，"大儒"与"雅儒"是不可须臾分离的。然而，"隆礼义"为何必"杀《诗》《书》"呢？

毋庸置疑，荀子像孔子、孟子一样重视古代经籍，善为《易》《诗》《礼》和《春秋》，故汪中说："荀卿之学，出于孔氏，而尤有功于诸经。"②门下更有名儒经师浮丘伯，荀子传经有功于圣门，并于后世有重大影响。因此，荀子所谓"杀《诗》《书》"，并不是对《诗》《书》的否定。唐君毅指出，荀子在《诗》《书》中重礼而又归近于人，以求外通伦类，自备德操，全其德与学而成人（成就人格），这似乎正是其学者之备圣心而期于为圣之道的体现。③这固然应当是荀子对《诗》《书》所怀有的本旨，但是，"杀《诗》《书》"似乎与此本旨相违逆。原因在于要由《诗》《书》实现荀子的本怀是十分困难的。如果这样，很可能绝大多数学者最后皆会流为荀子所拒斥的"俗儒""陋儒"。其中的关键问题，就出在荀子所说的"上不能好其人，下不能隆礼，安特将学杂识志，顺诗书而已耳"。（《荀子·劝学》）即《诗》《书》全然沦为谋食富利的工具，儒家的礼义之道将荡然无存。于是，饱读《诗》《书》，虽"末世穷年，不免为陋儒"，结果则使《诗》《书》失去了意义。所以，对荀子来说，"隆礼义"就必须"杀《诗》《书》"，这是他必然做出的选择与结果。

在此一意义上看，荀子不仅仅是"杀（此处读为 shài，减少，使衰微义——引者注）《诗》《书》"，而且是真正地"杀（此处读为 shā）《诗》《书》"。即不仅仅是相对于"隆礼义"之重要性的差等来说，要降低《诗》《书》的地位，这是不够的，而是要从根本上排斥和否定"俗儒""陋儒"，阻止人们通往"俗儒""陋儒"的道路。这在表面上是将"隆礼义"与"杀《诗》《书》"对立起来，实则在深层中，乃是通过"隆礼义而杀《诗》《书》"再回到《诗》《书》，这就是牟宗三所谓"必待乎礼之条贯以通之"，才能真正地体现荀子对于《诗》《书》的本怀，将《诗》《书》与礼义之统统一起来，最终实现荀子的"人文化成"之道。对荀子来说，"隆礼义而杀《诗》《书》"，是实现他的"外王"之道至为关键的一环。

荀子的"外王"之道，"由百王累积之法度，统而一之，连而贯之，成为礼义之统，然后方可以言治道。"④这个"道"正是上文所说的"人文化成"之道。"其所化成者为'性'与'天'：以心治性，以人治天。故由'隆礼义'一基本义，

---

①　唐君毅：《中国哲学原论·原道篇（卷一）》，台北：台湾学生书局，1984 年，第 435 页。

②　〔清〕王先谦：《荀子集解》，沈啸寰、王星贤整理，北京：中华书局，1988 年，第 21 页。

③　唐君毅：《中国哲学原论·原道篇（卷一）》，台北：台湾学生书局，1984 年，第 477 页。

④　吴兴文主编：《牟宗三先生全集》第 9 册，长春：吉林出版集团有限公司，2012 年，第 142 页。

复开出另一基本原则，即为'天生人成'。"①荀子说："天行有常，不为尧存，不为桀亡。"（《荀子·天论》）这个著名的哲学命题指出，"天"是一个客观的自然意义上的"天"，"天"的运动即"天行"不以人（无论尧或桀）的意志为转移，有它自己的"常"道或"常"轨。因此，强调人"不与天争职"。同时，荀子又提出"能参"的学说，他说："天有其时，地有其材，人有其治，夫是之谓能参。舍其所以参，而愿其参，则惑也。"（《荀子·天论》）这是"性与天道"关系问题在哲学上的另一种表现或反映。不难看出，荀子的"天"是非宗教的、非形而上的、非艺术的"天"，是"自然"的天，也即科学中所谓的"是其所是"的天。在这里，牟宗三仔细地辨析与区分了荀子对于"天"的两种不同态度：一则是因为天是"自然的""是其所是"的天，所以人对于天也就不加虑、不加能、不加察之，"不与天争职"；二则是荀子将此天纳入礼义法度的"人道"（也称"君道"或"治道"），亦即"人文化成"的"礼义之统"之治正中而知天。牟宗三认为后一种意义的"天"具有类似于杜威所讲的科学的意义，前一种意义的天则既没有希求怨慕的意义，也没有惊惶恐怖的意义，这是没有进入"吾天君所照摄之有"②的天。对荀子来说，以人为的礼义法度即"人道"来治天，亦即以"治己""治性"的礼义法度"治天"，这就是他所谓的"能参"。因此，荀子的"能参"而知天、因要"治天"而"知天"，到底不是严格的知识论意义上的"人定胜天"。众所周知，荀子强调"明于天人之分，则可谓至人矣"（《荀子·天论》），"天"虽然是自然之天，但是并没有成为独立于人（认识主体）之外的知识论意义上的"认识对象"，而是落进了"人文化成"的"礼义之统"的"治道"之中。这是我们理解荀子之"天"以及"天道"与"人道"（性与天道）关系的一大关键，不可不有清楚的认识。

　　荀子与孟子还有一个很大的不同，那就是荀子反对孟子的"性善论"而主张"性恶论"。在荀子那里，"性"与"天"都是被治正的，"性"也像"天"一样是"自然"意义上的"性"，即指人生而具有的自然性或自然本能（即朴性或材性），这与《中庸》"天命之谓性"之义不相违逆，是所谓的"天生"；在生物学意义上说，人之为人乃是依其天生之性而为人，这是所谓"人成"（从其为被治正的对象方面说）。当然，在"人文化成"的教化意义上，自然人还不是真正意义上的人，人必须经过社会化而成为社会的人，才成为真正意义上的人。对荀子来说，天生的人之性必须进入"礼义法度"系统，经过"化性起伪"的历练，才能成为人之为人的人即社会文化的人（从其为能治正的意义亦即"善"的方

① 吴兴文主编：《牟宗三先生全集》第9册，长春：吉林出版集团有限公司，2012年，第142页。
② 吴兴文主编：《牟宗三先生全集》第2册，长春：吉林出版集团有限公司，2012年，第182、185、191页。

面说)。牟宗三以"天生人成"一语概括荀子的人论,并由其"性恶论"透出,可谓"彻法源底"之论。荀子一方面强调对于"天"要不加虑、不加能、不加察、不与天争职,另一方面又强调在"治天""能参"中知天,否则,"能参"或"治天"就是虚假的、没有意义的。可见,荀子的"天"与孔子、孟子的"天"是截然不同的。孔子、孟子所讲的"与天地同流"乃是"与天合德"之意,这里的"天"乃是形而上的天、德化的天,而荀子讲天就没有达到这个境界。因此,在荀子所讲的"天"里面,人与天无可合,也无所合。至于"能参",则孔、孟、荀都可以讲(意义不尽相同的)。相形之下,孔、孟的天是正面的,荀子的天则是负面的。正因如此,荀子的天是在被治正之列的,就像他讲的"性"是被治正的一样。无疑,荀子所主张的"性恶"之性,也是负面的。对荀子来说,"性"在本质上其实无所谓恶,只是人的自然(性)而已。顺从人的自然性而任其扩展,没有节制即是放纵,而变成了"恶",这就是荀子所讲的人性的"恶"。① 那么,究竟如何理解"天生人成"呢? 自"天生"的方面说,一切都是被治的、负面的,尤其"天"与"性"皆是被治正的、负面的。因此,这里面不可以讲"善";而自"人成"的方面说,一切都是能治的、正面的,由这一方面当然可以说"善",也必须说"善"。这是荀子之所以强调善在于礼义、法度的根本原因。荀子正是依此而提出"化性起伪"的人性论学说。

　　从"天生"的方面,可以进一步看到,一切天生的东西都落在"礼义之统"中而得到它们的"道"。天职、天功、天情、天官,都是天生的"有"。这些天生的"有",本来只是材质,是因为"礼宪之道"的作用才使它们成为"有"的。"礼宪之道"成就了一切的"有"。这是因为以人为的"礼义之统"化成天并治正天,所以叫作"人文化成"。在这个意义上说,全宇宙都收摄于人的行为系统之中,推到极致,"人之道即天之道"("天"与"自然人"都是被治正的对象)。在人的笃行之行为系统中,每一个"天有"既然都是被治正的"有",那么每一个"天有"就都是被人的"天君"(心)所照摄的"有"。这样的"有"是可以被定义的"有"。"天职""天功""天情""天官""天君""天养""天政"等,都是有定义的概念。依据知识论的原则可以将这些知识建构成一定的知识系统。然而,这些知识系统就是在人的行为系统中提挈出来的。说到底,知识之"正"(即正确、真实、有效)是以人的笃行之"正"(即正确有效的实践)为正的。②

　　如果说孟子挺立了一个"道德的精神主体"的话,那么荀子则建立了一个

① 参见吴兴文主编《牟宗三先生全集》第 2 册,长春:吉林出版集团有限公司,2012 年,第 193~194 页。
② 参见吴兴文主编《牟宗三先生全集》第 9 册,长春:吉林出版集团有限公司,2012 年,第 144、145 页。

"知性主体"即"思想主体"。相对于孔孟而言,荀子所提炼出来的"纯粹自然"("天"与"性")与"纯粹理解"(思想主体),自一开始便是处于对立状态的,虽然历经"人文化成"的礼义之统和"化性起伪"的教化之后,可以在"被治(正)"与"能治(正)"的同一中实现"人道"或"治道"的统一,但是,仅依赖一理智之心或思想主体而隆起"圣人"或"圣王",并不能从本源上消弭礼义法度与"天生人成"之间的内在矛盾与紧张。① 在这个意义上看,牟宗三所指出的荀子文化生命与理想中的"破裂之对反",是没有从根本上得到解决的。但是,对荀子来说,能提炼出"纯粹自然"与"纯粹理解"而建立"知性主体",在孟子之外别开儒学之生面,已十分难得。中国哲学的"'知性主体'之出现,精神表现之'理解型态'之成立,决在荀子,而不在名家"。然而,"荀子之学一直无人讲,其精神一直无人解。此中国历史之大不幸。"② 经由牟宗三的分析与论述,荀子的"思想主体"即"知性主体"精神及其重大意义,便全幅无遗地展现在我们的眼前,同时也把对于荀子哲学的研究提升到一个新的境界。如果基于孔孟的立场上看,礼义、法度皆由天出(这里的"天"指形而上的天或德化的天),而气质、人欲并非天所生成,而是形而下的自然之天("气")所生成。就荀子而言,礼义、法度皆人为,即为"人道",人可以用它们返回去治正天,也包括人的气质、人欲在内(这正是他"化性起伪"论的真实意义)。因为人的气质、人欲皆为天所生成(这里的"天"指形而下的自然之天)。如果承认礼义法度为"人道",而人之性为"天道","人道"治正"天道",建立人道的"圣人"或"圣王"则为"人道"(本质上是经验主义)与"天道"(本质上是自然主义)相结合的产儿,那么荀子就陷入了难以自拔的矛盾与循环之中。说到底,荀子"所见于天者惟是此,故礼义、法度无处安顿,只好归之于人为。此其所以不见本原也。"③ 无疑,这正是荀子文化生命与理想中的"破裂之对反",没有且不可能从根本上得到弥合的原因所在。牟宗三一针见血地指出了荀子思想中的这一症结,不能不令人叹服。在哲学上,荀子虽然说得上卓有建树,他的思想却"不见本原""本源不透"或"忘掉智的本源",则他的所有学说皆成无本之论。荀子虽然"隆礼义而杀《诗》《书》",但是其成就的社会组织始终不能超越其自上而下的道德形式,因此不可能从中引生出近代化的国家观念及其表现形式(如自由、人权、民主法治的政治形态)。这在牟宗三的法眼中,绝非是荀子一人思想的局限,而是整个儒家传统思想的重大局限,甚至由此暴露了整个中国传统思想(道、墨、法等

---

① 参见吴兴文主编《牟宗三先生全集》第 2 册,长春:吉林出版集团有限公司,2012 年,第 196 页。

② 吴兴文主编:《牟宗三先生全集》第 9 册,长春:吉林出版集团有限公司,2012 年,第 146~147 页。

③ 吴兴文主编:《牟宗三先生全集》第 9 册,长春:吉林出版有限公司,2012 年,第 142~143 页。

诸家只是以不同于儒家的"道德形式"表现而已)尤其是政治思想自身不可超越与克服的重大局限。[①] 超越和克服这一重大局限,不仅是牟宗三所谓"第三期儒学开展"的使命,而且是今日全体中国人的重大历史使命。

三、结　语

孟子和荀子是孔子之后的两位大儒,司马迁在《史记》中为其作传,已将二子并列。但是如何理解与把握孟子、荀子思想以及它们与孔子思想之间的关系,尤其是孟荀思想之间的矛盾,长期以来一直是中国哲学史或思想史研究的难题。牟宗三把孔子所开创的儒家文化理想与孟、荀二子的时代精神相结合,就孟子内在的文化生命与荀子纯智之心的特质及其具体表现,做了历史的哲学的文化的综合研究,虽然没有具体展现出孟、荀哲学思想的全部内容,但是从大关节上把握和揭橥孟、荀思想的根本精神及其典型特征,创造性地开辟出一种研究的新视域,对于孟、荀之为孔子两翼的地位和重要性进行了厘清与论析,提供了一个极具启发性和前瞻性的范例。这对于中国思想史尤其是中国儒学史的研究,具有示范意义。

毫无疑问,历史上的孟子和荀子都与孔子具有不可割裂的密切关系,如果说孟子思想所凸显的"道德的主体"必须由荀子思想所隆显的"知性的主体"来充实和光大,那么荀子的"知性主体"则必须靠孟子的"道德主体"来范导与护持,否则,儒学思想就极有可能转变为法家政治理论与社会实践。孟子的"道德主体"与荀子的"知性主体"必须在一种哲学理论中结合统一,才能使人类的理性精神与社会健全地生态地发展。这对走向现代民主法治的社会来说,尤其重要。由此,则可以从根源上认识和得到孔子思想之大全。这其中蕴含的牟宗三良苦用心,是不难窥见的。

透过牟宗三对于孟子、荀子哲学思想的研究,可以看出他后来著名的"良知的自我坎陷"说,早已在此(以及《政道与治道》和《道德的理想主义》二书中)露出端倪。[②] 要而言之,在"思想主体"的"破裂"过程中,"仁且智的精神主体"必须从"道德的主体"自觉地坎陷为"知性的主体"以成就科学,这是"精神转为理解"的本质。精神(或心)之"智性"不能永远浑化于仁心中而为智的直觉形态,而必须自觉地坎陷为知性的理解形态下的认识心,以形成对偶的"对列之局"。这不仅是成就知识的需要,而且也是实现民主政治的需要与基础。国

---

① 参见吴兴文主编《牟宗三先生全集》第 2 册,长春:吉林出版有限公司,2012 年,第 182、208、209 页。

② 参见吴兴文主编《牟宗三先生全集》第 9 册,长春:吉林出版有限公司,2012 年,第 136 页。

家、政治、法律不过是"精神"在自我展开中的"外化"与客观化,只有经过这一"外化"和"客观化","精神"才成为客观的精神。无疑,这一说法带有明显的黑格尔的烙印。但是,对牟宗三来说,只有在这一客观的精神中,人类才能享有现代化的国家与民主政治生活的"主体的自由"。这岂不就是以牟宗三为代表的当代新儒家所极力倡导的"返本开新"的旨趣吗?

(王兴国:深圳大学国学研究所教授)

孔子低调哲学管窥

胡发贵

史载孔子是位"温良"的教书先生，"温良恭俭让"是弟子对夫子的深切印象。而所谓温良，其意大致是"敦柔润泽谓之温，行不犯物谓之良"[①]。它既是外在的德行，又是内在的德性，彬彬有礼、圆融和煦的气象中，透现出"求达不求闻"的"有若无"精神，姑名之低调哲学。

一、"君子泰而不骄"

从《论语》一书看，孔子对于人的操行举止、进退取舍，有着鲜明的恶骄而喜谦的态度。

就恶骄的方面来看，孔子甚为反感骄横狂妄。"子曰：如有周公之才美，使骄且吝，其余不足观也。"（《论语·泰伯》）众所周知，周公为一代名相，不仅辅佐周成王渡过"兄弟阋墙"的危机，而且建章立制，极大丰富和发展了周代礼乐文明。因此孔子很崇敬他，甚至一段时间做梦没有梦到周公都深感失落，"子曰：甚矣，吾衰也。久矣，吾不复梦见周公。"（《论语·述而》）但是在孔子看来，如果为人"骄且吝"，即使有像周公那样的"才美"，那也是不值一提的。由此可见，孔子是多么排斥自大虚狂。

孔子自己也主张"泰而不骄"，"子曰：君子泰而不骄，小人骄而不泰。"（《论语·子路》），事实上孔子也是这样做的。在当时孔子被公认为大学问家，但他认为自己知识有限，"子曰：吾有知乎哉？无知也。"（《论语·子罕》）主张"敏而好学，不耻下问。"（《论语·公冶长》），倡导"多闻择其善者而从之，多

---

① 参见〔清〕阮元校刻《十三经注疏·论语注疏·学而章》，北京：中华书局，1979 年，第 5338 页。本文引《论语》只注篇名，均见此书。

见而识之。"(《论语·述而》)再如在修养上,孔子也十分谦下,认为自己尚未抵及君子之道,"子曰:君子道者三,我无能焉。仁者不忧,知者不惑,勇者不惧。"(《论语·宪问》)所以主张"见贤思齐","子曰:见贤思齐焉,见不贤而内自省也。"(《论语·里仁》)这种谦逊、"不骄"的态度,"安舒而不矜肆"(《四书章句集注》卷七),与夸夸其谈的腾口说,盛气凌人,适成鲜明对比。

孔子"恶利口",也鲜明地显示了他的去骄的态度。《论语》多处记述孔子对张扬自夸、伶牙俐齿的厌恶。卫大夫祝鮀"有口才",孔子却视之为"佞人"(《论语·公冶长》),"子曰:辞达而已矣。"(《论语·卫灵公》)朱熹注说:"辞,取达意而止,不以富丽为工。"朱子此释可谓达诂。本着"辞达而已"的立场,孔子讨厌信口开河的大言不惭,"子曰:其言之不怍,则为之也难。"(《论语·宪问》)对于花言巧语,夫子更是十分鄙弃,他直斥之为"不仁":"子曰:巧言令色,鲜矣仁。"(《论语·学而》)所谓巧言,按朱熹的注解,即"好言",不过此非好坏之好,而是"致饰于外,务以悦人"(《四书章句集注》卷一)的讨好之意,亦即巧舌如簧的夸夸其谈。值得注意的是,《论语》中屡次重复出现了"巧言令色,鲜矣仁"这句话,至于类似的表达,就更多了。如"子曰:巧言、令色、足恭,左丘明耻之,丘亦耻之。匿怨而友其人,左丘明耻之,丘亦耻之。"(《论语·公冶长》)又如"子曰:巧言乱德,小不忍则乱大谋。"(《论语·卫灵公》)这种反复抨击,足见孔子对"巧言"的憎恨。在孔子看来,"巧言"不仅"乱德",甚至还有祸国殃民的极大危害,"子曰:恶紫之夺朱也,恶郑声之乱雅乐也,恶利口之覆邦家者。"(《论语·阳货》)文中"利口",朱熹注为"捷给"(《四书章句集注》卷九),实即能言善辩,亦属"巧言"之畴;而"利口覆邦家"之评,也生动地显示出孔子对巧舌的痛恨和反感。与"恶利口"相对,孔子甚为推崇"木讷"。"子曰:刚毅、木讷,近仁。"(《论语·子路》)文中"刚毅"指的是品格与操守,而"木讷"则喻指言语方面的迟钝,朱熹注引程子的话说:"木者,质朴。讷者,迟钝。四者,质之近乎仁者也。"(《四书章句集注》卷七)不过这种迟钝并非是心智方面的欠缺,而是基于纯朴德性之上的寡言和重言,用孔子的话说即"仁者其言也讱"。

二、"无伐善,无施劳"

"木讷近仁"与"恶利口"正反相济,都映现出孔子对高调标榜的拒绝。这是一方面,而另一方面,孔子对谦抑自持则是称赞有加。

首先是嘉许"不伐善、无施劳"。"子曰:孟之反不伐。奔而殿,将入门,策其马,曰:'非敢后也,马不进也。'"(《论语·雍也》)文中孟之反为鲁大夫孟之侧,"伐",指"夸功曰伐"(《十三经注疏·论语注疏·雍也》),殿,"军后曰殿"。

文意说的是鲁哀公十一年,鲁国与齐国交战,鲁军败退,孟之反殿后。快进城门时,孟之反快马上前解释,称自己并非有意殿后,而是马跑不动。对此孔子很是赞赏,称许他"不伐",即不夸功。那为什么说殿后即有功呢?原来在古代战法中,殿后即有拒敌掩护之意,故担当此任者,常是英勇善战之士。《左传》襄公十八年记载了这样一个故事:晋齐大战,齐败退,晋军追击齐师,"夙沙卫连大车以塞隧而殿。殖绰、郭最曰:'子殿国师,齐之辱也子姑先乎!'乃代之殿。"夙沙卫是宦官,殖绰、郭最是贵族与将军,所以他们以为让刑余之人殿后,是勇士耻辱,故不让他殿军。

　　"孟之反"一章,直接表现了孔子对谦逊的嘉许;而"无伐善"一章则间接显示了这一点。一次孔门师徒欢会,孔子让弟子各言其志,"子路曰:愿车马衣轻裘与朋友共敝之而无憾。颜渊曰:愿无伐善,无施劳。"(《论语·公冶长》)书中并未明记孔子的点评,但从夫子对颜渊的喜爱和称赞来看,颜子"愿无伐善,无施劳"既表达了自己的心声,也体现了孔子思想的浸润。换句话说,也流露了孔子"无伐善"的德行偏好。

　　对文中的"无施劳"一语,历来多有异议。汉代孔安国以使动意解"施",即"无以劳事置施于人也";南朝皇侃承其意,释施为兴劳役,"又愿不施劳役之事于天下也。故铸剑戟为农器,使子贡无施其辨,子路无厉其勇也。"(《论语集解义疏》卷三)朱子对"无施劳"之解持两可之论。一说"施,亦张大之意。劳,谓有功。易曰:'劳而不伐'是也";又说"或曰:'劳,劳事也。劳事非己所欲,故亦不欲施之于人'亦通。"(《四书章句集注》卷三)邢昺疏《论语》此章,亦以"不置施劳役之事于人也"解"无施劳"(《十三经注疏·论语注疏》卷五)。清刘宝楠认为,皇侃的见解于义"为短",文中"施劳"与"伐善"对文,"无施劳"之施为"自表",其意即不夸耀自己的功劳;亦如曾子言:"有若无,实若虚"(《论语·公冶长》)。揆诸史籍,施亦实有彰显意,如"施,犹著也"(《礼记·祭统注》),又如《淮南子·诠言训》:"功盖天下,不施其美。"故综其文意,以不自夸劳绩来解"无施劳"更切文意,也更切颜子"有若无"的谦逊德性。

　　类似于此,对于弟子的谦虚言行,孔子也都予以首肯。有一次,"子使漆雕开仕。对曰:吾斯之未能信。子说。"(《论语·公冶长》)旧注"吾斯之未能信"为"不欲仕进""不汲汲于荣禄"[1],故孔子闻之喜悦。其实孔子是主张"学而优则仕"的,而且他也不反对"取之有道"的财富,旧注过于道德化的解读,不仅误解原意,而且还遮蔽了其间孔子对谦逊的嘉许。引文中所谓的"吾斯之未能信",应是指对于老师的提携,漆雕开感觉自己还未学好本领,对出仕还不自

---

[1] 〔清〕阮元校刻:《十三经注疏·论语注疏·公冶长章》,北京:中华书局,1979年,第5372页。

信。这里弟子透露的其实是一种不自足、不自满的谦谦心态,对嘉许"不自伐"的孔子来说,闻之自然很高兴。

其次是称道不争。"子曰:君子矜而不争,群而不党。"(《论语·卫灵公》)"矜",字面的意思是端庄持重,这里的内涵大概有两层:一是克己守礼,勇于放弃利益和机会,不急不躁,先人后己;二是摈弃好勇斗狠,贪婪咤利,损人利己。故而"矜而不争"即主张放下身段,礼让他人。如果实在免不了争,孔子也认为应行君子之争。"子曰:君子无所争。必也射乎! 揖让而升,下而饮。其争也君子。"(《论语·八佾》)文中所说的"揖让而升,下而饮"古时射礼,自有一套礼仪之规①,但更重要的恐怕是谦和精神,像"揖让而升",显现了一种"谦卑自牧,无所竞争"②的君子之风,故孔子称引之为"君子之争"。

第三是称扬礼让。史称周太王长子泰伯为让王位,与其弟南奔荆蛮。孔子对此极其叹赏,赞为天底下无以复加的美德。"子曰:泰伯,其可谓至德也已矣。三以天下让,民无得而称焉。"(《论语·泰伯》)文中"至德"一说,实生动体现了孔子对"让"的价值肯定并表扬人格。孔子甚至还认为"让"也是治国理政的要津。"子曰:能以礼让为国乎? 何有? 不能以礼让为国,如礼何? "(《论语·里仁》)文意是说以礼让治国,则不难实现政通人和,相反忽视礼让,那礼仪就更难施行了。孔子曾多次表达过这一观点。据《论语》记载,一次众多弟子聚谈,孔子问他们的政治理想。"子路率尔而对。曰:千乘之国,摄乎大国之间,加之以师旅,因之以饥馑,由也为之,比及三年,可使有勇,且知方也。夫子哂之。"(《论语·先进》)事后弟子曾晳问孔子,为何听了子路的话觉得好笑,"子曰:为国以礼,其言不让,是故哂之。"(《论语·先进》)

在价值取向上,不伐善、不争是与让一致的,都有屈己伸人的取向,意味着主动放弃甚至让渡自己的权利。这在精神本质上是一种谦下的低调哲学。诚如老子所形容的:"万物作焉而不为始,生而不有,为而不恃,功成而弗居。"(《老子》第二章)这一哲学与骄横、暴戾显然是截然对立的,显现出一种敦厚与温和。

三、"求达不求闻"

孔子之所以喜谦厌骄,与其德性优先"求达不求闻"之"内圣"哲学密切相

---

① 《仪礼·大射》:"耦进,上射在左,并行,当阶北面揖,及阶揖,升堂揖,皆当其物,北面揖,及物揖。射毕,北面揖,揖如升射。"

② 〔清〕阮元校刻:《十三经注疏·论语注疏·八佾章》,北京:中华书局,1979 年,第 5356 页。

关。何谓"求达不求闻"？《论语·颜渊》中有这样的记述。

> 子张问：士何如斯可谓之达矣？孔子曰：何哉，尔所谓达者？子张对曰：在邦必闻，在家必闻。孔子曰：是闻也，非达也。夫达者，质直而好义，察言而观色，虑以下人，在邦必达，在家必达。夫闻也者，色取仁而行违，居之不疑，在邦必闻，在家必闻。

从文意来分析，"闻"指名声、令誉，而"达"则涵摄道德成熟和品格完善之意。诚如朱熹所注："达者，德孚于人而行无不得之谓。"显然，"达"是向内的，追求的是自我的成长与"成人"，故朱熹又说，"达"是"主忠信，而所行合宜，审于接物而卑以自牧，皆自修于内，不求人知之事。"与此相对，"闻"则是向外的，务求人知，博取名声，其间难免务虚矫饰。正如朱熹所揭示的："善其颜色以取于仁，而行实皆背之，又自以为是而无所忌惮。此不务实而专务求名者，故虚誉虽隆而实德则病矣。"（《四书章句集注》卷七）

"达"求仁求义，"质直好义"，而"闻"则耽于虚誉浮名，故孔子舍"闻"而取"达"。他认为"君子上达，小人下达"（《论语·宪问》），君子不应汲汲于求知于他人，不要在意所谓"名声"的有无和大小。"子曰：不患人之不己知，患其不能也。"（《论语·宪问》）又如："子曰：君子病无能焉，不病人之不己知也。"（《论语·卫灵公》）孔子甚至认为不被人知而不怒，才是真正的君子。"子曰：人不知而不愠，不亦君子乎？"（《论语·学而》）显然在孔子看来，求"达"的君子是内在自足的，毋须外求干誉，求"达"的君子也是内向务实的，故也无意于虚名，"子曰：不怨天，不尤人，下学而上达，知我者其天乎！"（《论语·宪问》）"知我者其天乎"这一感叹，不仅表达了孔子不做"乡愿"的独立人格，而且也显示了他所崇尚的德立于内的务实人生态度。

如从现象和本质来解读，"求达不求闻"也就是"君子务本"。《论语》中虽然没有明确的本质和现象之类的分析，但近似的思想还是有的。如"礼云礼云，玉帛云乎哉？乐云乐云，钟鼓云乎哉？"就在内容与形式的分别中，突出了内容是更为重要的。又如"君子质而已矣，何以文为"（《论语·颜渊》）中的"文质"对举，就清晰地流露出本质与现象的两分意思，而且也明确地透现出"质"比"文"更为紧要。所以孔子疾呼要"务本"，"君子务本，本立而道生。孝弟也者，其为仁之本与。"（《论语·学而》）文中的"本"，据朱熹的注解是为根、根本的意思，"本，犹根也。仁者，爱之理，心之德也。……言君子凡事专用力于根本，根本既立，则其道自生。"（《四书章句集注》卷一）孔子所谓"君子义以为质，礼以行之"（《论语·卫灵公》）的"质"，其意也近乎"本"。

综观《论语》,孔子所谓的"务本"亦即对人的内在品德的关注,"君子怀德,小人怀土"(《论语·里仁》),也就是重义轻利,"君子喻于义,小人喻于利"(《论语·里仁》),也就是对道德仁义的追求和实践,"志于道,据于德,依于仁,游于艺"(《论语·述而》)。显然,孔子所强调的"务本"实也就是尊德性的"内圣",即"君子谋道不谋食"(《论语·卫灵公》)。孔子关心的是内在品德的修养,"德之不修,学之不讲,闻义不能徙,不善不能改,是吾忧也"(《论语·述而》)。而不在意外在的功名利禄和物质享乐,"君子食无求饱,居无求安,敏于事而慎于言,就有道而正焉。"(《论语·学而》)即使"饭疏食饮水,曲肱而枕之,乐亦在其中矣"(《论语·述而》)。正因为有此"务本"的"内圣"激情,孔子才说君子"衣敝缊袍,与衣貉者立,而不耻"(《论语·子罕》)。显然,"君子务本"论引发了对人之本质的思索,"人而不仁,如礼何? 人而不仁,如乐何? "(《论语·八佾》)它将人的视线由外引向内,更为关切人的内在价值。因此,"务本"必贵"质"而轻"文",必务内而忽外,必重谦而弃骄。一句话,"务本"必然追求内在的超越而不是表面的辉煌与动人。在此意义上,孔子思想中的内在超越精神,也是其喜谦厌骄的根本理由。

四、"温良"谦让的人文之蕴

如何来理解孔子的"温良"之让德呢? 孔子的这一低调哲学包含了怎样一种历史文化精神呢?

首先,它展现了一种文明的成熟与高度人文化成。文明不仅表现在技术的发明和物质财富的丰沛,也表现在人类自身的精神生长和进步。文明人与野蛮人的一大区别就是前者学会了自我克制。按照黑格尔的说法,前文明即为人类的野蛮状态,是单纯的、直接的、动物性的存在,他们受本能的驱使,难以控制自身的行为,加之社会也没有有效的规范予以控制与约束,所以野蛮状态"不外是无法的和凶暴的状态,没有驯服的天然冲动状态,不人道的行为和情感的状态[1]"。在这种状态下,人与人之间必然是弱肉强食。此亦正如中国古代思想家所论:"惟人之初,总总而生,林林而群。……交焉而争,睽焉而斗。"[2] 显然,在动物性的野蛮状态下,不仅没有宽容与妥协,而且是"交焉而争,睽焉而斗",充斥本能宣泄的狂暴和凶残,而文明与此正相反。理性的能力控制了自然的本能冲动,"没有驯服的天然冲动状态"已大为缓解,替而代之

---

① 〔德〕黑格尔:《历史哲学》,王造时译,北京:商务印书馆,2007 年,第 79 页。

② 〔唐〕柳宗元:《柳宗元集校注》卷一《贞符》,北京:中华书局,2013 年,第 77 页。

的是"我对于我的活动的目的加以反省"①的理性沉思。中国古代哲人认为，人之所以为万物之灵，即在于人不仅有气，有生，而且有知，有义。人凭借知与义，即能驾驭自己的行为，更能反思，"吾日三省吾身"，以"大体"能思之"心"来制约、引导感官之类的"小体"，从而避免"物交物引之而已"的隐于本能，故可以避免彼此间凶猛的争斗，能"群"能"分"，构成和谐的人群和社会。"人之有道也，饱食、暖衣，逸居而无教，则近于禽兽。圣人有忧之，使契为司徒，教以人伦，父子有亲，君臣有义，夫妇有别，长幼有序，朋友有信。"（《孟子·滕文公上》）如果说本能的野蛮人是放纵和奔逸的，是无遮无拦的，那么文明则显然从主观和客观两方面都对人的本能进行有意的限制，文明要管束本能，并迫使它在规范的范围活动。就此而言，文明同时带来了"克己"的制约，即"自曲折以赴礼"（《左传》昭公二十五年）；但也正是这种"克己"与"赴礼"，使人越来越远离动物性，越来越"成人"，从而消除"第一性"的凶暴，而彰显"第二性"的彬彬有礼。因此，孔子"温良"之让，夫子的低调之德，在历史哲学的层面上实折射出华夏文明的进步和成熟。

其次，它充分体现了中华民族的"忠恕"精神。孔子低调哲学中所包含的谦下礼让，从交往的角度来观察，实质上是对自我中心的超越，即力主以一种平等心尊重和体谅对方，凡事多替他人着想，要从"他者"的立场来反思自己的欲求是否合理与妥当，此正是孔子所强调的"忠恕之道"。所谓忠即"己欲达而达人，己欲立而立人"；而所谓恕，即"己所不欲，勿施于人"（《论语·卫灵公》）。显然，不论是"忠"抑或"恕"，其所倡导的都是在人际交往中突破唯我独尊意识，以实现利人利己的双赢，而其着力点则是强调对他人的存在、感受和利益的关切，而不是目中无人，更不是恣意妄为。从这个角度来看，忠恕之道其实包含了一种对他人的礼敬之心，"与人恭而有礼"（《论语·颜渊》），一种对他人的"忠敬之心"。"樊迟问仁。子曰：居处恭，执事敬，与人忠。虽之夷狄，不可弃也"（《论语·子路》）。一种对他人的"反求诸己"的律己之心，"爱人不亲反其仁，治人不治反其智，礼人不答反其敬。行有不得者，皆反求诸己。"（《孟子·离娄上》）很显然，不论是忠敬之心抑或礼敬之心，或"自反"之心，既体现出一种审慎戒惧的交往态度，更显示出一种对"他者"的敬重以及自觉的谦逊自抑，而弃绝自以为是的飞扬跋扈。总之，"温良"之让涵润了"忠恕之道"，也凸显了其间成人成己的赤子情怀。

第三，它体现了中华文化的厚德精神。孔子"温良"所包含的谦让，浸润着敬人的宽厚，容人的敦厚；它赞赏忠厚老实，少机巧，不钻营，推崇质朴、诚

---

① 〔德〕黑格尔：《历史哲学》，王造时译，北京：商务印书馆，2007年，第79页。

实、坚韧和宽容,其核心即是弃刻薄而取厚道。这是中华文化非常称赞的美德。《周易》的"地势坤,君子以厚德载物",《老子》的"大丈夫处其厚,不居其薄,处其实,不居其华"等,都是宣扬一种忠厚之德,祈愿一种纯朴之性,摈弃尖酸刻薄。流风所及,传统社会十分重视厚道做人,忠良行事。古代家训于此有反复申明。如"居心不可刻薄,当处处以仁,存心纯是一团蔼然和气"[1],又如:"子孙……宁宽厚,勿刻薄"[2]。这类反复叮咛,既显示出先人对厚德的重视,又体现出这一精神已化为百姓日用之德。

英国著名学者李约瑟以其对中国文化的长期研究,曾深有感触地认为,全世界都应向中国学习,"不但向现代的中国学习,也要向历史上的中国学习。因为从中国人的智慧和经验中,我们可以获得许多医治现代病症的良药,以及推进今后人类哲学发展的不可少的要素。"[3]我们以为,孔子所推崇并传扬的低调精神和"温良"品德,正是当代世界的一服"良药"。

（胡发贵:江苏省社科院哲学与文化研究所所长、研究员）

---

[1]　于成龙:《于清端公治家规范》,《中国历代名人家训精华》,合肥:安徽文艺出版社,1991 年,第 332 页。

[2]　蒋伊:《蒋氏家训》,《中国历代名人家训精华》,合肥:安徽文艺出版社,1991 年,第 345 页。

[3]　〔英〕李约瑟:《四海之内》,劳陇译,北京:生活·读书·新知三联书店,1987 年,第 18 页。

孟子君子观的四重面向

戴兆国

《孟子》一书,涉及君子①的论述共计八十二处。通观这些论述,可以发现《孟子》不仅继承了《论语》的君子观,而且还做了丰富和发展。为了较为详尽地把握孟子的君子观,我们需要具体分析其主要内容,进而揭示其当代价值。总的来看,孟子君子观展示出四个主要面向,即君子的本性、君子的修为、君子的教育和君子的理想。在培育和践行社会主义核心价值观,培养社会主义新人的过程中,孟子的君子观依然具有其独特的时代价值。

一、君子的本性

《论语》中"君子"一词共一百零七见。总的来看,《论语》主要是从一个有道德的人的角度来阐发论述君子的本性。②其中孔子弟子问君子有三处。

子贡问君子。子曰:"先行其言而后从之。"(《论语·为政》)

司马牛问君子。子曰:"君子不忧不惧。"曰:"不忧不惧,斯谓之君子已乎?"子曰:"内省不疚,夫何忧何惧?"(《论语·颜渊》)

---

① 古代汉语中君子的含义主要包括三个方面。一是指统治者和贵族男子。《诗经·大雅·桑柔》:"君子实维,秉心无竞。"二是指有道德的人。《国语·鲁语上》:"小人恐矣,君子则否。"三是指妻子称呼丈夫或青年女子称呼恋人。《诗经·王风·君子于役》:"君子于役,不知其期。"《诗经·郑风·风雨》:"既见君子,云胡不喜?"

② 有学者考证指出,《论语》中的"君子"一词沿袭了自《周易》《诗经》以来的用法,同时又有对德与位两个维度的界定,主要是指有德有位的贵族男子。参见程碧英《〈论语〉"君子"词义辨析》,《中华文化论坛》2010年第1期。

子路问君子。子曰："修己以敬。"曰："如斯而已乎？"曰："修己以安人。"曰："如斯而已乎？"曰："修己以安百姓。修己以安百姓，尧舜其犹病诸？"（《论语·宪问》）

从这三次问答可以看出，《论语》主要是从德行和使命角度对君子做出认定。孔子答子贡问，强调的是君子要言行一致；答司马牛问则是着重说明君子要保持内心无忧无惧的稳定状态，其实质是君子要有内在的诚敬心态；答子路问则是明确君子要抱有诚敬的心态，要以安定天下百姓为自己的使命。在这一方面，尧舜都还有做得不足的地方。从这些问答可以看出，孔子认定君子要有良好的品德，负有崇高的社会使命。①

在此基础上，孟子对君子的本性进行了明确的阐述。

孟子曰："人之所以异于禽兽者几希，庶民去之，君子存之。舜明于庶物，察于人伦，由仁义行，非行仁义也。"（《孟子·离娄下》）

孟子曰："君子所以异于人者，以其存心也。君子以仁存心，以礼存心。仁者爱人，有礼者敬人。爱人者，人恒爱之；敬人者，人恒敬之。有人于此，其待我以横逆，则君子必自反也：我必不仁也，必无礼也，此物奚宜至哉？其自反而仁矣，自反而有礼矣，其横逆由是也，君子必自反也，我必不忠。自反而忠矣，其横逆由是也，君子曰：'此亦妄人也已矣。如此，则与禽兽奚择哉？于禽兽又何难焉？'是故君子有终身之忧，无一朝之患也。乃若所忧则有之：舜，人也；我，亦人也。舜为法于天下，可传于后世，我由未免为乡人也，是则可忧也。忧之如何？如舜而已矣。若夫君子所患则亡矣。非仁无为也，非礼无行也。如有一朝之患，则君子不患矣。"（《孟子·离娄下》）

---

① 在其他儒家文献中，从道德称谓角度对君子做出描述性界定的文字很多。如《大戴礼记·哀公问五义》，哀公曰："善！何如则可谓君子矣？"孔子对曰："所谓君子者，躬行忠信，其心不买；仁义在己，而不害于志；闻志广博而色不伐；思虑明达而辞不争；君子犹然如将可及也，而不可及也。如此可谓君子矣。"（本篇哀公和孔子讨论了庸人、士、君子、贤人、圣人五种人的不同表现，君子只是道德表现序列中的一种）《白虎通义·号》，"或称君子何？道德之称也。君之为言群也；子者，丈夫之通称也。故《孝经》曰：'君子之教以孝也，所以敬天下之为人父者也。'何以言知其通称也，以天子至于民。故《诗》云：'凯弟君子，民之父母。'《论语》云：'君子哉若人。'此谓弟子。弟子者，民也。"（这是论君子之通称的文字。在这段文字中，明确指出君子是"道德之称"，说明到了汉代，认为君子具有道德性含义已经成为人们的共识）从社会生活运转的实际状况来看，君子在德与位之间确实需要找到某种平衡。给予有德之人恰当的社会地位，也是对君子角色的社会认同。参见黎红雷《孔子"君子学"发微》，《中山大学学报（社会科学版）》2011 年第 1 期。

　　这两段话论述的基调是将君子看作有德性的人,大体没有离开孔子对君子的基本看法。但仔细分析,我们会发现《孟子》所理解的君子有着自己特殊的本性。第一段话是从人禽之别的角度强调君子的人性根据,第二段话是从圣凡之分的角度说明君子的社会性特点,二者都强调君子独有的本性。

　　我们先看第一段话。孟子说人与动物的区别非常小,一般人根本不会顾及这种区别,但是君子能够深入地反思这一区别。"几希,无几也。知义与不知义之间耳。众民去义,君子存义也。"人禽之间的那一点区别就在于对义的遵从与否。人作为社会动物,知道要保存义、遵从义、践行义。因为君子能够对人禽之别有清晰的判断,所以他们懂得由仁义而行,这才是君子的本性。舜作为君子的代表和典型,就做到了这一点。"庶物即禽兽也。'明于庶物',知禽兽之性情,不可教之使知仁义也。同此饮食男女,人有知则有伦理次序、察于人伦,知人可教之使知仁义也。舜,君子也。庶民不能明于庶物,察于人伦,故去之。舜能明于庶物,察于人伦,故存之。"① 舜作为君子的代表,能够判断人与动物的几希之别,自觉地以仁义来约束自己。由此可见,人禽之别是定位君子本性的第一步,也就是君子本性的第一方面。

　　再看第二段话。这段话的主旨是说君子与普通人的不同就在于其存心。君子以仁礼存心,时刻以仁礼之心来约束自己。当君子遭遇到不公正的对待时,他不会将之归结为环境,而是反躬自问自己是否心存仁礼。君子的自我追问代表的不仅仅是人性的自觉,更是对人的社会性本质的一种自觉。贾谊《新书·劝学篇》云:"谓门人学者:舜何人也,我何人也? 夫启耳目,载心意,从立移徙,与我同性,而舜独有贤圣之名,明君子之实,而我曾无邻里之闻。宽徇之智者,独何与? 然则舜俔俔而加志,我偬偬而弗省耳。"君子内心始终存有终身之忧,这是孟子对儒家君子观核心面向的揭示。君子并非天生,君子的自我造就是奠基于其内心的道德自觉。一个生活于社会中的人,当他看到舜得到人们的尊敬,舜的事业能够相传于后世,自己却只停留于乡人的水平,他的内心就会生起"舜,人也;我,亦人也"的忧思之问。正是因为人认识到自己的社会使命,认识到自己的不足,才促使他心生忧思,努力去改变现有的状态,进而促进自己的发展。这是一种对人生自我存在状态不满的忧思,是人性与社会性自觉的忧思,是儒家君子观的千年之忧思。

　　孩童之童在走向成人的过程中,如果都能够自觉地发出"舜,人也;我,亦人也"的忧思之问,那么人对自我欠缺的反思就会油然而生,就会充实到人的现实生活中。这是人由野蛮走向文明,由自暴自弃走向道德自觉,由被动领受

---

① 〔清〕焦循:《孟子正义》,沈文倬点校,北京:中华书局,1987年,第568页。

走向人生境界提升的道路之始。培养和激发这种忧思意识，可以促进儿童树立长远的人生目标，为人们坚持人生追求提供不竭的精神动力。孟子对君子本性的揭示，既为我们展示了人脱离自然禽兽状态应有的道德自觉，也为我们揭示了人融入社会状态应有的道德承担。这一理论对人的自然本性和社会本性的特点都做出较好的说明，在一定程度上与唯物史观强调的人要在社会中发展成熟的道理是一致的。当今时代倡导的文化自觉，道德自觉是其中的主要内容。一个没有道德自觉的人，不可能成为一个君子，一个缺乏道德承担的人，也不可能成为一个君子。道德自觉是保障一个人走向文化自觉的前提。社会主义核心价值观要求个人层面的价值，都需要有高度的道德自觉作为前提。接续孟子的君子观，倡导培养君子人格，就必须立足于道德自觉，唤醒每个人内心对自我存在不满足的意识，推动人们成就、提升和完善自我。

二、君子的修为

在《论语》中，孔子和弟子讨论君子时，认为君子培养德行，实现使命，就是君子修为的方向。君子的修为，要基于仁道的立场。只有在内心仁德的约束下，君子才能不断提升自我修养的水平。

> 子曰："富与贵，是人之所欲也；不以其道得之，不处也。贫与贱，是人之所恶也；不以其道得之，不去也。君子去仁，恶乎成名？君子无终食之间违仁，造次必于是，颠沛必于是。"（《论语·里仁》）

> 曾子有疾，孟敬子问之。曾子言曰："鸟之将死，其鸣也哀；人之将死，其言也善。君子所贵乎道者三：动容貌，斯远暴慢矣；正颜色，斯近信矣；出辞气，斯远鄙倍矣。（《论语·泰伯》）

人们在世俗生活中，其人生的常态是追求富贵利达。君子也是常人，不可能生活在真空环境中，但是君子在追求生活理想的时候，总是以仁德来要求自己。不以仁道改变贫贱，获得富贵，不是君子的选择。保持安贫乐道的心态是对君子的基本要求。孔子认为，君子应该注重自己的修为，即便遭遇造次颠沛困窘的生活状态，他也不能放弃追求仁道，不能放弃修养内在的仁德。正因为君子如此关注自己的修为，所以在容貌、颜色、辞气等日常表现中，都能够坚持仁德善道。君子的善言德行表现在言谈举止之中，一定让其他人感到亲切、温暖。

孔子认为君子通过自己的修为,在社会生活的各个方面都表现出高品质的德性。因为君子遵循仁道,他的容貌动作就会远离暴戾怠慢,他的面容脸色就会给人以信赖,他的言辞气息就会远离鄙陋错误。当君子能够严格规范自己的言行举止,端正自己的心态意念,他就能够在社会生活中从容自得,表现出高妙的德行。

　　子谓子产,"有君子之道四焉:其行己也恭,其事上也敬,其养民也惠,其使民也义。"(《论语·公冶长》)

君子以恭谨的言行要求自己,以恭敬的心态面对长上,以惠爱的要求长养百姓,以合宜的方式使用人民。君子将内在的德性化为可见的德行,其社会行为无一不在仁道的要求之下,所承担的各种社会责任也就得到了落实。这样的君子就是值得人们期待的,也是每个社会人所应该努力达到的。

　　上文已讨论过君子不是天生的,必须经过长期的修为加以养成。《孟子》的君子观除了对君子的本性做出深刻的论述,对君子的具体修为也进行了探讨。概括这些内容,大致可以分为以下几个方面:君子为善之道,君子深造之道,君子出入之道。

　　君子自我养成的前提是君子的为善之道。儒家希望君子能够以善道取人,在自我成长和人生交往中保持积极的心理状态,由此促使自我朝着自我完善的方向发展。

　　孟子曰:"子路,人告之以有过,则喜。禹闻善言,则拜。大舜有大焉,善与人同,舍己从人,乐取于人以为善,自耕稼、陶、渔以至为帝,无非取于人者。取诸人以为善,是与人为善者也。故君子莫大乎与人为善。"(《孟子·公孙丑上》)

与人为善不仅体现了君子对自我的道德要求,更是对人际关系交往的道德规范。在孟子看来,尧舜禹这些古代的圣贤,他们总是能够闻过则喜、从善如流。取人以善,就是与人为善。每个人只要抱有欣赏他人之善的心态,学习他人的优点,反思自己的不足,一定能够善待他人,同样也会得到他人的善待。

　　孟子的君子观要求人们与人为善,离不开孟子持有的人性善的立场。孟子曰:"言人之不善,当如后患何!"(《孟子·离娄下》)对此,后人有过这样的解释。"言人之不善者,或挟持长短以要人之畏己,或抑此伸彼以取人之欢心,或借彼胁此以希人之利赖。乃人之有不善也,弱者恒护过而生其愤,强者多疑忌而逞其威,别斯人也,其将如后患何哉!"①从积极心理学角度说,王夫之的解释带有非常鲜明的正面激励导向。人们如果陷入认定他人不善的揣测中,懦弱的人就有可能掩盖过错,心生愤怒,强力的人就会心生疑窦,逞强示威。这都会给正常的人际交往带来困难。

> 孟子曰:"言近而指远者,善言也;守约而施博者,善道也。君子之言也,不下带而道存焉;②君子之守,修其身而天下平。人病舍其田而芸人之田所求于人者重,而所以自任者轻。"(《孟子·尽心下》)

君子之言必以正心,君子之守必以修身。正心以得善言,修身以践善道。因为君子能够保持内心的纯正,行为的规约,所以君子之言行都能够达到善的要求。孟子指出,现实生活中,许多人往往忘记了自己修养的重要,而将精力和时间放在对他人的评价和议论上。这种"舍其田而芸人之田"的做法,是对自我修养的放弃,其结果则是"自任以轻"。应当说,对自我修养的内向要求,代表了儒家心性论的特定指向。儒家希望通过每个人自我的内在关照,以实现自我的完善。君子的为善之道就是循从了这一逻辑。

守善、为善之道是能够保持善言善行能够不断进入新的境界,这就是君子养成的深造之道。

> 孟子曰:"君子深造之以道,欲其自得之也。自得之,则居之安;居之安则资之深;资之深,则取之左右逢其原,故君子欲其自得之也。"(《孟子·离娄下》)

在孟子看来,君子在守善、行善的过程中,对善有深刻的体认,因而能够在行住坐卧中达到自然的状态。这种自然状态反映在君子的言行中,就是内在的自得。这是君子与善为伍、左右逢源的最好表现。"言君子务于深造而必以其道,欲其有所持循,以俟夫默识心通,自然而得之于己也。自得于己,则所以处之者安固而不摇;处之安固,则所藉者深远而无尽;所藉者深,则日用之间

---

① 〔明〕王夫之:《四书训义(下)》卷三十,《船山全书》第八册,长沙:岳麓书社,2018年,第499页。

② 《孟子正义》曰:"胸臆当心,亦居带上,仁守于心,而吐于口,故四体不与也。守虽明言修身,而未言所以修身之事,赵氏以仁义明之,谓所以修身者为守此仁义也。《春秋繁露·人副天数篇》云:'天地之象,以要为带。带而上者尽为阳,带而下者尽为阴,各其分。阳,天气也。阴,地气也。'董子之说,以天任阳不任阴,天之太阴,不用于物而用于空,此亦不下带而道存之义。"(〔清〕焦循:《孟子正义》,沈文倬点校,北京:中华书局,1987年,第1011页)

取之至近,无所往而不值其所资之本也。"① 根据朱熹的理解,君子在日用常行中,以践行善道为己任,时刻不放松对自己的要求。君子的深造之道就是努力处于善地,以期得到稳固的生命根基,有了稳固的生命根基,再力行致远。在君子的生命中,善道成为修养的坦途和通衢。故此王夫之在《读四书大全说》中指出:"深造之以道,则以道养其心,而心受养于道,故其自然而得者,唯吾心之所自生也。"② 君子以道养心,心则受养于道,道心一体,自然而得。在这样的深造之道中,君子走向自我养成的境界。

在君子的修为中,除了为善之道、深造之道,孟子还提出了君子的出入之道。这是对君子在社会生活中行为的规范和指引。

> 曰:"敢问招虞人何以?"曰:"以皮冠,庶人以旃,士以旗,大夫以旌。以大夫之招招虞人,虞人死不敢往;以士之招招庶人,庶人岂敢往哉?况乎以不贤人之招招贤人乎?欲见贤人而不以其道,犹欲其入而闭之门也。夫义,路也;礼,门也。惟君子能由是路,出入是门也。《诗》云:'周道如底,其直如矢;君子所履,小人所视。'"万章曰:"孔子,君命召,不俟驾而行;然则孔子非与?"曰:"孔子当仕有官职,而以其官召之也。"(《孟子·万章下》)

这是万章和孟子讨论士的行为的一段话。在一定的社会秩序中,不同的人扮演着不同的社会角色,在出入社会的过程中其所获得的社会认同也是不一样的。诸侯要以不同的礼节对待不同的人。如果打乱社会身份认同的标准,必将破坏社会基本的秩序,造成混乱。③ 孟子指出,君子能够正确地面对已经形成的社会秩序,掌握出入社会的基本礼制。这一礼制的核心就是义和礼。孟子借用比喻指出义和礼就是君子出入的路和门。每个人每天都要行走在路上,出入于各种门径,为此必须懂得出入门路的规则。规则意识是现代社会人们必须遵守的,这是社会良性运转的前提和底线。坚守义和礼的底线,其实就是对道德规范和法律法规的尊重。虽然人们可能会有不同的社会身份,从事不同的社会职业,但是出入合义之路、礼节之门是对每个人最为基本的要求。在这个意义上,孟子强调君子的出入之道是为所有人做出的范导。

君子通过为善、深造、出入之道的不断修为,其品行日臻完善。君子在

---

① 〔宋〕朱熹:《四书章句集注》,北京:中华书局,1983年,第292页。

② 〔明〕王夫之:《读四书大全说》,《船山全书》第六册,长沙:岳麓书社,2018年,第1020页。

③ 从社会学角度看,每个人都有自己特点的角色和身份。如何保证这些身份的稳定性,离不开社会生活提供的较为稳定的礼制和法则。这种角色和身份的确认,不是社会等级制的必然要求。换言之,社会等级制所严格规定的不可逾越的身份等级,是人类理想社会所需要消除的。

提升道德修为的过程中,还需要以教育之道来丰富自我。这就是君子的教育之道。

三、君子的教育

儒家关注君子的内在修养,倡导仁义礼智信的道德常道,就是将君子的自我成就聚焦于内在道德素质的不断提升。实现这一目的,离不开君子的教育。

　　子曰:"君子博学于文,约之以礼,亦可以弗畔矣夫!"(《论语·雍也》)

　　子夏曰:"百工居肆以成其事,君子学以致其道。"(《论语·子张》)

　　子曰:"君子道者三,我无能焉:仁者不忧,知者不惑,勇者不惧。"子贡曰:"夫子自道也。"(《论语·宪问》)

人类文明累积的成果是君子博学的对象,社会进步发展形成的礼制规范是君子行为的标准。君子之学不只在于成事,更在于致君子之道。在孔子看来,君子之道是仁、知、勇的高度统一。仁者注重自我反省,远离忧烦。知者注重释疑解困,远离迷惑。勇者注重守礼养志,远离畏惧。孔子自谦地认为自己都很难做到这三点。由此可见,君子在自我养成的过程中,学习和教育是何等的重要。

分析地看,君子的修为内在蕴含着其自我教育的基本途径。孟子的君子观强调君子不仅注重自我教育,而且也为教化大众不断付出努力。从人们道德养成的角度看,君子希望通过各种教育方式来教化大众,提高人们的道德水准。

　　公孙丑曰:"《诗》曰:'不素餐兮。'君子之不耕而食,何也?"孟子曰:"君子居是国也,其君用之,则安富尊荣;其子弟从之,则孝悌忠信。'不素餐兮',孰大于是?"(《孟子·尽心上》)

当公孙丑向孟子提出君子不耕而食的问题,孟子的回答是,君子之用不在乎耕种,而在于为社会提供遵从道德的典范,同时,君子还教化培育了更多的遵守孝悌忠信的人。"君子能使人化其道德,移其习俗,身安国富而保其尊荣,子弟孝悌而乐忠信,不素餐之功,谁大于是,何为不可以食禄。"《孟子·尽心上》孟子提出君子可以不耕而食,但是这并不意味着君子轻视各种生产劳动。

君子的使命是为稳定有序的社会提供道德的保障。为此,君子所教化的对象没有严格的区分,君子教化大众的手段也是多样的。

> 孟子曰:"君子之所以教者五:有如时雨化之者,有成德者,有达财者,有答问者,有私淑艾者。此五者,君子之所以教也。"(《孟子·尽心上》)

从逻辑的角度看,孟子提出的"君子之所以教者五",相互之间不是并列的逻辑关系。五种情况分别对应了不同的对象,以及不同的需要。对此,王夫之有很明确的解释:"五句须从'君子之所以教'上分别五种教法,不可但在受教者才质上讲。'时雨化者',其德已成,不须更就下学上琐屑,止以其未达一间,急从大本大原上扩充之,使一闻而即悟。余人时未至,不能喻也。'成德者',其人已有自得之善,而不能得其全体,则为因其所知所能,而示尽善之道,此以实学示之者也。'达财者',材各有所长,而不能通于其所短,则抑其所过而矫其所逮,而达之于其所未达。立说不妨因人而异。'答问者',乃初学之士,疑而来问,则因事以告,不必引申至他端,反使之疑也。'私淑艾',乃随法以示后世,深切著明,足以感动人使兴起,而道无不备,人皆可取法以长其善而除其恶也。此以著书立说言。"① 这一概括非常全面。从中我们可以看出,孟子非常重视君子之教的德性方面。那些缺少自我德性要求的人,不在君子教化之列。孟子曰:"挟贵而问,挟贤而问,挟长而问,挟有勋劳而问,挟故而问,皆所不答也。"(《孟子·尽心上》)凡人有所挟,则心中有所恃。用今天的话说,就是有先入主观之见,有傲娇凌人之态。这样的人即使面对君子的教化也有可能不为所动。君子对教化对象的选择,体现了孟子君子观的理性主义特点。

由于君子能够遵循教化的规律,紧紧围绕培养德性这一成人的核心,因而君子能够在成己成人中走向更高的德化境界。

> 孟子曰:"霸者之民驩虞如也,王者之民皞皞如也。杀之而不怨,利之而不庸,民日迁善而不知为之者。夫君子所过者化,所存者神,上下与天地同流,岂曰小补之哉?"(《孟子·尽心上》)

---

① 〔明〕王夫之:《四书笺解》,《船山全书》第六册,长沙:岳麓书社,2011 年,第 369 页。《孟子讲义》曰:"时雨化之,盖如孔子所云:'天何言哉,四时行焉,百物生焉。'孟子所谓四体不言而喻者也,非圣人不足以为教,亦非大贤不足以受教也。成德所以教德行之科,达财所以教言语、政事、文学诸科。答问乃因偶尔来问之人,而答以正道,如孔子之待孟懿子,孟子之待曹交之流,不必答及门弟子也。私淑艾乃所以教后世,身虽已殁而言行所被,必有闻风兴起者也。"(姚永概:《孟子讲义》,陈春秀校点,黄山:黄山书社,1999 年,第 242 页)

君子在自我修为、专注教化的过程中,能够推进王道政治的实现。君子兴起的教化之风,最终起到过化存神的效果。"'所过者化',是其尊贤敬老、问疾苦、兴礼教之德,兴起民志,以自趋于善。'所存者神',是常存天下于心,自有天时人事与之相应而不失其机缄,则因以应之而自治。'天地'以造物之神化言。无所不届而顺施不匮曰'同流'"。① 孟子将对君子教化之论的阐释与自己的王道仁政结合在一起。君子通过自己的垂范,为世人确立了行为的准则。君子之风所到之处,正人心、立政教、行仁政,君子的高尚人格和德性实践就能与天地同流,与时代同步。单纯以知识灌输的教育违背了成人的基本规律。如果以分数衡量教育结果,这种教育其实已经走向异化。当今许许多多的学校和家庭教育的悲剧莫不与此相关。回归德性和德行的教化,而不是单一的科学知识的传授和获取,才是未来教育发展的方向。

四、君子的理想

儒家提倡君子追求的理想具有鲜明的德性色彩,其对君子理想的期待有着很高的道德势位。常人所追求的货利所得,不在君子的理想之列。在某种意义上,儒家提倡君子的理想追求要以德性生活的满足和完善为最终目标。这是对常人物质生活追求的超越和纠偏。在对生命理想的期待中,君子所谋之道不是俗常的饮食饱暖,不是感性的利禄功名。在实现生命理想的进程中,君子谋道是最高的价值追求,谋事只具有实现谋道的手段价值。

君子谋道的生命理想在《论语》中有鲜明的表达。

子曰:"君子不器。"(《论语·学而》)

子曰:"君子谋道不谋食。耕者,馁在其中矣;学也,禄在其中矣。君子忧道不忧贫。"(《论语·卫灵公》)

人们生活在现实社会,生存是第一要义。但是生存不是君子的终极使命。《论语》认为君子首先不能把自己当作谋求生存的手段和器具。君子要在成为器和追求道之间,找准自己的位置。因为避免成为器具性的存在,君子就必须将谋道看作生命之要。谋道对君子来说,其实已经超越了简单的物质性生

---

① "盖君子之心即天下之心,则天地之气自应乎君子之气。"(〔明〕王夫之:《四书训义(下)》,《船山全书》第八册,长沙:岳麓书社,2011 年,第 844 页)

存。《论语》提倡君子要做到忧道不忧贫,这与前文所论的君子千年之忧也是一致的。

君子谋道的理想深深影响了儒家的君子观。孟子不仅继承了孔子这一思想,而且还提出了君子不可以货、君子之志与功的统一,以及君子之乐的更为丰满的君子理想。

在回答弟子为何接受他人的馈赠采取不同的标准这一问题时,孟子提出"无处而馈之,是货之也。焉有君子而可以货取乎?"(《孟子·公孙丑下》)君子不可以货,这就明确提出君子不能够以货而取。君子的理想追求与人之本性的内在要求是一致的。

> 孟子曰:"广土众民,君子欲之,所乐不存焉;中天下而立,定四海之民,君子乐之,所性不存焉。君子所性,虽大行不加焉,虽穷居不损焉,分定故也。君子所性,仁、义、礼、智根于心,其生色也睟然,见于面,盎于背,施于四体,四体不言而喻。"(《孟子·尽心上》)

战国时代,士风强劲。心存抱负和理想的士人,都希望建功立业。但是这一切在孟子看来,都不应该成为君子的理想追求。"君子所禀天之性,虽大而行道于天下,且不能加益其性;虽穷居在下,且不能损灭其性:以其所生之初,受之于天,有其分定故也。故君子所性,是仁、义、礼、智,四者根生于心,显而形著德容,其生于色,则睟然润泽见于面,又有光辉乎其前,盎盎然见于背,又有充实乎其后,而旁溢流通乎左右上下四体。"《孟子·尽心上》君子从自己的德性本质出发,时刻关注自我成就之道,将对仁义礼智的追求当作生命的全部。只有这样,君子才能够真正凸显自己的本质,达致自己的理想。

君子在追求实现自己理想的过程中,注重将行为的动机与结果很好地结合在一起。

> 彭更问曰:"车数十乘,从者数百人,以传食于诸侯,不以泰乎?"孟子曰:"非其道,则一箪食不可受于人;如其道,则舜受尧之天下,不以为泰,子以为泰乎?"曰:"否,士无事而食,不可也。"曰:"子不通功易事,以羡补不足,则农有余粟,女有余布;子如通之,则梓匠轮舆皆得食于子。于此有人焉,入则孝,出则悌,守先王之道,以待后之学者,而不得食于子;子何尊梓匠轮舆而轻为仁义者哉?"曰:"梓匠轮舆,其志将以求食也;君子之为道也,其志亦将以求食与?"曰:"子何以其志为哉?其有功于子,可食而食之矣。且子食志乎?食功乎?"曰:"食志。"曰:"有人于此,毁瓦

画墁,其志将以求食也,则子食之乎？"曰："否。"曰："然则子非食志也,
食功也。"(《孟子·滕文公下》)

君子德性理想的实现既有动机层面的志的具体要求,也有结果层面的功
的落实。在彭更看来,孟子周游列国,收到国君们的奉养。但是孟子言必称尧
舜、道性善的主张,对强国称霸并无帮助。孟子谋道的理想,于诸侯之事业无
补。彭更的看法代表了世俗对君子谋道理想的怀疑,不过是世俗的谋食之见。
对此,孟子提出,君子对志的追求与对功的期待是一致的。从来就没有脱离功
的志,也没有离开志的功。人们的行为总是志与功的统一。君子在良好的德
性动机支配下,再通过德行实践,就可以达到"通功易事"的效果,君子的理想
就实现了动机和结果的统一。君子谋道其实体现了道德主体的自觉。坚守道
的原则是"儒家君子修身进行内向超越的终极追求,亦是君子人格主体性复
归的关键所在。"[1]

在理想追求过程中,注重动机与结果的统一,君子就能够不断提升生命境
界。孟子认为,君子所追求的人生最高境界是生命的释然和快乐。

孟子曰："君子有三乐,而王天下不与存焉。父母俱存,兄弟无故,一
乐也;仰不愧于天,俯不怍于人,二乐也;得天下英才而教育之,三乐也。
君子有三乐,而王天下不与存焉。"(《孟子·尽心上》)

人生的快乐是生命成长的本义。君子的理想追求也是如此。在孟子那里,
君子之乐有三重。第一重是家庭的幸福和美满,第二重是内心的坦荡和无疚,
第三重则是能够广收英才施行教化。这三重快乐是君子生命追求的最高境界,
那种事功层面的"王天下"都不能与之相比。在君子之乐的三重境界中,我们
可以看出儒家对君子理想的期盼有着丰富的内涵,充满着人间的温情。君子
立世,身心健康,家庭完整,这是凡世生活的基础。内心安定,无愧于天,无怍
于人,这是生命不断前行的保证。在此基础上,君子如果能够与天下之英才相
伴,彼此垂范,相互学习,教学相长,这是人生最大的幸福。君子三乐的境界追
求,显示了儒者的现世担当和对人类慧命不坠于地的内心期待,体现着君子对
自我完善的德化境界的追求。[2]君子的理想不是枯燥的道德说教,而是直面现

---

[1] 马兰兰、李振纲:《"文人"到"君子":儒家君子主体人格的复归》,《宁夏社会科学》2016 年第 5 期。

[2] 戴兆国:《中西道德哲学的差异性——以孟子和康德为中心的考察》,《安徽师范大学学报(人文
社会科学版)》2012 年第 4 期。

世生活的清醒追求。

孟子对君子达到理想快乐之境界的期盼,对于今天人们理想信念的确立有极大的启示。留守儿童、空巢老人的孤寂,人格分裂、两面人性,焦虑浮躁、抑郁自闭,这些常见的社会性病症都是因为偏离了对人生理想的合理定位。回归和弘扬君子的谋道意识,对治愈乃至消除这些病症可以有极大的帮助。

孟子在继承和发展孔子君子观的基础上,将君子的本性、君子的修为、君子的教育和君子的理想一一揭示出来,为儒家的生命追求标绘出最为鲜明的人生成长地图。社会主义新人的培养,需要以崇高道德境界为引领,需要关注每个人主体人格的觉醒,需要每个人主动成就自我。孟子的君子观的四个面向,对于当前社会主义新人的培养,无疑有重要的价值和意义。

（戴兆国:安徽师范大学政治学院教授）

荀子对早期儒家"为己之学"的贡献

匡　钊

在早期儒家"为己之学"的问题域[①]中,荀子的思考与孟子[②]相比在某种程度上显得更为宽广,也更接近孔孟之间儒者[③]的思考格局。荀子在给予经典学习和礼乐训练相当地位的同时,也仍然对与精神修炼有关的话题高度关注,不但详细地研究了"解蔽"的问题,也对所谓"治气养心之术"多有关照。将荀子关注精神修炼问题的方式与进路的探讨,置于早期儒家的全幅思想领域之内,可见其思想贡献。众所周知,与以往的儒者相比,荀子更看重人心的思辨认知能力与其所能把握的客观之"道",虽然这种"道"并未展现为单纯的客观知识而在私人生活的层面上更接近康德式的道德规则:"荀子与韩非、黄老学者和他的所有追随者们相区别之处在于,荀子坚持与每个人的道德责任相伴随的道。"[④]荀子从未放弃追求儒家所设想的人格完善,从不怀疑人只有通过一定的努力才能将"道"所规定的那种理想的公共与私人生活在现实中建立起来。

一、"道心"的优先性

追溯荀子对道的理解,仍然需要从荀子对天人关系的看法开始,他有关后一问题的主张在传世文献中最为完整地反映了孔子与其后学的见

---

① 参见匡钊《孔子对儒家"为己之学"的奠基》,《深圳大学学报(人文社会科学版)》2012 年第 6 期。

② 对于孟子在早期儒家"为己之学"问题域中地位的讨论,参见匡钊《论孟子的精神修炼》,《深圳大学学报(人文社会科学版)》2016 年第 5 期。

③ 关于孔孟之间儒者在此"为己之学"问题域中思考格局的初步研究,参见匡钊《简书〈性自命出〉中"道四术"探析》,《江汉论坛》2012 年第 7 期。他们的思考,明确了早期儒家塑造自身的三条路径:精神修炼、经典学习与礼乐训练。

④ Paul Rakita Goldin, *Xunzi's Piety*, *Confucian Spirituality*, Volume One, p. 300.

解①。荀子在《天论》中主张："明于天人之分,则可谓至人矣"(《荀子·天论》),并依旧遵循孔子对"可求"之物、孟子对"求在我者"的设定认为:"故君子敬其在己者,而不慕其在天者。"(《荀子·天论》)对荀子所了解的"天"的观念所指,如日本学者池田知久所说:"'天'的概念,照至今为止理解看,很容易易视其为自然现象、自然存在,即把它理解为与近现代西方'nature'相对应的外在的自然,这种理解有过于偏狭之嫌。"②上述传统的理解实不足以说明荀子的观点,实际上,荀子所谓"天"之所指,仍然是儒家一贯认为的那些超出人力控制的内容,而所谓"人",指的便是那些生命中取决于我们自己的内容,虽然对这些内容的设定,从孔子、孟子到荀子不必相同。诚如池田所言:"(荀子)所谓'天人之分'包括了'自然和社会、物质和精神、客观和主观'或'自然、人间、社会'各领域之整个世界,在这个世界中,人类'其所为',即人为、人工所能为或所必须为之范围内的事象属于'人',相反,人类'其所不为',即上述范围外,人为、人工所不能为或不须为之范围内的事象属于'天'。"③在这种天人观的继承性之上,荀子思想中奇怪的一点则是他对人性颇为极端的看法。他对此问题的了解与之前孔孟之间的儒者以及孟子完全相反,将"性"依据其古老的生命禀赋意义,划分到"天"的范畴中:"在'人'之中,'天'就是'性'、'生'。"④这与前儒尤其如孟子将人性视为取决于我们自己、应为之努力的理想人格目标根本不同。在荀子看来,取决于我们自身的道德价值,那些人工或人为的产物反而是与并不美好的人性相对的东西:"人之性恶,其善者伪也。"(《荀子·性恶》)具体来说,便如荀子所言:

> 凡性者,天之就也,不可学,不可事。礼义者,圣人之所生也,人之所学而能,所事而成者也。不可学,不可事,而在人者,谓之性;可学而能,可事而成之在人者,谓之伪。是性伪之分也。《荀子·性恶》)

荀子讲"性恶",或许也与他批评先前哲人的论战有关,而他这种立场首先意味着,荀子与孟子所谓的"性"完全不在一个层面上——荀子所谓人性不但不是为之努力的目标,反而是应被严格改造的对象:即"化性起伪"。

而人积极地在伦理生活中改变自己,在他看来则使我们区别于惰性的、客

---

① 对孔子天人观的论说,参见匡钊《〈论语〉中所见孔子的天人观》,《孔庙国子监论丛》,北京:燕山出版社,2012年。

② 〔日〕池田知久:《池田知久简帛研究论集》,曹峰译,北京:中华书局,2006年。

③ 〔日〕池田知久:《池田知久简帛研究论集》,曹峰译,北京:中华书局,2006年。

④ 〔日〕池田知久:《池田知久简帛研究论集》,曹峰译,北京:中华书局,2006年。

观之天。但人的道德生活在荀子看来仍然首先与心灵密切相关。有论者谈道："荀子的自然(天)是中性的,它提供了质料,但它没有提供价值,价值的秩序是由'心'建构的。"① 那么人心凭借什么建构起"价值的秩序"呢? 在荀子看来,其最终的支持来自"道",但从工夫上来说,则是由于心灵因有"征知"而能"知道"。

在荀子看来,与道德秩序或者伦理价值联系起来的人心,或者说呈现为道德修养之后果的人心,同仅限于思知活的人心不同,甚至完全对立。前者属人工创造之"伪",而后者属生命禀赋之"性"。此间差别也即荀子眼中"人心"与"道心"的分别。荀子实际上将人心分为两个层次:"荀子所说的'心',一种是后天'习得'的'心',这是一种'精神性'的创造,……荀子所说的另一种'心',……是人生而具有的'认知'能力的'心'。"② 其中后一种认知之心也就是荀子所谓"人心",其处于"性"的层面上,而上述前一种心灵便是"道心",其意义则来自"精神性"的价值创造。人心获得价值的努力,与达到明晰认知一样,都需要经历一个过程并引入一系列的技术,这被荀子称为"伏术为学""化性起伪"(《荀子·性恶》)——而这些内容,正属于早期儒家"为己之学"所覆盖的范围。比较特殊的是,如果说荀子论"心"可谓完全继承了《性自命出》中"心术为主"的立场,那么仅限于精神修炼的技术,荀子也主张与获得知识和与人心的思知能力有关的技术最为重要。从现有的文本来看,荀子虽然并没有了解并继承较早时候儒家对理智德性与道德德性划分的迹象③,但他在工夫论的层面上更看重如何获得理智德性的修炼——在此意义上,荀子会主张"君子养心莫善于诚"。有意思的是,从荀子的上述态度来看,他实际上同时在强调"诚"与"伪"原本相互对立的两方面,并认为其均为正面的东西。认为"诚"值得推崇,来自儒家传统与其和思知能力间的密切联系④;而认为"伪"值得推崇,则是由于其乃是人心人性经过道的原则改造后的结果。"诚"与"伪"在荀子这里并不相互矛盾,他这种特殊的术语用法却远远偏离了以往

---

① 杨儒宾:《儒家的身体观》,上海:上海古籍出版社,2019年,第74页。

② 王中江:《"心"的自我转化和精神修炼——荀子的"心术观"》,万俊人主编:《清华哲学年鉴·2007》,北京:当代中国出版社,2008年。

③ 参见匡钊《早期儒家的德目划分》,《哲学研究》2014年第7期。

④ "在获得理智德性的诸工夫中间,在孟子之前的儒者眼中,恰恰是'诚'而非'思'才是其中最为关键的内容——此点在《中庸》与《大学》中表现得尤为明显。这种意思,孔子早有言及,所谓:'知之为知之,不知为不知,是知也。'(《论语·为政》)'知'与'思'相贯通,属同一层面或类型的事情,而孔子上述言语的意思不外是说,如欲达到真知,实际上还是要落在'不自欺'的态度上,也就是说,任何理智活动的意义,最终都需要一个'诚'字来做保障。"(匡钊:《论孟子的精神修炼》,《深圳大学学报(人文社会科学版)》2016年第5期)

的传统。

在生命禀赋层次上的人心因为天然具有学习能力而可以"知道",进而成为"道心",而这种意义上的"道心"其理据性则依赖于"道"的理据性,而后者出自圣人的天才:"古者圣王以人性恶,以为偏险而不正,悖乱而不治,是以为之起礼义,制法度,以矫饰人之情性而正之,以扰化人之情性而导之也,始皆出于治,合于道者也。"(《荀子·性恶》)在荀子那里,追求作为外在原则的"道",一来偏离了孔子以来儒家转求诸内的以寻求完全彻底"求在我"的价值方向,二来将普通人掌握自身道德追求方向的责任完全交付给了圣人,所谓"礼义法度者,是生于圣人之伪,非故生于人之性"(《荀子·性恶》)。常人仅仅是根据圣人对道德价值的预先设定才踏上改变自己、获得价值的"化性起伪"之路。圣人何以能具有超越普通人把"道"或"礼义"设定为某种客观原则与价值标准的能力,却并未得到合理而明确的说明。更为含糊的是,荀子同时还主张"圣人"和普通人之间没有不可逾越的界限。一方面从生命本身的质地来说,"尧舜之与桀跖,其性一也;君子之与小人,其性一也";另一方面从个体修养的角度而言,"涂之人可以为禹","圣人者,人之所积而致"(《荀子·性恶》),"涂之人百姓,积善而全尽,谓之圣人。"(《荀子·儒效》)于是"圣人"作为最初的先知先觉者和"涂之人"之间的差别便非常细微了。这种差异甚至不在于心智能力方面,在这方面普通人和圣人具有同样的"可以知之质,可以能之具","今使涂之人者,以其可以知之质,可以能之具,本夫仁义法正之可知可能之理,可能之具,然则其可以为禹明矣。"(《荀子·性恶》)在这种情况下,圣人何以能先行创造出"道"来,实际上是完全不清楚的。更为严重的是,如果德性价值的根据出于圣人的创造,那么相关规则对于遵循其而试图获得德性的人而言归根结底不是取决于他们自己的,从这个意义上讲,对客观价值的获得或创造不是"自由"的。当荀子主张以外在标准改造人性以创造价值的时候,他无法否定"礼义""法度"或者"圣王"所创制的那些矫正人性的规范的外在性,而这与孔孟的教诲相比,不能不说是理论上的退步与缺陷——因此荀子在历史上长期受到排斥或许也并非毫无缘故。

荀子对德性之理据性的追问存在缺陷,他将先天的道德能力从人心中排除,而不得不在如何成德的问题上,诉诸对早先圣人的追随。于是,在"为己之学"的问题域中,对普通人来说,如何能根据圣人已经为我们制定好了的现成行为规范去改变自己才是唯一需要关心的事情。遵循规范的前提是了解规范,而这也就意味着,普通人应首先通过某些活动去了解"道"的真相,然后再通过有效的修身技术来引导自己按照这种正确的方式生活,使自己成为所谓的"君子"。在这种情况下,荀子对人心具有思知能力而青眼有加也就不难理解了。相关的理智活动之所以重要，不是因为荀了欲将其运用于某种专门的纯粹求知活动中，而是因为理智活动乃是修身活动，即获取各种理智或道德德性的活动中不可缺少的前在环节。此前儒家思想中早已暗含理智活动对引导获取伦理德性必不可少的意思，如《五行》与《孟子》都对"思"的问题给予高度关注，但以往儒家从来没有明确表示，理智德性的获得必定优先于其他道德德性，比如孔子即使仁智对举，大概也不会主张先智而后仁，然而在荀子这里，如果我们推测他有这方面的意思，大约不能说是毫无根据的。

二、"伏术为学"的进路

从表述的角度讲，价值问题可以被陈述为一种关于什么是理想人格的知识，但从这种价值通过努力可以在现实生命中得到呈现的角度来看，则它仍然关乎人格修养的境界。达到理想境界对荀子来说仍然意味着改变、转化与超越常人的平庸与普通，也就是说，从道本身可被视为知识的角度来讲，"道心"是对"人心"的扩充，但从道所具有的价值意义来说，"道心"则是对"人心"的超越，是圣人所创造出的价值对原本无涉于价值的人的自然生命的超越。从思想史的角度看，荀子对心的这种层次划分，可能与稷下黄老学以往的思想有关，可能是他游学稷下时受到《管子·内业》中"心以藏心"、《凡物流形》中"心不胜心"之类思路的启发。在上述可能的思想的继承性中还包含重大的不同，黄老学派在将人划分为两个层次的时候，是从对自然的感性之心与受道的精神之心的角度加以区分的[①]，但在荀子那里，他所区分的乃是先天的价值无涉的认知心与后天培养的道德心。荀子所思考的从人心向道心的转化是从无价值之心向有价值之心的转化，而心的思知层面的能力在这个过程中始终起一种诱导性的作用。

从理想人格的角度讲，达到圣人境界是常人所应努力的。在荀子那里，这种努力展现在"化性起伪"的工夫中。这种工夫表明了在常人由"人心"上达"道心"的超越过程中，所不断经历的人格改变。改变自己的工夫，用荀子的话说，就是所谓"修身"："见善，修然必以自存也。"（《荀子·修身》）至于普通人改变自己的努力，则在于如何去"伏术"、如何去"为学"："今使涂之人伏术为学，专心一志，思索孰察，加日县久，积善而不息，则通于神明，参于天地矣。"（《荀子·性恶》）正如荀子所言，此"伏术为学"乃是一个"积善而不息"的过程，荀子也以一个"积"字强调从常人向圣人的人格理想转化的漫长和普通人必

---

① 参见匡钊、张学智《〈管子〉"四篇"中的"心论"与"心术"》，《文史哲》2012 年第 3 期。

须为此付出的努力:"圣人者,人之所积而致"(《荀子·性恶》),"涂之人百姓,积善而全尽谓之圣人。"(《荀子·儒效》)

"积"是反复出现在荀子讨论修身工夫时的一个关键词。它提醒我们必须通过漫长艰苦的修养过程,才可能"积而致""圣人"水平,或者说"积善成德,而神明自得,圣心备焉"(《荀子·劝学》)。荀子在自身向理想人格转化的层面上引入"积"这个观念,具有回答现实中为什么总在常人与圣人间存在差异的作用。从原则上讲,常人不但能从心智层面上达到圣人水平,通过恰当的培养在道德水平上也能达到圣人的要求。但实际上,圣人却总是常人难以企及的目标:"涂之人可以为禹则然,涂之人能为禹,未必然也。"(《荀子·性恶》)对后面的这个"未必然",荀子并没有正面回答究竟为什么在多数情况下圣人"不可积",而我们则可以对答案加以合理的推断:这不是因为理论或者逻辑上从常人向圣人的转化存在不可克服的障碍,而是因为实现自身转化的现实过程作为漫长艰苦的积累过程,并非对任何人都能轻而易举完成的。这个改变自己的修身过程,涉及大量的具体技术与相关工作——荀子充分估计到了修身工夫或者说"为己之学"的艰巨性。

可能是因为考虑到修身任务的艰巨性,荀子的相应思考与以前的儒者相比有时显得相当严厉。有研究者发现:"孟子喜欢自然生长,以成熟的农事作隐喻,而荀子在表达中则运用更为严酷的手艺作隐喻,比如铁匠打铁或者木匠弄直弯曲的木料。"[1] 孟子所谓"牛山之木""揠苗助长"的比喻,都取植物的自然生长之意,而荀子则喜欢举"枸木必将待檃栝烝矫然后直者"(《荀子·性恶》)、"工人斫木而生器"(《荀子·性恶》)这样的例子来说明问题。上述这种修辞策略上的区别,肯定与孟子和荀子对人性是否具备"善端"的看法有关。荀子对人的生命禀赋本身持负面态度,而对人性之恶当然采取严格克服的态度——从这个角度看,荀子关于改变人自身的主张可能类似于普罗提诺(Plotinus)说的:"生活所需要的实现自身的艺术,根据普罗提诺,不能与绘画这种被视为增加的艺术(art of addition)相比较,而更应该与作为去除的艺术(art of taking away)的雕刻相比较。"[2]

但在更多的情况下,荀子对自身修养的考虑要温和得多,他的那些严厉的比喻并未直接与他关于转化人性的主张联系起来。对于"性",荀子所运用的是"化"的概念:"性也者,吾所不能为也,然而可化也。"(《荀子·儒效》)"化"

① Aaron D. Stalnaker, *Overcoming Our Evil: Human Nature and Spiritual Exercises in Xunzi and Augustine*, Washington: Georgetown University Press, 2006, p. 64.

② Arnold I. Davidson, *The Cambridge Companion to Foucault*, edited by Gary Gutting, New York: Cambridge University Press, 2003.

这个字，从字面上看可能是指一种转化、转变、改变等，其来源可能与道家和庄子对"化"的强调有关，而语气上与儒家本有的带有较为严厉色彩的术语如"克己"相比，要缓和很多。在改变人格与人自身存在状态的意义上，孔子讲"克己复礼"（《论语·颜渊》），"克己"作为以往儒家修身工夫中的重要部分，所传达出的改变自己的意思颇为严峻，用朱熹的话说："克，胜也。己，谓身之私欲也。""克己"也就是战胜自己的私欲，此用程颐的话讲："到此地位，功夫尤难，直是峻绝。"这个话题放在孔子的思想中很好理解，所谓私欲的对象，不外是富贵，而这些东西在孔子看来都是不取决于我们的"不可求"之物，如果为了追求这些东西，则完全是浪费生命，会转移我们对应当予以关注的取决于自己的"可求"之人格价值的探索，在这个意义上，战胜并抛弃私欲，服务于更高层次的人格养成。但有意思的是，《荀子》全书通篇未见"克己"二字，这提示我们注意到，在很大程度上游离于孔、孟之传统之外的荀子，对上述问题可能有不同于以往儒家的看法。

荀子虽然喜欢用"性恶"这样听起来比较旗帜鲜明的说法来亮明观点，但这实际上并不意味着他一定对人性持完全否定的态度，从他在《性恶》《正名》等篇中对人的生命禀赋之"性"及与之相关联的"情"与"欲"的客观描述来看，这些项目作为人的生命活动中不可或缺的内容而言都具有相当的正当性，荀子言其"恶"，恐怕主要是为了表明这些内容都是不取决于人的创造的"价值无涉"的东西。因此荀子并不要求我们消灭情感、欲望，而是要求人通过"礼义"来调整、疏导它们，只有一味纵容、顺从这些东西——"从人之性，顺人之情"（《荀子·性恶》）——才会带来恶果。上述这种意思见于荀子以下言论之中：

> 礼起于何也？曰：人生而有欲，欲而不得，则不能无求。求而无度量分界，则不能不争，争则乱，乱则穷。先王恶其乱也，故制礼义以分之，以养人之欲，给人之求。（《荀子·礼论》）

出于这种的考虑，荀子在《正论》《正名》《非十二子》等篇章中，既不同意老子式的"无欲"，也不同意孟子和宋荣子式的"寡欲"，同时还批判它嚣、魏牟的"纵欲"。在他看来，以礼义为标准，对人性加以疏导、调节而非战胜、消灭便是所谓"化"——这与孔子所讲的"克己复礼"有很大区别。

荀子上述意义的"化"，说全了也就是我们反复提到的"化性起伪"。但必须说明的是，在理解荀子上述意思的时候，应该看到他的思想实际上包含一个难以觉察的问题：荀子一方面认为人性乃是本来不取决我们自己的东西，无关乎价值，另一方面又认为我们可以对这种人性加以转化，使之具有价值，由恶转化为善。问题在于,如果人真的能够改变人性本身,则此"性"最终便不能被视为不取决于我们自己的东西,而所谓"性伪之分"也就消失了。从这种角度讲,荀子所谓"化性"实际上并不包含对人性本身的改变,他只是主张在不改变人的生命禀赋本身的情况下,将人工创造的价值附加到本来无涉于价值的人性上面去。荀子所谈的这个"化性"过程首先便牵扯到所谓"礼义",最终则关乎"道",而这些内容则都落实在人自身的修养上面。也就是说,"客观性的'道'在荀子那里又主要是通过'礼'的规范来体现的"①,用荀子的话说,这就是:"礼者,所以正身也。"(《荀子·修身》)

　　荀子思想的最大缺陷是把人的生命(life)本身与人所应追求的人格价值两分,此与孔、孟从生存(existence)本身出发成就自身价值的统一思路完全不同。孔、孟立足于对"可求"之"求在我者"的确立,在于战胜并抛弃生命中一切不取决于我们自己的东西而让人的生存绽放出价值的光彩,而这种自由的价值则通过理想人格的本真存在来体现;对荀子而言,他最大的遗憾诚如牟宗三所言,他在于"只认识人之动物性",并没有意识到生命并不意味着生存——此间区别正如孟子所谓"人禽之别":只有人才因为对于德性与价值的领会而超乎生命地生存着。因此,荀子一方面无法基于本不取决于我们自己的生命而达成只有在生存活动中才能显露出的人格价值,另一方面也不能扬弃这种生命。荀子所谓"道心"与"人心",或者说价值与生命本不处于同一层面,从逻辑上讲,立足于后者如何才足以获取前者,始终是一个未曾得到明确说明的问题。在荀子眼中,如果"人心"或者"先天的'心'""是一个有待'治理'、'培养'和'塑造'的存在,荀子称之为'治心'和'养心'"②,此所谓"治心""养心"无疑是如前儒一般主张修身的关键在于治心,而尤其值得重视的是,虽然荀子对礼乐和经典均有相当深入的理解并依傍它,但在修身问题上他与先儒一样更加强调精神修炼技术。他主张:"相形不如论心,论心不如择术。形不胜心,心不胜术,术正而心顺之,则形相虽恶而心术善,无害为君子也。"(《荀子·非相》)这里荀子特别强调了"心术"的意义,甚至以"心不胜术"的说法赋予前者决定性的地位。这种观点正是早期儒家强调精神修炼在"为己之学"的过程中对人性的养成具有决定性影响的题中应有之意——我们的一切意义与价值,均来自以"心术为主"的各种修身活动。③

---

① 王中江:《"心"的自我转化和精神修炼——荀子的"心术观"》,万俊人主编:《清华哲学年鉴·2007》,北京:当代中国出版社,2008年。

② 王中江:《"心"的自我转化和精神修炼——荀子的"心术观"》,万俊人主编:《清华哲学年鉴·2007》,北京:当代中国出版社,2008年。

③ 参见匡钊《简书〈性自命出〉中"道四术"探析》,《江汉论坛》2012年第7期。

三、"知道"与"心术"

毫无疑问,在礼乐训练与经典阅读两条修身进路上,荀子做了大量的思考。荀子隆礼众所熟知,而后来"五经"的传承也与荀子后学有莫大关联。但这两方面内容暂非本文所能论及,仅专注于精神修炼方面。就荀子所论"心术"而言,我们或可以有如下的总看法:"荀子的'心术'是《管子》、《庄子》和《孟子》共同精神遗产在战国晚期的延伸和扩大。在荀子思想的结构中,'心'和'精神'是一个重要的'中介',它架起了从'现实'到'理想'的桥梁。但要履行这样一种角色,'心'自身首先必须加以塑造,这就是我们所说的'心灵'的自我转化,它是'心'对'客观之道'、'圣王之礼'的认知和接受的过程,是将心灵'理性化'和'精神化'的过程。"①荀子所谓"心术",虽未见类似郭店简书《性自命出》中所论的"道四术"并举,但"心术"作为有确切指向的术语,其与孔子弟子或再传弟子之间的联系一脉相承,清晰可见②,也可被视为对"道"的一种分解与呼应——较高位阶的、整体性的"道",可以由具体的、更有可操作性的"术"来通达。当然,《性自命出》中所论的"人道"并未明确指出其渊源,即使如孔子本人所论"道"和《中庸》中的"率性之道",其理据性何在,孟子之前儒家也并未给予明确定位。考虑到儒家一贯的"天人有分"立场,前文相关文献中出现的"天",并不能被直接简单视为"道"的根据。上述理据性在孟子处实际上与人心的先天道德能力有关,而荀子将其悬隔于人心之外而托付于圣人,即使考虑到上述差异,如认为荀子所谓"道"仍与《性自命出》类似,偏重于对"人道"的思考,也是完全合理的。此"道"即荀子所言"君子之道":"道者,非天之道,非地之道,人之所以道也,君子之所道也。"(《荀子·儒效》)如此,荀子对"道"与"术"的思考,便可与郭店简书中所见孔子后学的思考基本对应起来,早期儒家思想的一贯性与传承性清晰可见。至于荀子所言"心术"的细节,虽然他未能继续明确坚持孔孟之间儒者已经开辟出理智德性和道德德性之间的区别,但他的相关思考依旧从思与气两个相关的维度上展开,在实践上呈现为"解蔽"的问题与"治气养心"之术。限于篇幅,本文所欲论者,也非上述两种精神修炼技术的细节,而仅展示荀子思考上述问题的逻辑进路,并以此作为把握荀子对早期儒家"为己之学"之贡献的一个关键。

---

① 王中江:《"心"的自我转化和精神修炼——荀子的"心术观"》,万俊人主编:《清华哲学年鉴·2007》,北京:当代中国出版社,2008年。

② 参见匡钊《简书〈性自命出〉中"道四术"探析》,《江汉论坛》2012年第7期。

　　在以往的研究中,很多学者倾向将荀子所关注的心灵之思知层面上的内容与孟子所言的心灵之先天道德能力对立起来,视为这两位儒者的根本分歧所在,如徐复观便判定:"孟子所把握的心,主要是在心的道德性的一面;而荀子则在心的认识性的一面;这是孟荀的大分水岭。"①牟宗三也有类似的评价:"荀子只认识人之动物性,而于人与禽兽之区以别之真性则不复识。此处虚脱,人性遂成漆黑一团。然荀子毕竟未顺动物性而滚下去以成虚无主义。他于'动物性之自然'一层外,又见到有高一层者在。此层即心(天君)。故荀子于动物性处翻上来而以心治性。惟其所谓心非孟子'由心见性'之心。孟子之心乃'道德的天心',而荀子于心则只认识其思辨之用,故其心是'认识的心',非道德的心也;是智的,非仁义礼智合一之心也。可总之曰以智识心,不以仁识心也。"②这些评价只看到了荀孟之间的区别,却没有看到荀子所强调的思知与道德实践之间的连续性。前一方面的内容早为人所熟知,而从后一方面来说,无论是荀子对人的思知能力的培养,还是孟子对人的道德能力的发展,均服务于人格塑造和德性养成——更精确地说,荀子给后人留下的第一印象是更关注理智德性的获得,而孟子则更关注道德德性的获得。当然荀子追求理智德性的最终目的仍然在于对道德德性的追求,既有对心之思知的训练,也有对"治气养心"的关怀,甚至我们可以从荀子的著作中推断,他应该明确看到了上述两种精神修炼技术之间的连续性,行道首先要知道,伦理实践离不开理智的指引。事实上,完全可以认为荀子已经在某种程度上自觉将理智德性置于道德德性之前,并以前者为后者奠基。

　　在以"养心"为目标的"心术"当中,荀子的出发点是心能"知道"与如何"知道"。荀子有言:"圣人知心术之患,见蔽塞之祸……兼陈万物而中县衡焉。……何谓衡?曰:道。故心不可以不知道。"(《荀子·解蔽》)暂时不考虑"心术之患"的特殊说法,荀子所知之道,当然还是判别是否的标准:"以其可道之心与道人论非道,治之要也。何患不知?故治之要在于知道。"(《荀子·解蔽》)荀子继续主张"人何以知道?"的关键在于"心",这个有思知能力的人心,因思而"知道"而进一步遵循"道",并据此改变自己的方式便是"伪":"心虑而能为之动谓之伪。"(《荀子·正名》)荀子还认为人格中美好的品质也是被创造出来的,所谓"善者伪"(《荀子·性恶》),这种显然超出知识意义之上的价值创造首先取决于人心的思知能力。荀子还有对心更细致的分析:"生之所以然者,谓之性。……不事而自然谓之性。性之好、恶、喜、怒、哀、乐,谓之

①　徐复观:《中国人性论史》,上海:华东师范大学出版社,2005 年,第 146 页。

②　牟宗三:《名家与荀子》,台北:台湾学生书局,1979 年,第 224 页。

情。情然而心为之择谓之虑。"(《荀子·正名》)这里出现的"性""情""虑",是从三个方面对人心加以总括性的说明。"性"所表征的是心的生命禀赋的基底,在此基底上,心所具有的第一方面内容则是情感、情绪意义上的"情",而对"情"的进一步处理,便产生了第二方面思知层面上的内容"虑"。荀子认为思虑与情有关,显然与《性自命出》中关于"情思"的种种说法有关。稍后荀子继续将对心的分析扩展到"欲"或者说欲望上面:"性者、天之就也;情者、性之质也;欲者、情之应也。"(《荀子·正名》)在荀子的这个分析心的观念谱系中,"性""情""虑"与"欲",均不脱离生命禀赋的先天性。比较重要的看法是,在这些先天的、价值无涉的内容中,有的任其发展便会导向负面效果——比如"情"与"欲",而其他的则是引导人趋向"道"的积极因素——比如"虑"。心之思虑,也被荀子称为"征知":"说、故、喜、怒、哀、乐、爱、恶、欲以心异。心有征知。"(《荀子·正名》)荀子在这里将"情"(喜、怒、哀、乐、爱、恶)、"欲"与"说""故"都和心联系在一起,利用后面这些本存在于论辩环节中的内容,继续扩大了心之思知能力的范围。

纵观荀子对精神修炼问题的整体思考,暂不考虑三条修身进路在早期儒家"为己之学"问题域中的相互关系,仅从上述直指精神性问题的进路看,荀子显然有效继承了孔子弟子与再传弟子的一系列相关思想,并据此做出了一个重要的推论或推进。荀子将"心术"视为通达"人道"的具体进路,而通达"人道"的过程是缓慢而艰苦的,需要通过"积"与"化"这样的漫长学习与修炼来实现,而绝非一蹴而就或依赖于某种瞬间的灵光乍现。至于"心术"这种专门的修身技术的展开,则需以心的思知为前提。可以认为,将"知道"与"虑"作为精神修炼的基础,明确将"思"视为精神修炼活动和其他修身活动乃至整个"为己之学"的起点,或可被视为荀子对于早期儒家"为己之学"的最大理论贡献。遗憾的是,这种贡献,在后来的思想发展当中并未以某种系统化的形式被继承和延续下去,反而随着儒家思想重点转向其他方面而消沉。

(匡钊:中国社科院哲学研究所研究员)

再论《尚书·洪范》的政治哲学

——以五行畴和皇极畴为中心

丁四新

《尚书·洪范》是一篇非常重要的文献,包含了中国古代政治哲学的一些基本要点。"洪范"即"大法"之义 ①;而所谓"法",兼含"道"与"规章制度"两种意思,与今人所谓"法律"概念大殊。不但如此,古人将洪范九畴肯定为"天道"。《史记·周本纪》曰:"武王亦丑,故问以天道。"其实,此种说法源自《洪范》本身。《洪范》曰:"帝乃震怒,不畀洪范九畴。"又曰:"天乃锡禹洪范九畴。"这就是将洪范九畴直接肯定为"天道",而通过"天道"一词,古人肯定了洪范九畴的神圣性、恒常性和应然性。

《洪范》无疑以五行和皇极二畴为核心,对后世产生了深远的思想影响。汉代的尚书学以今文二十八篇(一说二十九篇)为经典依据,以《洪范》学为中心,且在九畴中又以五行畴为核心。《汉书》及其下历朝史书皆有《五行志》,可为明证。宋代的尚书学则近承晋唐的传统,以古文五十六篇为经典依据,以《洪范》和《尚书·大禹谟》等为诠释中心。单就《洪范》来看,宋人的解释经历了从以五行畴到以皇极畴为中心的变化。由此可知,"五行"和"皇极"确实是九畴中最为重要的两畴。而从研究现状来看,尽管相关文献非常丰富,但是关于其哲学思想的论文颇为少见。而且在训释和理解上,这些相关论文的观点仍值得商榷。有鉴于此,笔者拟将视角集中在五行和皇极二畴上,再次深入地探讨《洪范》的政治哲学 ②。

---

① 《尔雅·释诂》云:"洪,大也","范,法也。"王先谦解题曰:"言天地之大法。"(〔清〕王先谦:《尚书孔传参正》,何晋点校,北京:中华书局,2011年,第503页)

② 参见丁四新《论〈尚书·洪范〉的政治哲学及其在汉宋的诠释》,《广西大学学报(哲学社会科学版)》2015年第2期。

一、"洪范九畴"理论的性质、目的与
五行、皇极二畴之序次的含义

1．"洪范九畴"理论的性质、目的及其与"革命"理论的区别

《洪范》为周初著作 ①，一般认为作者为箕子 ②，它反映了殷周之际天子（"王"）应当如何有效地统治天下的政治哲学思想。《洪范》与《尚书·周书》诸篇的叙述角度差别很大。《周书》诸篇以敬德受命、保命和保民等为思想要点，其目的在于申明和论证周革殷命的合理性：一方面强化周人集团统治天下的理论自信；另一方面用以说服和软化业已降服、归顺的殷旧臣和民众。这两个方面结合起来，无非是为了巩固周人的统治，以期达到长久治理天下的政治目的。而《洪范》则与此颇不相同，它是从天子（"王"）的角度来谈如何有效地统治天下而达到"彝伦攸叙"的政治目的。对此，《洪范》曰：

> 惟十有（又）三祀，王访于箕子。王乃言曰："呜呼！箕子，惟天阴（荫）骘下民，相协厥居，我不知其彝伦攸叙。"箕子乃言曰："我闻，在昔鲧陻（堙）洪水，汨陈其五行。帝乃震怒，不畀洪范九畴，彝伦攸斁，鲧则殛（极）死 ③。禹乃嗣兴。天乃锡禹洪范九畴，彝伦攸叙。"

这段引文可称为"《洪范》绪论"。武王与箕子的对话发生在武王克殷后二年，即文王受命之十三年。对话的起因是，武王在夺取天下之后向箕子谋问如何治理天下和安定百姓的道理（大政方针）。《史记·周本纪》曰："武王已克殷，后二年，问箕子殷所以亡。箕子不忍言殷恶，以存亡国宜告。武王亦丑，故问以天道。"在此，武王从问"殷所以亡之故"转变到"问以天道"的问题上来。其实，这两个问题都是在周革殷命之后，周人必须面对和回答的重大问题。前一个问题体现了武王对改朝换代之合理性论证的极大兴趣，其根本目的就是

---

① 参见丁四新《近九十年〈尚书·洪范〉作者及著作时代考证与新证》，《中原文化研究》2013 年第 5 期。

② 这是传统说法，笔者同意此观点。《书序》曰："武王胜殷，杀纣，立武庚，以箕子归，作《洪范》。"（〔清〕阮元校刻：《十三经注疏》第 1 册，北京：中华书局，2009 年，第 397 页）

③ "殛"，陆德明《经典释文》云"本或作殛"，裴松之注《魏志》作"极"。孙星衍曰："言极之远方，至死不反。"参见〔清〕孙星衍《尚书今古文注疏》卷 12，陈抗、盛冬铃点校，北京：中华书局，1986 年，第 294 页。伪孔《传》云："放鲧至死不赦。"亦作"极"字解。今按，《尚书·尧典》曰："流共工于幽州，放驩兜（欢兜）于崇山，窜三苗于三危，殛鲧于羽山，四罪而天下咸服。"流、放、窜、殛四字同义，故此"殛"字亦当作"极"。刘起釪谓《洪范》此"殛"当如字训为"杀"（参见顾颉刚、刘起釪《尚书校释译论》第 3 册，北京：中华书局，2005 年，第 1147 页），说非。

为了论证周革殷命具有天命的来源。这一论证,乃是周初统治者(武王、周公、召公和成王)持久进行的意识形态说教工作。当然,这种"革命"理论的说教,其目的不单纯是为了宗教意义上的心理慰藉,也不单纯是为了说服殷人安于天命,同时还包括通过"德"的概念以重建周王作为最高统治主体或政治主体的新内涵。这套理论对于周人消解革命之后随时可能产生的政权危机是非常重要的。通观全篇,《洪范》的主旨显然与此迥异。后一个问题展现出天子("王")应当考虑哪些重大方面才能有效地平治天下,使世间常理("彝伦")达到井然有序的地步。而对这一问题的回答,就历史性地落到了箕子的肩膀上。总之,"洪范九畴"理论的思想主旨是为了阐明如何平治(有效地统治)天下,而"革命"理论则与之不同,其思想主旨是为了论证改朝换代的合理性。前者体系庞大,涉及国家政治生活的所有最基本的方面,而所谓"王道"的具体内容即见于此。

　　2. 洪范九畴是王权和天命的象征

　　"九畴",《史记·宋微子世家》作"九等",伪孔《传》释为"九类",《汉书·五行志》作"九章","等""类""章"三词同义。"九畴",即九类、九条;"洪范九畴",即大法九类、九条。"九畴"显然是对君王(不是对职官)而言的,是对其如何管治天下之政治事务作了最为基本而系统的理论概括。为了强化其平治天下的重大意义,通过上溯于天帝的"不畀"(因而"彝伦攸斁")和"锡命"(因而"彝伦攸叙")①,箕子显然将洪范九畴神圣化了。当然,在彼时的思想背景下,将"洪范九畴"归源于"天"或"帝",这是十分合理的。通过上溯至"天""帝",洪范九畴就不是单纯的人为法,而是所谓天道了。今天,我们甚至由此也完全可以看出箕子公天下的用心:朝代虽然更迭了,但是"彝伦"必须通过此九条大法而重新获得"攸叙"。"洪范九畴"无疑是商人统治天下数百年之政治经验和思想的高度概括与总结。

　　不仅如此,"洪范九畴"实际上代表着王权,是另外一种形式的天命。据《尚书·尧典》,鲧本尧廷的重臣,其时正当洪水大害天下,于是尧委之以治水的重任。然而鲧辜负了此一重任,"九载,绩用弗成"(《尧典》)。舜摄政后,即据其罪而"殛(极)鲧于羽山"。尧死,舜为天子,鲧子禹贤能,于是立即起用他

---

① 《洪范》中的"帝""天"同义。裴骃《集解》引郑玄曰:"帝,天也。天以鲧如是,乃震动其威怒,不与天道大法九类,言王所问所由败也。"(〔汉〕司马迁撰《史记》卷38,〔南朝宋〕裴骃集解,〔唐〕司马贞索隐,〔唐〕张守节正义,北京:中华书局,1982年,第1611页)甲骨文的"天"字有两种写法,一种作𣆶,另一种作𠀟。前一形,本义指人的头顶;后一形,从上从大,会天在人上之意。通过论证,赵诚说:"商人心目中的天和上帝是相近的,甚至是同一的。卜辞不用天来表示天地就很容易理解了。"(赵诚编著:《甲骨文简明词典——卜辞分类读本》,北京:中华书局,1988年,第186~187页)

重新治水。《尧典》曰:"(帝曰)禹,汝平水土,惟时懋哉!"回头看《洪范》"我闻在昔"一段文字,它应当是以《尧典》所说故事为论述之前提的。不过,箕子所述的故事及相关论说可能在殷末已有所变化。这个变化可能是,尧本有意考察鲧,以为己后(继位者),但可惜的是,鲧没有通过考验。《洪范》说他埋堵洪水,杂乱地陈列五行,于是导致上帝"震动其威怒","不畀洪范九畴",天下之常道于是败坏不存("彝伦攸斁")。"不畀洪范九畴"正显示出鲧没有得到天命,因而他无法作为接班人而被授予王权。与此相对,大禹平治水土,通过了舜的考验,于是"天乃锡禹洪范九畴,彝伦攸叙",这表示他已获得天命的肯定,可以为舜后了。

总之,"洪范九畴"既是治理天下之大法,也是王权和受命的象征。这种含义,经学家刘歆以"神异化"的方式把捉到了[1]。据《论语·子罕》《易·系辞》等,《河图》《雒书》乃古人所谓圣人受命为王的符瑞。刘歆以《雒书》为"洪范九畴",指明"初一曰五行"下六十五字为《雒书》本文,其后伪孔《传》即继承了这一说法[2]。

3. 五行畴和皇极畴的序次:含义与成因

《洪范》曰:

> 初一曰五行,次二曰敬〈羞〉用五事[3],次三曰农用八政,次四曰协用五纪,次五曰建用皇极,次六曰乂用三德,次七曰明用稽疑,次八曰念用庶征,次九曰向(飨)用五福,威用六极。

此一段文字"第叙九畴之次",属于总叙。在箕子所述九畴中,五行、皇极和五福六极三畴是最为重要的。五行位居第一,为初始畴,居于基础位置;皇极位居第五,为正中畴,为统领畴,居于核心位置;五福六极位居第九,为终末畴,为目的畴。而在这三畴中,无疑又以前二畴即五行畴和皇极畴更为重要。

先看五行畴。"五行"为何被列为第一畴,或者说何以能被列为初一畴,这

---

[1] 《汉书》卷27,北京:中华书局,1962年,第1315页。《五行志上》云:"刘歆以为虙羲氏继天而王,受《河图》,则而画之,八卦是也;禹治洪水,赐《雒书》,法而陈之,《洪范》是也。"

[2] 参见〔唐〕孔颖达疏《尚书注疏》卷12,〔清〕阮元校刻《十三经注疏》第1册,北京:中华书局,2009年,第398页。

[3] 孙星衍曰:"羞,盖羞字"(〔清〕孙星衍《尚书今古文注疏》卷12,陈抗、盛冬铃点校,北京:中华书局,1986年,第295页)今按,"羞"为"羞"之讹字,而"羞"为"苟"字的古文(《说文·苟部》),读作"敬"。

个问题决定着古人认识世界的起点,同时也决定着王道的始基所在。整个生活世界和政治世界,乃至整个物质世界均是以五行为基础的。而这很可能是"五行"被列为第一畴的根本原因。据箕子所闻,鲧被舜"殛(极)死"的主要理由是"鲧陻(堙)洪水,汩陈其五行"。"汩陈其五行",即杂乱地陈列五行。而什么叫作杂乱地陈列五行呢? 可能的解释是,鲧没有很好地研究五行之性就草率地以土木之物来堵塞大洪水,结果酿成重大灾害,造成了不堪的后果,"九载绩用弗成"(《尧典》)。从五行自身来看,此即所谓鲧"汩陈其五行"。关于这一点,《夏书·甘誓》也有反映。据《甘誓》,夏启攻伐有扈氏的一个重要理由即因为"有扈氏威侮五行"。据王引之说,"威"即"威"之形讹,"威"同"蔑"。"蔑侮"即轻慢之义①。"蔑侮五行"即轻慢五行,其意与"汩陈其五行"相通。不管怎样,"五行"的重要性在当时是毋庸置疑的。《洪范》既然说"汩陈其五行"是导致上帝"不畀洪范九畴"的根本原因,那么由此可以推知,上天之所以"锡禹洪范九畴",乃是大禹采取了疏导的方法来平治水土(参见《尚书·尧典》《尚书·禹贡》《尚书·吕刑》)②。"平治水土"亦可以称之为"平治五行"。能否"平治水土"(与"汩陈五行"相对),这是鲧、禹能否成为天子后的决定因素。总之,《洪范》将"五行"作为初一畴,在笔者看来,其理由是非常充分的。

---

① 参见〔清〕王引之《经义述闻》卷3,南京:江苏古籍出版社,2000年,第79~80页。

② 一般认为,鲧采取"堙塞"而禹采取"疏导"的方法来治理洪水。顾颉刚、童书业则反对此说而别出新见。他们认为,禹所用的治水方法其实和鲧没有什么不同,"满是'堙'和'塞'",又说:"禹用息土填塞洪水,遂造成了名山,这便是所谓'敷土'、'平水土'和'甸山'。"又说:"洪水是鲧禹用息土填平的,九州是鲧禹放置的。"遂将二人的事迹和功绩完全等同起来。参见顾颉刚、童书业《鲧禹的传说》,吕思勉、童书业编著《古史辨》第7册(下),上海:上海古籍出版社,1982年,第147~161页。裘锡圭信其说,依据顾、童二氏的解释,认为豳公盨铭文的"尃(敷)土"是指"以息壤堙填洪水"之意,而"堕山"是削平高山的意思。参见裘锡圭《豳公盨铭文考释》,《中国历史文物》2002年第6期。今按,顾、童二氏的新说不可信,而裘氏对豳公盨铭文"尃土堕山"的训读也未必是正确的。笔者之所以如此下判断,有两点原因。其一,顾、童二氏对于"堙塞"和"疏导"的方法缺乏辩证的理解,其实在治理洪水的过程中,这两种方法常常是缺一不可的。后世特因鲧以"堙塞"而禹以"疏导"为主,故来标识父子二人治水方法的不同。其二,为了颠覆旧说和证成新解,顾、童二氏在行文中故意刊落和矫揉了许多材料,对一些关键文献作了颇为大胆的歪曲解释。如一书同时载有禹采用"堙""疏"两种方法治水,而此二氏则仅取"堙"字说之。又如,他们往往轻视儒家经传的材料,却笃信《山海经》《墨子》《天问》《淮南子》等书的记载,在逻辑上认为只有它们才包含着鲧禹治水的所谓"本相"。再如,顾、童二氏及裘锡圭并无多少根据即将关键词"敷土"径直解释为用息壤填塞洪水,而罔顾故训。其实,豳公盨铭文已自明言:"天命禹尃(敷)土,堕山,濬(浚)川。""浚",深挖而疏通之;"浚川",即疏通河川之意。"浚川"已完全表明了在作者的心目中大禹是以"疏通"之法来治理洪水的。总之,顾、童二氏的新说不可信,而裘氏的肯定则只能算作盲从。

再看皇极畴。"皇极"被安排在第五畴,它主要讲君工必须以中道("极")建立天子之位。而这个"中"的原则,恰与中数"五"相配。在一至九这九个数字中,"五"居中而为中数。以居中的数字"五"来表现"中"的原则,这既是作者有意而为的结果,也是古人以"数"表达客观实在的一种普遍观念与做法。商周之际,"尚中"的观念已经形成。关于洪范的畴数,我们还可以追问:为何箕子以"九畴"之数为度,而不采用"八畴"或"十畴"呢?在《洪范》中,第二畴与第八畴的内容密切相关,它们确实可以合并为一畴,如此洪范则为八畴矣。相反,第三畴"八政"(食、货、祀,司空、司徒、司寇、宾、师)可以离析为两畴,如此洪范则为十畴矣。但是,问题正在于:为何箕子的洪范不以"八畴"或"十畴"为度呢?推想开来,这很可能是因为"八""十"均为偶数,无法由其中构造出一个单一的中数畴来。而"九畴"之数则包含着中数"五"。这样,以"五"作为中数,以"皇极"为中数畴,就与皇极中道的观念完全相匹配了。进一步,还需要追问一个问题:为何《洪范》选定数字"五"而不是数字"四"(相应地洪范为七畴)或"六"(相应地洪范为十一畴)来表示中数畴呢?据笔者的理解,这个问题当与殷人"尚五"的观念有关,此可以参看庞朴、饶宗颐、宋镇豪、张秉权四人各自的文章①。据笔者的统计,在今文《尚书》二十八篇中,"五"字一共出现 88 次,并大量出现以"五"开头的词汇或术语,这是一个非常有力的旁证。

总之,"洪范九畴"理论是关于天子("王")如何有效地统治天下,达到"彝伦攸叙"之目的的政治哲学,在性质上与"革命"理论大殊。该理论是王权和受命的象征。而且,畴序本身具有特别的含义,其内容与畴序的搭配也是经过精心安排的。其中,"初一""次五""次九"与"五行""皇极""五福六极"的搭配最为重要,清晰地展现了箕子对于王道秩序的内在把握和理解。

---

① 庞朴说:"从以上这些五方、五臣、五火的诸五中,我们不仅依次看到了殷人尚五的习惯,而且还能看到一个隐约的体系,那就是以五方为基础的五的体系:五臣是五方之臣,五火是五方之火;而五方本身,则不再属于其他,它是帝。这种以方位为基础的五的体系,正是五行说的原始。"饶宗颐说:"龟甲上记若干卜,自第一卜至第五卜而止,通例大抵如此。何以龟卜以'五'为极限,这是有它的道理的。"宋镇豪说:"武丁时盛行龟卜,常一次卜用五龟,至廪辛康丁武乙文武丁时骨卜盛行,常卜用三骨。"张秉权说,在殷代甚至之前,已产生"用'三'或'五'数来表达'极多'或'全体'的观念。"(庞朴:《阴阳五行探源》,《中国社会科学》1984 年第 3 期;饶宗颐:《殷代易卦及有关占卜诸问题》,《文史》1983 年第 20 辑,北京:中华书局,1983 年,第 10~11 页;宋镇豪:《殷代习卜和有关占卜制度的研究》,《中国史研究》1987 年第 4 期;张秉权:《甲骨文中所见的"数"》,《"中央研究院"历史语言研究所集刊》第 46 本第 3 分册,台北:维新书局,1975 年,第 379、382 页。

二、五行的性质和五行的序次

"洪范九畴"象征着天命和王权。九畴以王治为中心,构筑了一个有序的思想整体。这一思想整体包含了统治的主体、要素、方法和目的等内容,其中第一畴"五行"和第五畴"皇极"是其中最为重要的两畴。

1. 何谓五行与五行的性质

何谓五行?《洪范》曰:

> 五行:一曰水,二曰火,三曰木,四曰金,五曰土。水曰润下,火曰炎上,木曰曲直,金曰从革,土爰稼穑。润下作咸,炎上作苦,曲直作酸,从革作辛,稼穑作甘。

就何谓五行和其自身是否具备一定的次序这两个问题,学者作了长期的讨论。

先看第一个问题。从名实来看,《洪范》的"五行"无疑指水、火、木、金、土五者;至于其性质,孔颖达曾从"体性"(体)和"气味"(用)出发,认为"五行"也可称之为"五材"。孔《疏》曰:"言五者性异而味别,各为人之用。《书传》云:'水火者,百姓之所饮食也;金木者,百姓之所兴作也;土者,万物之所资生也。'是为人用五行,即五材也。襄二十七年《左传》云:'天生五材,民并用之。'言五者各有才干也。谓之'行'者,若在天,则五气流行;在地,世所行用也。"①应当说,孔颖达的论述是比较符合《尚书·洪范》原意的,与《左传·襄公二十七年》宋大夫子罕曰"天生五材,民并用之"同义②。由此推断,殷末周初的五行说当为五材说。今天看来,这属于从实用的角度来判断"五行"的性质。不过,其中还存在一个疑问,即为何当时人们不将水、火、木、金、土五者直接称为"五材",而一定要称之为"五行"呢? 对此问题,孔颖达也有一个说法。他认为这两个同实异名的概念有"在天"与"在地"之不同:"在地"即称之为"五材","在天"则称之为"五行"——"谓之'行'者,若在天,则五气流行。"这是训"行"为"流行","五行"就是指水气、火气、木气、金气、土

---

① 〔唐〕孔颖达疏:《尚书注疏》卷 12,〔清〕阮元校刻:《十三经注疏》第 1 册,北京:中华书局,2009 年,第 399 页。

② 《左传》昭公十一年:"(晋大夫叔向对韩宣子曰)且譬之如天其有五材而将用之。"同书昭公二十五年:"(郑大夫大叔对赵简子曰)吉也闻诸先大夫子产曰:夫礼……则天之明,因地之性,生其六气,用其五行。气为五味,发为五色,章为五声。"

气之流行。流行,故能生物。这种解释,显然将周朝初期的"五行"看作宇宙论哲学的基本观念。对此,当代学者基本上不赞成[1],很难说"五行"在那时已经成为气化宇宙论的概念。其实,在笔者看来,"行"应当训为"施用""施行"[2],"五行"即五种可以施用、施行的基本材质。这种解释与《左传》的"五材"说是吻合的。

　　另外,由于水、火、木、金、土五者在古人的思想世界中非常重要,设想此五行有所谓职官(主要掌握其施用)分守之,这是可能的。《左传》所记晋太史蔡墨的一段话即为证明。《左传》昭公二十九年曰:"(蔡墨对魏献子曰)故有五行之官,是谓五官。实列受氏姓,封为上公,祀为贵神。社稷五祀,是尊是奉。木正曰句芒,火正曰祝融,金正曰蓐收,水正曰玄冥,土正曰后土。"同书昭公三十二年曰:"(晋史墨对赵简子曰)天有三辰,地有五行。"又,《国语·鲁语上》曰:"(鲁大夫展禽曰)及天之三辰,民所以瞻仰也;及地之五行,所以生殖也。及九州名山川泽,所以出财用也。非是不在祀典。"后两条文献互勘,可证蔡墨所谓"五行"即所谓"五材"(五种基本的材质),不过它们是"所以生殖"者,而不是直接的"出财用"者。需要指出,"所以生殖"的说法,与史伯"和实生物"(《国语·郑语》)的命题在思想上是相似的。

　　2. 五行本身的序次及其含意

　　再看五行本身是否具有序次的问题。这个问题,与五行思维方式的形成问题密切相关。一般认为,从西周末期至春秋时期,五行学说经历了两个重大的发展阶段。第一个是在西周末年,史伯提出了"和实生物"(《国语·郑语》)的命题。所谓"和实生物",指"先王以土与金木水火杂,以成百物"[3]。在这个"和实生物"的命题中,土行无疑居于中心。这种思想虽然还很难说是宇宙生成论式的,但是它注重生成,注重器物的新创,并以"以土与金木水火杂"作为基本规则,这至少表明西周末期的五行说已经发展到了一个较高的阶段。同时,我们还注意到,若将"土"行插入"金木水火"中间,那么"金木土水火"五行正呈现出所谓相克之序。第二个是在春秋中后期,五行说发展出相生相克

<hr>

①　参见梁启超《阴阳五行说之来历》,顾颉刚编著:《古史辨》第5册,上海:上海古籍出版社,1982年,第343~362页;顾颉刚《五德终始说下的政治和历史》,顾颉刚编著:《古史辨》第5册,上海:上海古籍出版社,1982年,第404~617页;徐复观《阴阳五行及其有关文献的研究》,《徐复观全集:中国思想史论集续篇》,北京:九州出版社,2014年,第1~71页。

②　《周易》经文"勿用",王引之说"无所施行也"。参见〔清〕王引之《经义述闻》卷1,南京:江苏古籍出版社,2000年,第3页。本字,刘起釪训为"用"。参见刘起釪《五行原始意义及其分歧蜕变大要》,刘起釪《尚书研究要论》,济南:齐鲁书社,2007年,第351页。

③　徐元诰:《国语集解》,北京:中华书局,2002年,第470页。

说。相生说约产生于僖公时期(前 659—前 627)[1],而相克说的产生时间与之相近。《左传·文公七年》曰:"(晋大夫郤缺言于赵宣子曰)水、火、金、木、土、谷,谓之六府。"其中的五行,即按照相克次序排列。春秋后期,相克说被广泛应用到占星术的解释当中。

现在,回头看殷末周初五行本身是否暗中包含着某种次序的问题。《洪范》曰:"五行:一曰水,二曰火,三曰木,四曰金,五曰土。"从表面来看,这属于通过"以数记言"的方式对五行予以条理化和数序化的方法[2];但是,从深层次来看,这是否说明五行在当时已具备如此匹配和确定不易的次序呢? 这是一个目前难以回答的问题,不过可以确定,"水""土"二行与"一""五"的搭配在西周乃至周初期已经形成了。在此,笔者可以提供三点论证。第一,《尚书·禹贡》说"禹敷土,随山刊木,奠高山大川",《尚书·尧典》曰:"(舜曰)禹,汝平水土,惟时懋哉!"[3]《尚书·吕刑》曰:"禹平水土,主名山川。"此外,《国语·周语上》记伯阳父在评论"三川皆震"时,也非常强调水土的意义[4]。这些文献都说明上古时期人们已经深刻地意识到了水土对民族兴亡的重要性,因此重视水土二行,乃古人应当早已具备的基本常识。《洪范》以水、土分居五行次序之首尾,而序以"一""五"二数,从数序和位置上突出了此二行的重要性,这是何其巧妙的安排。第二,《洪范》五行虽然没有生克之意,但是我们看到,在郤缺的"六府"(水、火、金、木、土、谷)说中[5],水土二行继续保留在一、五的次序上。而"六府"其实源自《尚书·禹贡》篇。这说明《洪范》五行的次序已经在当时成了一种传统,是不得随意更改的。与"水、火、金、木、土"的次序相对,在战国后期,邹衍提出了五行相胜的德运说,作"土、木、

---

[1]　参见王引之《春秋名字解诂》"秦白丙字乙"条,〔清〕王引之:《经义述闻》卷 24,南京:江苏古籍出版社,2000 年,第 558 页。

[2]　语出阮元《揅经室三集》卷 2《数说》篇。《数说》云:"古人简策繁重,以口耳相传者多,以目相传者少,是以有韵有文之言,行之始远。不第此也,且以数记言,使百官万民易诵易记,《洪范》《周官》尤其最著者也。《论语》二十篇,名之曰'语',即所谓'论难曰语',语非文矣。然语虽非文,而以数记言者,如一言、三省、三友、三乐、三戒、三畏、三愆、三疾、三变、四教、绝四、四恶、五美、六言、六蔽、九思之类,则亦皆口授耳受心记之古法也。"(〔清〕阮元:《揅经室集》,邓经元点校,北京:中华书局,1993 年,第 606~607 页)

[3]　《国语·郑语》:"夏禹能单(殚)平水土,以品处庶类者也。"《左传》僖公二十四年"君子曰"引《夏书》曰"地平天成"称赞禹功。《左传》文公十八年:"(季文子使大史克对曰)舜臣尧,举八恺,使主后土,以揆百事,莫不时序,地平天成。"这一条将"地平天成"之功归之于舜,其原因在于其时禹为臣而舜为君。

[4]　《国语·周语上》:"(伯阳父曰)夫水,土演而民用也。土无所演,民乏财用,不亡何待?"

[5]　《左传》文公七年:"(晋郤缺言于赵宣子曰)六府、三事,谓之九功。水、火、金、木、土、谷,谓之六府;正德、利用、厚生,谓之三事。"

金、火、水",将郤缺的相克次序正好颠倒过来①,以满足改朝换代之合理性论证的需要。这种改变是相克对于相生之序的改变,是有意的。这进而说明在邹衍之前,"相生之序"的概念很可能已经建立起来了。第三,"和实生物"的命题虽然是由史伯概括出来的,但其实它有更早的渊源。当史伯以"先王以土与金木水火杂,以成百物"来阐释"和实生物"的命题时,其中就包含了这样的五行观:"土"为五行的中心,其他四行因之以相杂,继而能够生物和成物;相应地,如果将"土"移于"金木水火"的中间,那么金、木、土、水、火正为相克的次序。由此,我们看到五行相克之序其实有更早的来源。简言之,从箕子到史伯,从史伯到郤缺,从郤缺到邹衍,人们一直在思考和深化五行的序次及其哲学含义。此外,"天锡禹洪范九畴"的目的也是为了生物和成物,给予此世界以秩序("彝伦攸叙"),而五行之序为其中的一个关键。如何叙陈五行(与"汩陈五行"相对),答案可以是给予它们以"数"的规范,即以一、二、三、四、五分别表示水、火、木、金、土之序。而这五个数字也因此成为五行的象征,即"一"表示水,"二"表示"火","三"表示木,"四"表示"金","五"表示"土"。

　　总之,《洪范》五行确实存在一定的次序,尽管这个次序是潜在的。其中,水一、土五的数序及其数字的象征化("五"代表土、"一"代表水)很可能在周朝初期已经存在。而且,其他三行(火、木、金)最可能的情况是在西周已经完成了其数序化和象征化。在象征化的基础上,"五行"一旦与五方四时相结合,就形成了所谓五行生数图式;再重之以六、七、八、九、十,就形成了所谓五行生成数图式。而这两个图式,经汉至宋,逐步演变为所谓《河图》《洛书》②,并随之产生了后世所谓的图书之学。

---

① 为了区别郤缺与邹衍之说,本文约定郤缺的水、火、金、木、土次序为相克说,邹衍的土、木、金、火、水次序为相胜说。王应麟《困学纪闻》:"五行,《大禹谟》以相克为次,《洪范》以生数为次。五德,邹衍以相胜为义,刘向以相生为义。"(〔宋〕王应麟:《困学纪闻》卷2,〔清〕阎若璩、何焯、全祖望注,栾保群、田松青校点,上海:上海古籍出版社,2008年,第182页)其实,春秋至战国时期,"相克"与"相胜"两个概念并无此严格的区别。

② 最早明确按照五行生成数方位排列的图式,见于《易传·系辞》。《系辞上》曰:"天数五,地数五,五位相得而各有合。天数二十有五,地数三十,凡天地之数五十有五,此所以成变化而行鬼神也。"所谓"天地之数五十有五",即《系辞上》曰:"天一,地二,天三,地四,天五,地六,天七,地八,天九,地十。"五行思维图式发展的另一条线索是,通过类联法则,与五色、五声、五嗅、五味、五脏、五体、五常等关联起来,并应用生克说来解释它们之间的关系。文献见于《管子·四时、五行》《吕览·十二纪》《礼记·月令》《淮南子·时则》诸篇,相关思想后被西汉后期的纬书所吸收和改造。

三、"皇极"解诂及其思想内涵

1. "皇极"解诂及其争论
皇极畴为洪范九畴的第五畴。《洪范》曰:

> 皇极:皇建其有极。敛时五福,用敷锡厥庶民,惟时厥庶民于汝极,锡汝保极。凡厥庶民,无(毋)有淫朋;人无(毋)有比德,惟皇作极。凡厥庶民,有猷有为有守,汝则念之。不协于极,不罹于咎,皇则受之。而康而色,曰:'予攸(修)好德。'汝则锡之福。时人斯其惟皇之极。无(毋)虐茕独而畏高明,人之有能有为,使羞其行,而邦其昌。凡厥正(政)人,既富方谷,汝弗能使有好于而家,时人斯其辜。于其无好[1],汝虽锡之福,其作汝用咎。无平无陂<颇>[2],遵王之义(仪);无有作好,遵王之道;无有作恶,遵王之路;无偏无党,王道荡荡;无党无偏,王道平<采>平<采>;无反无侧,王道正直。会其有极,归其有极。曰:皇极之敷言,是彝是训,于帝其训。凡厥庶民,极之敷言,是训是行,以近天子之光。曰:天子作民父母,以为天下王。

首先,"皇极"作为畴名,含义重大,学界向来有争议。南宋时期,由于事关"国是","皇极"是何意的问题曾在以王淮为首的官僚集团和以朱熹为代表的理学集团之间产生了激烈的争论。概括起来说,王淮利用"大中"的故训而将"含容姑息、善恶不分"塞入"皇极"的内涵之中[3],为高宗以来"安静"的大政方针服务。朱子一反"大中"的故训,认为"皇"应当训"君"、训"王",而"极"应当训"至"或"至极的标准",批评那种"误认'中'为含胡苟且、不分善恶之意"(《皇极辨》)的意见。从思想史的角度来看,朱子的《皇极辨》十分重要[4],是"皇极"训诂及其含义在近世的转折点。关于这场围绕"皇极"的"国是"

---

[1] "好"下,原有"德"字,王引之认为它是衍文。参见〔清〕王引之《经义述闻》卷3,南京:江苏古籍出版社,2000年,第87页。

[2] 经文本作"颇",唐玄宗改为"陂",故今本致误。《释文》云:"旧本作'颇'。"《熹平石经》亦作"颇"。(〔清〕孙星衍:《尚书今古文注疏》卷12,陈抗、盛冬铃点校,北京:中华书局,1986年,第305页)

[3] "含容姑息、善恶不分",是李心传对王淮"皇极"说的评论,参见〔宋〕李心传编《道命录》卷7下,上海:商务印书馆,1937年,第84页。

[4] 朱子的《皇极辨》有初本和后本之别,《晦庵先生朱文公文集》卷72的本子属于后本。参见朱杰人、严佐之、刘永翔主编《朱子全书(修订本)》第24册,上海:上海古籍出版社;合肥:安徽教育出版社,2010年,第3453~3457页。

争论,可以参看余英时和吴震的论述①;至于朱子《皇极辨》的思想要点及其价值,则可以参看陈来的专文②。不过,这场历史的纠葛及朱子的《皇极辨》是否真正厘清了《尚书·洪范》"皇极"的本意,这是一个需要认真对待和重新检讨的问题。

"皇极"为何意,这首先需要从"皇极"的训诂入手。先看"极"字。伪孔《传》和孔《疏》训"极"为"中",这是故训,代表一般意见。与此同时,"极"也可训为"至",训为"标准"或"准则"义。朱子和蔡沈即采用此训,他们二人特别强调此训与"中"的区别。而这种区别与南宋官僚集团主张"安静"和理学集团主张"恢复"的对立是相应的。抛开历史的纠葛,其实"极"训"中"和训"标准"是相通的,后者不过是对于前者的引申罢了。《说文·木部》:"极,栋也。"又同部:"栋,极也。"二字互为转注。"栋"即屋中的正梁。由此引申,"极"有"中"义。《广雅·释言》:"极,中也。"进一步,"极"有"至"义,有"标准"义。至于"皇极"之"极"应当训为何义,这既要求之故训,更要验之于先秦文献。在此,笔者认为,"极"还是应当训为"中",只不过它包含着"至",进而包含着"标准"或"准则"之义。我们不应像朱子那样以"至""至极的标准"为此"极"字本义。再看"皇"字。伪孔《传》和孔《疏》均训"皇"为"大",而朱子和蔡沈则明确反对,改训为"君"或"王"。在这两训之中到底哪一个是正确的? 笔者认为训为"君"或"王"是正确的。最后看"皇极"一词。伪孔《传》曰:"皇,大;极,中也。凡立事,当用大中之道。"孔颖达《疏》曰:"皇,大,《释诂》文。极之为中,常训也。凡所立事,王者所行,皆是无得过与不及,常用大中之道也。"③朱子、蔡沈不同。朱子《皇极辨》曰:"盖皇者,君之称也;极者,至极之义,标准之名,常在屋之中央,而四外望之以取正焉者也。故以极为在中之准的则可,而便训极为中则不可。"④朱子又说:"盖皇者,君之称也。……'极'虽有'中'底意思,但不可便以为'中',只训得'至'字。"⑤蔡沈曰:"皇,君也。……极,犹北极之极,至极之义,标准之名,中立而四方之所取正焉者也。"⑥此后,元明学者或从伪孔《传》,

---

① 余英时:《朱熹的历史世界——宋代士大夫政治文化的研究》,北京:生活·读书·新知三联书店,2004 年,第 808~853 页;吴震:《宋代政治思想史上的"皇极"解释——以朱熹〈皇极辨〉为中心》,《复旦大学学报(社会科学版)》2012 年第 6 期。

② 陈来:《"一破千古之惑"——朱子对〈洪范〉皇极说的解释》,《北京大学学报(哲学社会科学版)》2013 年第 2 期。

③ 〔唐〕孔颖达疏:《尚书注疏》卷 12,〔清〕阮元校刻《十三经注疏》第 1 册,北京:中华书局,2009 年,第 398 页。

④ 〔宋〕朱熹:《晦庵先生朱文公文集》卷 72,《朱子全书》第 24 册,上海:上海古籍出版社,2010 年,第 3454 页。

⑤ 〔宋〕黎靖德编:《朱子语类》卷 79,王星贤点校,北京:中华书局,1994 年,第 2049 页。

⑥ 〔宋〕蔡沈:《书经集传》卷 4,《四书五经》(上),宋元人注,北京:中国书店,1985 年,第 75 页。

或从朱、蔡。其实,这两种训解均见之于汉人。汉人训"皇"为"大",见于《汉书·五行志》注引应劭曰:"皇,大;极,中也。"①《汉书·孔光传》引《书》"建用皇极",并解释曰"大中之道不立"。与此相对,汉人亦训"皇"为"君王",其例一见于《尚书大传·洪范五行传》,引经作"建用王极",郑玄《注》曰:"王极,或皆为皇极。"②再见于《汉书》卷27下之上《五行志》,曰:"'皇之不极,是谓不建。'皇,君也;极,中;建,立也。"清人孙星衍和皮锡瑞赞成这一训解。孙星衍曰:"是皇极为君道之中,皇建有极,为君立其中也。"③皮锡瑞曰:"盖皇、王声近,义皆训大,故今文家或作'王',或作'皇',或训君,或训大。……皇与王虽可通用,而义则当从《五行志》训君。盖王之不极、皇之不极必训为君而后可通,若训为大之不中,则不辞甚矣。"④总之,"皇极"有二解,一训为"大中",一训为"君立其中"或"君君其准则"。其差别首先落实在"皇"字,其次在"极"字。不过,因历史的纠葛,南宋时期的训解差异主要落实在"极"字。

从宋至清,"皇"训为"君王",这是主流意见,笔者赞成这一训解。不过在当代,仍然有一些学者坚持所谓"大中"的训解⑤。这是不对的,需要再作辩驳。先看"皇"字的古文字写法:⑥

　　皇皇令簋　皇作册大鼎　皇颂鼎　皇王孙钟

　　皇栾书缶　皇3·914　皇铁云25:2　皇瓦簋5:23

《说文·王部》:"皇,大也。从自,自,始也。"其实"皇"不从"自",本意也非"大"。《古文字诂林》编者说:"皇字本义,学者据金文考之,有王冠说、日光说、生字讹变说等。今以陶文皇字皇、皇、皇诸形验之,以王冠说近于事实。《礼记·王制》郑《注》:'皇,冕属。'即其本义。从自、大之皇,乃其讹变。"⑦这就是说,"皇"的本意是王冠。而"王冠"可指代"王",故"皇"有"王"义。由此引申,方有"大"义。从《洪范》皇极畴的本文来看,"皇极"之"皇"字无疑应当训为"王"。这

① 〔汉〕班固:《汉书》卷二十七,〔唐〕颜师古注,北京:中华书局,1962年,第1317页。

② 〔汉〕伏胜:《尚书大传》卷2,郑玄注,王闿运辅注,上海:商务印书馆,1937年,第63页。

③ 〔清〕孙星衍:《尚书今古文注疏》卷12,陈抗、盛冬铃点校,北京:中华书局,1986年,第303页。

④ 〔清〕皮锡瑞:《今文尚书考证》卷11,陈抗、盛冬铃点校,北京:中华书局,1989年,第244页。

⑤ 参见方东美《中国哲学精神及其发展(上)》,孙智燊译,北京:中华书局,2012年,第44页;方东美《原始儒家道家哲学》,北京:中华书局,2012年,第52页;刘节《洪范疏证》,顾颉刚编著:《古史辨》第5册,上海:上海古籍出版社,1982年,第399~401页。

⑥ 下列字形,参见古文字诂林编纂委员会编《古文字诂林》第1册,上海:上海教育出版社,1999年,第224页。

⑦ 古文字诂林编纂委员会编:《古文字诂林》第1册,上海:上海教育出版社,1999年,第224~225页。《汉语大字典(第2版)》(武汉:崇文书局;成都:四川辞书出版社,2010年)编者也同此说,参见该书第2832页。

不仅因为汉人"皇极"有作"王极"之训①,而且从语法来看,也只能如此训解。皮锡瑞说:"盖王之不极、皇之不极必训为君而后可通,若训为大之不中,则不辞甚矣。"其实皮氏的说法,朱子早有相近的批评:"今人将'皇极'字作'大中'解了,都不是。'皇建其有极',不成是大建其有中? '时人斯其惟皇之极',不成是时人斯其惟大之中? 皇,须是君;极,须是人君建一个表仪于上。"②这就是说,在朱子、皮锡瑞看来,"皇之不极""皇建其有极"和"时人斯其惟皇之极"中的"皇"字都应当训为"王";如果将"皇"训为"大",这三句的文意就变得很不通顺了。

为了进一步辨明相关问题,现将《洪范》与"皇极"相关的六条文本列如下:

> (1) 次五曰建用皇极。
> (2) 皇极:皇建其有极。
> (3) 凡厥庶民,无有淫朋,人无有比德,惟皇作极。
> (4) 不协于极,不罹于咎,皇则受之。
> (5) 时人斯其惟皇之极。
> (6) 皇极之敷言,是彝是训,于帝其训。

在总叙中,除五行畴外,《洪范》在叙述其他八畴时均在前边加上动词,如叙述本畴即作"建用皇极"。不过,在分释部分,《洪范》则只保留畴名,而省去了前面的动词,如本畴即删去了"建用"二字。由此就"皇极:皇建其有极"一句来看,很明显"皇建其有极"是用来解释"皇极"二字的。而其中的"建"字与"建用皇极"的"建"字所带的宾语不同。这就是说,"皇极"其实是由"皇建其有极"一句省略而来的。这是我们分析"皇极"语义的基础。进一步,在"皇建其有极"("皇极")一句中,"皇"是主语,"建"是谓语,"其"指代"皇",在句中作兼语。若训"皇"为"大",那么对于这句,我们真的会产生朱子那样的诘问——"不成是大建其有中?"而下句"时人斯其惟皇之极",若解作"时人斯其惟大之中",那么它就更不成话语了。"惟皇之极"的否定句是"皇之不极",若训"皇"为"大",后一句即为"大之不中",也确实如皮锡瑞所说,这是很不通顺的。

总之,《洪范》的所有"皇"字都应当训"王"(或"君王")。而"皇"训为

---

① "皇极之敷言",《史记·宋微子世家》"皇"作"王"。
② 〔宋〕黎靖德编:《朱子语类》卷七十九,王星贤点校,北京:中华书局,1994 年,第 2046 页。

"王",在《诗》《书》故训上例子多见,可参看《故训汇纂》①。而刘节所谓"在春秋战国以前,'皇'决无训'王',训'君'之说"的说法,肯定是不能成立的②。"皇极"的"极"字,首先应当训"中",然后言其包含着"至极"之义。而朱子以"极至"为首训,为第一义,在笔者看来,这不是很恰当和准确的。一者,汉人故训并无将此"极"字解为"至"者;二者,从《洪范》本文来看,"极"训"中"最得其义;三者,根据《尚书》和出土先秦文献,上古十分重视"中"的观念,出现了"立中""设中"等词,与"建极"的说法非常相近,并且在那时"至"尚未成为概念。简言之,"皇极"就是说天子以中道建立王位,进而以平治天下。或者说,天子建立王位应具备不偏不倚的标准,而这个标准即是所谓中道。

2. 皇极与中道

既然"皇极"是讲王应以中道建立王位,那么"中"在本章中无疑是一个核心观念。甲金文均有"中"字,例如:③

"中"字从 从 ,本意像建中之旗,或建旗于 中④。在卜辞中,除用作本意,"中"还有左右之中、方位之中及内外之中等用法。另外,卜辞有"立中"(续四·四·五)一辞,与《洪范》"建极"相近。或者说,"建极"即所谓"立中"。不过,这个"中"不是在其本意上来使用的,而是从王者建立"王"自身的标准来说的,"中"即不偏不倚的"标准"。从《尚书》来看,"中"确实是王道的重要内涵。在《尚书·禹贡》篇中,禹以"中"为标准来裁断各州之田、贡、赋的等次。在《尚书·盘庚》篇中,商王盘庚训告殷民:"汝分猷念以相从,各设中于乃心。""设",建也,立也。在此,"中"是以商王的名义建立的,它不仅是王治应当遵循的标准,而且也是臣民应当遵循的准则。《洪范》所谓"皇极",正与《尚书·盘庚》篇"各设中于乃心"具有前后的继承关系。此外,《尚书·酒诰》云"作稽中德",而《吕刑》以"中"作为断狱用刑的基本原则,皆可见在殷周时期它是非常流行而重要的概念。从出土材料来看也是如此。懿王时期的《牧簋》云:"王曰:牧,汝毋敢勿帅先王作明型用,乃讯庶右毋敢不明不中不型,乃敷政事,毋敢不尹其不中不型。"所谓"不中不型",即以"中"为法式、楷模。在清华简《保训》

① 参见宗福邦、陈世铙、萧海波主编《故训汇纂》,北京:商务印书馆,2003 年,第 1525 页。

② 刘节:《洪范疏证》,顾颉刚编著《古史辨》第 5 册,上海:上海古籍出版社,1982 年,第 401 页。

③ 下列字形,见古文字诂林编纂委员会编纂《古文字诂林》第 1 册,上海:上海教育出版社,1999 年,第 322~323 页。

④ 参见赵诚编著《甲骨文简明词典——卜辞分类读本》,北京:中华书局,1988 年,第 74、219、271 页;古文字诂林编纂委员会编纂《古文字诂林》第 1 册,上海:上海教育出版社,1999 年,第 325~326、327~329 页;于省吾主编《甲骨文字诂林》第 4 册,北京:中华书局,1996 年,第 2935~2937 页。

中,"中"字出现了四次[①],学者讨论颇多,笔者认为它应当与《尚书·盘庚》《尚书·吕刑》的"中"观念是一致的,是古人重视"中"观念的反映。

3. 皇极的思想内涵

我们来看皇极畴的具体内涵。在笔者看来,本畴包括六个思想要点。第一,"皇建其有极",就是说,天子自己应当建立其应有的准则("中"),强调了立王的应然之则和君主的权威性。第二,要考察庶民的言行。关于此点,情况有些复杂,但归根结底要看庶民是否遵行"皇极"和能否"保极"。如果他们做到了,那么君王就有责任赐之以"五福";否则,威用六极。第三,百姓("人",百官)应当"惟皇作极",以王为"中"(标准),而不应该朋比结党、偏邪自私。在实践过程中,对于他们,君王既要做到酌情裁量,也要做到宽严适当。第四,对于位高禄重的"正(政)人"(执政官),如果不能使其"有好于而家",那么应当据其罪过予以严惩。与普通百姓(百官)相较,天子对于"正(政)人"的提防与惩处要严肃和严重得多。第五,宣扬王道的崇高和优越。相对于庶民、人、正人而言,《洪范》认为皇极是不偏不邪的绝对准则,即所谓中道。"中道"是政治活动应当遵循的基本原则,《洪范》所谓"会其有极,归其有极"是也。箕子在肯定"皇极"是常法、常则的同时,还将其看作上帝所命之物。除帝天外,"皇极"是世间至高无上的准则,而"王"的地位显然不容他人僭越。第六,作为庶民,其义务是顺从"皇极"以趋近天子的威光;相应地,天子有责任、有义务"作民父母",尽心尽力地去养育和保护他们,如此才可以为"天下王"。

总之,皇极畴是从王对臣民如何统治及建立至中不易的政治准则出发的。无疑它高扬了王权,肯定了"王"是建极的主体,在政治生活中具有至高无上的权威性。同时,"皇极"这一概念也要求王承担作为最高统治者的政治责任,并担负"作民父母"的义务。这些思想,后来都得到了儒家的大力继承和弘扬。而朱子在《皇极辨》及语录中特将"皇极"阐释为人君通过修身以建立可以效法、推崇的至极标准("立德"),这虽然符合宋代理学的思维倾向,但是并不符合这一概念的古义和本意。

四、结　语

以五行畴和皇极畴为代表的《洪范》篇的政治哲学有何内涵? 通过上文的研究和论述,笔者认为,其中有五点是值得我们高度重视的。

[①]　参见李学勤主编《清华大学藏战国竹简(壹)》,上海:中西书局,2010年,第143页。

第一，洪范九畴既是治理天下的大法，也是王权和受命的象征。洪范九畴是商朝人统治天下数百年之政治经验和思想的高度概括与总结，涉及国家政治生活的最基本方面，对后世的中国王朝政治产生了深远的影响，而彼时所谓"王道"的内容即具体见于此。这一理论体系的主旨是为了阐明如何平治（有效地统治）天下，对于彝伦是"攸斁"还是"攸叙"的问题起着根本作用。这一理论体系与"革命"理论在目的上颇不相同，"革命"理论是为了论证改朝换代的合理性，由周人提出来的。不仅如此，洪范九畴还是王权和受命的象征，这在鲧禹是否受命的问题上就非常直接地表现出来了。

第二，《洪范》通过"数"的哲学观念而将九畴预先作了次序上的安排，由此突出了"五行""皇极"和"五福六极"三畴的地位及其重要性。这种序次的安排，确立了中国古代君王治理天下和建立稳固秩序的基本框架。"初一曰五行"，水、火、木、金、土乃五种材用之物，在洪范九畴的王道世界中处于最基本的层面。"次五曰建用皇极"，在九域（天下）之中，"王"（"天子"）无疑应当居于王道政治的中心；而皇极居于第五畴，与中数"五"正相匹配，其寓意不言而喻。此外，五元的思维方式增加了初一和次五两畴的重要性，强化了《洪范》治理世界的政治架构。从洪范九畴自身来看，各畴的内容多由五元组成，五行、五事、五官（见"八政"）、五纪、稽疑、庶征和五福诸畴都是如此，这说明五元的思维方式已深入《洪范》的基本结构之中。在这种思维方式中，"初一"和"次五"的位置最为重要，前者具有初始义，后者具有总摄义。进一步，"次五"又较"初一"的次序更为重要，而这与殷人很早即建立了"尚五"的观念是完全一致的。

第三，"五行"即水、火、木、金、土五种可以施用或施行的基本材质（所谓"五材"）；不过，这五种基本材质通常是作为"所以生殖"者而不是作为"出财用"者来理解的。这一点，在西周后期至春秋前期被逐步阐明出来。"所以生殖"的说法，正与史伯"和实生物"（《国语·郑语》）的命题在思想上是相似的。同时，反观《洪范》的五行自身，也存在着一定的次序，尽管这个次序是潜在的。其中，水一、土五的数序及其数字的象征化（"五"代表土、"一"代表水）很可能在周朝初期已经存在了。而其他三行（火、木、金）也很可能在西周已经完成了其数序化和象征化。通过数序化和象征化，五行成为君王掌握世界的根本思维法则。

第四，在训诂上，"皇极"二字均为争论的焦点。以伪孔《传》和孔《疏》为代表，南宋以前"皇极"一般训为"大中"；以朱子为代表，南宋之后"皇极"常常被说为"人君修身以立至极的标准"。需要指出，汉人已训"皇"为"君"，但"极"字一律训"中"。今天，从《洪范》"皇极"章的本文来看，"皇"确实应当训"王"或"君王";将"皇"训为"大"是不对的。"极"字,无论从《洪范》本章的内容还是从同时代的相关文献来看,都应当训为"中",只不过此"中"暗中包含"准则"或"标准"之义。那种对"中"作"含胡苟且、不分善恶"(调和折中)的政治实用主义的解释,乃是对皇极中道的曲解。所谓"皇极",即君王以中道建立其位之意。而朱子虽然不排斥"极"有"中"之义,但是他以"至极的标准"为第一义,这在笔者看来乃是颠倒了此"极"字可训为"中""至"二义的先后关系。对于"皇极",朱子进而以君主修身而立一个至极的标准(楷模)来作解释,则未免堕入自家的理学路数,因而很难说它即《洪范》"皇极"的本意。

第五,王权的建立和实施都应当遵循"中道"的原则,这是皇极畴的中心内容。由此而言,"皇极"即为所谓"中道"。从《洪范》来看,"皇极"包含着两条非常重要的内涵。一者,要确保政治标准("极")的建立和实行,所谓"会其有极,归其有极"是也,在其中"皇"("王"或"君")本身即是一种"极",居于政治统治的核心。二者,民本的思想,即所谓"天子作民父母,以为天下王"是也。政治准则或规矩很重要,从天子到臣下、百姓都应当遵守,这是不言而喻的。民本思想,则是中国儒家政治哲学的基本内涵。《洪范》"作民父母"和《尚书·康诰》的"若保赤子"同意,都属于中国传统政治哲学的经典说法。它们后来都被儒家所继承和发挥,《孟子》和《大学》就有非常直接而深入的反映。

总之,《洪范》篇的政治哲学思想,特别是五行畴和皇极畴所包含的政治哲学思想值得高度重视。这二畴也是汉宋《洪范》学的焦点,它们有助于我们对于历代尚书学的梳理和理解。同时,需要指出,以两宋之际为界,北宋以前更加重视五行畴,而南宋以后,则更加重视皇极畴。理学家一般都重视发挥皇极大义,其中朱子在南宋王朝政治的影响下对二畴作了批判性的新解释。

(丁四新:清华大学哲学系教授)

下 篇

儒家文化的创新

儒家经典与社会主义核心价值观

韩 星

在培育和践行社会主义核心价值观的过程中,我们必然会遇到一个重要问题:社会主义核心价值观与中华传统文化,尤其是与中华传统文化的主体儒学是什么样的关系? 中华传统文化具有以儒为主,道佛辅助,诸子百家附翼的基本结构。其核心价值体系是以儒家核心价值观为内核,体现中华文化核心价值体系的根本性质和基本特征。而儒家核心价值观主要蕴藏在儒家经典之中。儒家核心价值观在传统上被称为"道",其核心价值体系被称为"道统"。道统指儒家圣人之道发展演变的系统,它包括对中国社会和中国文化的发祥和发展做出重大贡献的中华民族的伟人、先哲和儒家圣贤如伏羲、神农、黄帝、尧、舜、禹、汤、文、武、周公、孔子、孟子、荀子、董仲舒、王充、韩愈、程颢、程颐、朱熹、陆九渊、王阳明等所承传之道及道的精神、传道的统绪。广义的中华道统包含了儒家的道统学说,以之为主导;狭义的儒家道统居中华道统思想的主导地位,并决定其发展方向。① 近代以来,中华文化面临着前所未有的西方文化全面挑战,经历了历史上最深刻、最广泛的一次全方位的危机。主体性丧失,道统失落,政统断裂,特别是五四运动和新文化运动割断了几千年历史文化传统,纲常堕毁,礼崩乐坏,学绝道丧,中国走上了西化的道路。如钱穆所说:"辛亥革命,民国创建,政统变于上,而道统亦变于下。民初即有新文化运动,以批孔反孔,打倒孔家店为号召。孔家店中之伙计,即本文所谓社会下层之士。自此以下,社会有民无士。上无君,下无士,此则庶及可谓之全盘西化矣。"② 今天我们需要重建道统,这是从儒学复兴的角度来看;如果从社会现实看,当代中国价值观的构建要以儒学为基本源泉。本文通过对儒家之道、道统的历史的

---

① 蔡方鹿:《中国道统思想发展史》,成都:四川人民出版社,2003年,第2页。
② 钱穆:《国史新论》,北京:生活·读书·新知三联书店,2012年,第174~175页。

回顾,来梳理一下儒家经典与社会主义核心价值观的关系,为今天培育和践行社会主义核心价值观提供儒家经典的思想资源。

一、儒家经典与学统

"经典"一词古已有之,《汉书·孙宝传》载:"尚犹有不相说,著于经典,两不相损。"陆德明著《经典释文》,所说的"经典"包括儒家的主要"经",也包括《老子》和《庄子》。在中国古代文化中,儒家、墨家、道家、法家、医家及其他诸杂家,都有它们的经典。儒家先有"六经",后来有"四书",再后来发展到"十三经"。除此,道家的《老子》《庄子》,墨家的《墨子》,兵家的《孙子兵法》,法家的《韩非子》,佛家的《心经》《金刚经》《坛经》,医家的《黄帝内经》,史家的《史记》都属于经典著作。西方的《荷马史诗》《新旧约全书》《莎士比亚戏剧集》等,这些是西方的经典。印度、伊斯兰教国家也有各自的经典。可以说,每一个文化民族都有它的经典。这是广义的经典。在中国文化史上,自汉武帝"罢黜百家,独尊儒术"之后,一般知识分子所称的经典是就儒家《诗经》《尚书》等重要典籍而言的。这就是狭义的或专称意义的经典。这是由于秦汉以后儒家成为中国文化的主流,儒家典籍成为中国文化的代表性经典而产生的。

孔子把自己当时所能够见到的古代典籍进行了整理,形成了《诗》《书》《礼》《易》《乐》《春秋》"六经"。孙子的学术旨趣是"述而不作",即对古典文献只是整理而不是创作,但在整理过程中他也表达自己的思想观点,"述中有作",开创了后来注经的学术传统。孔子开创的这一传统对日后中国经典的诠释产生了重要影响。在一定意义上,"述而不作"成为中国经典诠释的基本形式特征。换言之,孔子之后,通过"传先王(贤)之旧"而传述和创作成为中国经典诠释的基本形态。经学就是由一代代学人对为数极少的几本经书不断加以传注、诠释而形成的。而传注、诠释的基本形态就是"述而不作"。孔子对六经的诠释在中国学术思想上是最典型的且具有开创性的。《庄子·逍遥游》引老子的话说:"幸矣,子之不遇治世之君也! 夫六经,先王之陈迹也,岂其所以迹哉! 今子之所言,犹迹也。夫迹,履之所出,而迹岂履哉! "是说所谓儒家六经,就是先王之陈迹,是先王嘉言懿行之档案记录,是夏、商、周三代文明的精华。正如章学诚所认为的那样,六经原本只是有关政教的历史和事迹,是先王的政典制度,是治国安天下的大纲大法。这些记录虽是珍贵的文献资料,却使人只知其然,而不知其所以然。孔子之治六经,就是使人们明白其所以然,通过新的"诠释"发明先王之大义,表述一己之思想。这不仅使孔子赢得了极高的名声,而且有助于中国古典文献保存和流传,既为后世儒家提供了丰富的智慧资源,也为中华文明的发展与繁荣做出了划时代的贡献。关于孔子整理古代文献的意义,清代皮锡瑞在《经学历史》中有高度的赞扬:"读孔子所作之经,当知孔子作六经之旨。孔子有帝王之德而无帝王之位,晚年知道之不行,退而删定六经,以教万世。其微言大义实可为万世之准则。后之为人君者,必遵孔子之教,乃足以治一国;所谓'循之则治,违之则乱。'后之为士大夫者,亦必遵孔子之教,乃足以治一身;所谓'君子修之吉,小人悖之凶。'此万世之公言,非一人之私论也。孔子之教何在?即在所作六经之内。故孔子为万世师表,六经即万世教科书。"①意指孔子挖掘了六经深层的文化蕴涵,构建了自己"一而贯之"的思想体系。

儒经为什么成为中国文化的代表性经典?孔子经过整理发掘了这些典籍的思想蕴涵,同时用它们来教育学生,全面地继承了上古以来的传统文化。从这个意义上,可以说儒学代表了中国文化的正统。正因为如此,儒经被看成古代圣人的精心制作,是安身立命、治理国家和规范天下的大经大法。如班固在《汉书·儒林传》中就说:"古之儒者,博学乎《六艺》之文。《六艺》者,王教之典籍,先圣所以明天道,正人伦,致至治之成法也。"强调了儒经的来历及其政治教化功能,显示了儒经神圣化的一面。今人熊十力也说:"夫儒学之为正统也,不自汉定一尊而始然。儒学以孔子为宗师,孔子哲学之根本大典,首推《易传》。而《易》则远绍羲皇。《诗》《书》执礼,皆所雅言,《论语》识之。《春秋》因鲁史而立义,孟子称之。《中庸》云仲尼祖述尧、舜,宪章文、武。孟子言孔子集尧、舜以来之大成。此皆实录。古代圣帝明王立身行己之至德要道,与其平治天下之大经大法,孔子皆融会贯穿之,以造成伟大之学派。孔子自言'好古敏求',又曰'述而不作',曰'温故知新'。盖其所承接者既远且大,其所吸取者既厚且深。故其手定六经,悉因旧籍,而寓以一己之新意。名述而实创。是故儒学渊源,本远自历代圣明。而儒学完成,则又确始于孔子。但孔子既远承圣帝明王之精神遗产,则亦可于儒学而甄明中华民族之特性。何以故?以儒学思想为中夏累世圣明无间传来,非偶然发生故。由此可见儒学在中国思想界,元居正统地位,不自汉始。"②这就非常清楚地论证了儒经作为中国文化正统的历史原因,孔子所继承的是远古至他所处时代圣王的精神遗产,吸收了深厚的营养,开创了儒家的学统。由此对儒家经典的诠释和普及形成了经学传统,从西汉武帝开始,儒家的经学便成为官方意识形态,并逐渐成为主流的文化形态。历史上,皇权以经学作为统治的思想来源,社会以经学作为秩序的价

---

① 〔清〕皮锡瑞:《经学历史》,周予同注释,北京:中华书局,2008年,第1~2页。

② 　熊十力:《读经示要》卷二,《熊十力全集》第三卷,武汉:湖北教育出版社,2001年,第747~748页。

值准则。历代的官方版刻经籍、社会启蒙读本、民间乡约村规，在思想观念上都与儒家经学有密切的关系。由于社会发展的广泛需要，经过历代学者的不断诠释，儒经成为中国文化的代表性经典，经学不断丰富，以至于成为学术的主流。因此，儒经的地位是中国文化自身发展的必然，不是像有人说的是汉代以后统治者提倡的结果。

比较而言，诸子百家毕竟是《六经》之支与流裔"，《汉书·艺文志·诸子略》这样评述："诸子十家，其可观者九家而已。皆起于王道既微，诸侯力政，时君世主，好恶殊方。是以九家之术，蜂出并作，各引一端，崇其所善，以此驰说，取合诸侯。……今异家者各推所长，穷知究虑，以明其指。虽有蔽短，合其要归，亦六经之支与流裔。"而"儒家者流，……游文于六艺之中，留意于仁义之际。祖述尧、舜，宪章文、武，宗师仲尼，以重其言，于道最为高"。显然，可以说，儒家与诸子的关系是以儒家为源，以诸子为流，以儒家为体，以诸子为用，以儒家为本，以诸子为末。从这个意义上，我们可以说，儒家经典是中国文化的源头和根本，经学是中国文化的核心价值体系。

二、儒家经典与核心价值

儒经所表达和传承的内容无疑是非常丰富的，但其核心是什么？"经"本来是指编织的竖线。《说文·系部》："经，织从（纵）丝也。从糸，巠声。"段玉裁注："织之从（纵）丝谓之'经'，必先有经而后有纬，是故三纲、五常、六艺谓之天地常经。"徐灏笺："盖织以经为主而后纬加之，经者所以织也，经，其常也。戴氏侗曰：凡为布帛，必先经而后纬，故'经始、经营、经常'之义生焉。"《左传·襄公二十一年》："著诚去伪，礼之经也。"孔颖达疏："'经'训'常'也，'法'也。"《孟子·尽心下》："君子反经而已矣。"朱熹注："经，常也，万世不易之常道也。"《白虎通·五经篇》云："经所以有五何？经，常也。有五常之道，故曰'五经'。"王国维说："经者，常也，谓可为后世常法者也。"[1]熊十力在《读经示要》第一讲开宗明义即说："经者常道也。夫常道者，包天地，通古今，无时而不然也，无地而可易也。以其恒常，不可变改，故曰常道。夫此之所宗，而彼无是理，则非常道。经之道不如是也。古之传说，而今可遮拨，则非常道，经之道不如是也。戴东原曰：'经之至者道也'，此语却是。"[2]所谓"经是常道"，一方面是

---

①　王国维：《经学概论·总论》，《王国维文集》第四卷，姚淦铭、王燕编，北京：中国文史出版社，1997年，第88页。

②　熊十力：《读经示要》卷一，《熊十力全集》第三卷，武汉：湖北教育出版社，2001年，第569页。

说经中包含了某些永恒、普遍的核心价值，有超越时空的意义，另一方面也是说经是可以被不断诠释、不断丰富的，所以它是"常道"。由于"经"在传统中有"常道""常理"的含义，"经"所呈现出来的是文字，它所承载的则是"道"。读经、诵经、注经、研经，最终的目的是为了理解和把握小至百姓日用大至宇宙天地的道理。正因为如此，对儒经的诠释、研究和普及都要把握经典的"道"以作为最高的追求，即《汉书·艺文志》所说的儒者"于道为最高"。

　　说到"道"，在中国思想史上这个观念由来已久，贯穿于整个中国思想发展的始终。春秋战国诸子几乎都对"道"有过阐发。老子道家自不待说，孔子儒家之"道"是什么含义？是怎么来的呢？孔子生长在一个礼崩乐坏、天下无道的时代，他对道有了自觉的意识，这就是通过对礼乐文化的历史反思来"悟道"的，所体悟出来的是历史之道、人文之道。孔子对春秋时代的社会有一个基本的判断："天下有道，则礼乐征伐自天子出；天下无道，则礼乐征伐自诸侯出。……天下有道，则庶人不议。"（《论语·季氏》）这段话显然是孔子考察了历史和现实而得出的结论，是站在道的高度为社会做的评判。要复兴礼乐，他认为不能光讲礼乐本身，还要追溯礼乐背后的"道"——用今天的话说，道相当于历史规律、文化精神、社会理想、政治理念等。"道"的失落意味着文化价值理想的失落和价值标准的失范，或言核心价值的失落。是儒者的文化良知促使孔子走到了历史的前沿，立志改变"道之不行"的现状，重新恢复"天下有道"的局面。孔子苦心孤诣要找回的"道"，就是指儒家孜孜以求的古者先王之道，是尧舜禹汤文武周公一脉相承的文化传统。它代表着儒家文化的价值理想和最高典范。孔子的"道"自然是承继春秋以来中国文化由天道转到人道这一历史趋势而进一步探讨的，其传统资源主要是礼乐文化，其价值指向基本上是人文精神，其最后的归宿大体上是社会政治秩序的重建。[①]这就使他的"道"具有了更为广泛、深刻的历史文化意蕴。

　　在阐述孔子诠释"六经"的宗旨时，《白虎通·五经》云："孔子所以定五经者何？以为孔子居周之末世，王道陵迟，礼乐废坏，强陵弱，众暴寡，天子不敢诛，方伯不敢伐，闵道德之不行，故周流应聘，冀行其道德。自卫反鲁，自知不用，故追定五经，以行其道。"孔子自卫反鲁之后，自知王道不行，遂通过师儒传习的方式明道、存道、守道。后世儒者深契孔子整理六经之意，强调经以载道，以经见道，特别重视经典所蕴含的道。汉儒视儒经为古代圣人的精意制作，是安身立命、治理国家和规范天下的大经大法。如翼奉在《奏封事》中说："臣闻之于师曰，天地设位，悬日月，布星辰，分阴阳，定四时，列五行，以视圣人，名之

---

① 　韩星：《孔学述论》，西安：陕西师范大学出版社，2008 年，第 1~2 页。

曰道。圣人见道,然后知王治之象,故画州土,建君臣,立律历,陈成败,以视贤者,名之曰经。贤者见经,然后知人道之务,则《诗》《书》《易》《春秋》《礼》、《乐》是也。《易》有阴阳,《诗》有五际,《春秋》有灾异,皆列终始,推得失,考天心,以言王道之安危。"①是说天地以"道"视圣人,圣人见"道"作"经",以"经"视贤者;贤者见经而知人道之务,以言王道之安危。这样,圣贤通过经典代天宣化,经典当然就体现了天道,具有神圣性。历史上,周公"制礼作乐",从而使礼制得以完善,所以孔子特别推崇周礼。在《论语》中,孔子屡屡称赞周代的礼乐文化:"周监于二代,郁郁乎文哉! 吾从周。"(《论语·八佾》)"周之德,其可谓至德也已矣。"(《论语·泰伯》)孔子对周礼的制定者周公更是钦佩有加,以至于连做梦也想着他:"甚矣吾衰也! 久矣吾不复梦见周公! "(《论语·述而》)《论语·子罕》载孔子言:"文王既没,文不在兹乎? 天之将丧斯文也,后死者不得与于斯文也;天之未丧斯文也,匡人其如予何? "对于孔子此处所说之文,朱熹《论语集注·子罕》说:"道之显者谓之文,盖礼乐制度之谓也,不曰道而曰文,亦谦辞也。"后来又强调:"三代圣贤文章,皆从此心写出,文便是道。"(《朱子语类》卷一三九)戴震说:"周道衰,舜、禹、汤、文、武、周公致治之法,焕乎有文章者,弃为陈迹。孔子既不得位,不能垂诸制度礼乐,是以为之正本溯源,使人于千百世治乱之故,制度礼乐因革之宜,如持权衡以御轻重,如规矩准绳之于方圜平直。"(《孟子字义疏证·序》)梁漱溟说:"中国数千年风教文化之所由形成,周孔之力最大。举周公来代表他以前那些人物,举孔子来代表他以后那些人物,故说'周孔教化'。周公及其所代表者,多半贡献在具体创造上,如礼乐制度之制作等。孔子则似是于昔贤制作,大有所悟,从而推阐其理以教人。道理之创发,自是更根本之贡献,启迪后人于无穷。所以在后两千多年的影响上说,孔子又远大过周公。"②牟宗三说:"周公之制礼是随军事之扩张、政治之运用,而创发形下之形式。此种创造是广度之外被,是现实之组织。而孔子之创造,则是就现实之组织而为深度之上升。此不是周公的'据事制范',而是'摄事归心'。是以非广被之现实之文,而是反身而上提之形上的仁义之理。……现实的周文以及前此圣王之用心及累积,一经孔子勘破,乃统体是道。是以孔子之点醒乃是形式之涌现,典型之成立。孔子以前,此典型隐而不彰;孔子以后,只是此典型之继体。"③可见,孔子正是通过礼乐文化的反思达到对"道"的自觉,开创了儒家之道统和学统。

①　〔汉〕班固:《汉书》卷七十五,〔唐〕颜师古注,北京:中华书局,1962 年,第 3172 页。
②　梁漱溟:《中国文化要义》,上海:学林出版社,1987 年,第 102 页。
③　牟宗三:《历史哲学》,桂林:广西师范大学出版社,2007 年,第 88 页。

孔子观殷夏所损益,追迹三代之礼,删定《六艺》,仁体礼用,仁智双彰,"尽人道之极致,立人伦之型范。"[①]孔子不但是他之前两千五百年历史文化积累的集大成者,守成者,也是上古三代历史文化的反省者,还是其下两千五百年历史文化演进的开新者。虽然孔子未有道统之言,但他谓天之历数尧、舜、禹递相传授,亦实启发了孟子的道统思想。上古三代圣圣相传之道,因孔子而点醒,而显彰,而守而不失,绵绵常存[②]。因此,我们应该理解当年朱熹的话:"此道更前绍圣贤,其说始备。自尧、舜以下,若不生孔子,后人去何处讨分晓?"(《朱子语类》卷九十三)"天不生仲尼,万古长如夜。"(《朱子语类》卷九十三)这些说法并不是夸大其辞,而是深刻的见解,充分阐明了孔子是儒家道统谱系中承前启后的中心人物。也许正是朱熹对道统的深刻把握,他才第一次将"道"与"统"合在一起提出了"道统"的概念。他曾说过:"子贡虽未得道统,然其所知,似亦不在今人之后。"(《与陆子静·六》,《朱文公文集》卷三十六)"《中庸》何为而作也? 子思子忧道学失其传而作也。盖自上古圣神继天立极,而道统之传有自来矣。"(《四书集注·中庸章句序》)朱熹虽然最早将"道"与"统"合在一起讲"道统",但道统之说的创造人却并非朱熹,而是唐代的儒家学者韩愈。韩愈明确提出儒家有一个始终一贯的有异于佛老的"道"。他说:"斯吾所谓道也,非向所谓老与佛之道也。"(《原道》)韩愈所说的儒者之道,即是"博爱之谓仁,行而宜之之谓义,由是而之焉之谓道,足乎己无待于外之谓德。仁与义为定名,道与德为虚位。"(《原道》)按照韩愈的意思,"道"就是指作为儒家思想核心的"仁义道德"。这已经不是历史之道,而是哲学之道。千百年来,传承儒家此道者有一个历史的发展过程。这个过程就是"尧以是传之舜,舜以是传之禹,禹以是传之汤,汤以是传之文武周公,文武周公传之孔子,孔子传之孟轲。轲之死,不得其传焉"。(《原道》)一般认为,韩愈这个传承系列可能受到了佛教"法统"之说的影响。自韩愈提出道统说,朱熹提出道统的概念,历来解说道统者都从"道"与"统"两个方面来理解道统。以今天的学术话语来说,前者是哲学的,后者是历史的。而中国哲学又来源于中国历史,是中国历史的升华和提炼,并与中国历史紧密地结合在一体,它与西方哲学与历史的相对独立发展形成了鲜明的对比。儒家经典所体现的道统按今天的话说就是所谓的核心价值体系。核心价值本是一个舶来品,据初步文献搜索,该提法曾出现于 1994 年美国学者柯林斯和波拉斯出版的专著《基业长青》。该书作者认为,核心价值是指一个组织的最基本和最持久的信念,具有内在性,

---

① 牟宗三:《历史哲学》,桂林:广西师范大学出版社,2007 年,第 83 页。

② 罗义俊:《中国道统:孔子的传统——儒家道统观发微》,《鹅湖》2005 年第 1 期。

被组织内的成员所看重,独立于环境、竞争要求和管理时尚。核心价值就是组织拥有的区别于其他组织的、不可替代的、最基本最持久的那部分组织特质,是组织赖以生存和发展的根本原因,是一个组织 DNA 中最核心的部分。保持核心价值和核心使命不变,同时又使经营目标、战略与行动适应变化的环境,是企业不断自我革新并取得长期优秀业绩的原因。随着企业文化、组织文化研究的广泛开展,对企业核心价值、地区核心价值、民族核心价值、国家核心价值的研究也越来越多。现在,我们是在更广泛的意义上使用这个概念的。任何社会都有一定的价值理念、价值标准和价值指向。社会的核心价值,是指能够体现社会主体成员的根本利益、反映社会主体成员的价值诉求、对社会变革与发展起维系和推动作用的思想观念、道德标准和价值取向。核心价值是一定社会的性质、本质和发展趋向的集中体现。核心价值在意识形态各个层面的具体展开,即形成社会核心价值体系,是一个国家、社会得以存在和发展的灵魂。

三、儒经与社会主义核心价值观的关系

习近平总书记在 2014 年 2 月 24 日中共中央政治局第十三次集体学习时的讲话中指出:

> 培育和弘扬社会主义核心价值观必须立足中华优秀传统文化。牢固的核心价值观,都有其固有的根本。抛弃传统、丢掉根本,就等于割断了自己的精神命脉。博大精深的中华优秀传统文化是我们在世界文化激荡中站稳脚跟的根基。中华文化源远流长,积淀着中华民族最深层的精神追求,代表着中华民族独特的精神标识,为中华民族生生不息、发展壮大提供了丰厚滋养。中华传统美德是中华文化精髓,蕴含着丰富的思想道德资源。不忘本来才能开辟未来,善于继承才能更好创新。对历史文化特别是先人传承下来的价值理念和道德规范,要坚持古为今用、推陈出新,有鉴别地加以对待,有扬弃地予以继承,努力用中华民族创造的一切精神财富来以文化人、以文育人。
>
> 要讲清楚中华优秀传统文化的历史渊源、发展脉络、基本走向,讲清楚中华文化的独特创造、价值理念、鲜明特色,增强文化自信和价值观自信。要认真汲取中华优秀传统文化的思想精华和道德精髓,大力弘扬以爱国主义为核心的民族精神和以改革创新为核心的时代精神,深入挖掘和阐发中华优秀传统文化讲仁爱、重民本、守诚信、崇正义、尚和合、求大同的时代价值,使中华优秀传统文化成为涵养社会主义核心价值观的重

要源泉。要处理好继承和创造性发展的关系，重点做好创造性转化和创新性发展。

这就说明中华优秀传统文化是社会主义核心价值观固有根本，是涵养社会主义核心价值观的重要源泉。今天，我们要讲清楚这个根本才能增强文化自信和价值观自信，从这个源泉里汲取思想精华和道德精髓，才能做好创造性转化和创新性发展。因此，我们可以概括地说，优秀的传统文化与社会主义核心价值观是"源"和"流"的关系，"不忘本来才能开辟未来，善于继承才能更好创新"，社会主义核心价值体系的形成应该在"继往"的前提下"开来"。

党的十八大报告首次以 24 个字凝练地概括了社会主义核心价值观："倡导富强、民主、文明、和谐，倡导自由、平等、公正、法治，倡导爱国、敬业、诚信、友善，积极培育和践行社会主义核心价值观。"这 24 个字其实是 12 个价值观，其中有的是儒家价值观的全部继承，有的是部分继承。下面本文将结合儒家经典做以分析。

富强。根据学者统计，儒家十三经中没有"富强"这个词①，但不能说儒家没有富强观。儒家富强观与法家不同，儒家富强观的基本主张是藏富于民。《孔子家语·贤君》载鲁哀公向孔子请教为政方略，孔子说："政之急者，莫大乎使民富且寿也。"《论语·颜渊》载孔子的学生有若在回答鲁哀公如何解决国用不足的问题时，便主张将赋税减半。他告诫鲁君说："百姓足，君孰于不足？百姓不足，君孰于足？"即把充裕人民的物质财富视为实现治国安民的基本原则。《论语·尧曰》载开说："因民之所利而利之。"即实行宽惠的经济政策，允许人民牟利取财。孔子认为君主治理国家首先应该富民、惠民，给人民好处，在人民能得利益之处而使他们得利。百姓是国家的根本，只有百姓富足了，国家才能富强。荀悦《申鉴·政体》说："足寒伤心，民寒伤国。"意思是脚底受寒，容易伤及心脏，民众困穷，容易动摇国本。习近平总书记在 2015 年 10 月 16 日《携手消除贫困　促进共同发展——在 2015 减贫与发展高层论坛的主旨演讲》中就引用了这句话表达因 11 亿人脱贫而深受鼓舞，也为 8 亿多人仍然在挨饿而深为担忧的忧乐情怀。在富强的基础上儒家非常重视社会教化，这就是孔子提出的"富而教之"。《论语·子路》载："子适卫，冉有仆。子曰：'庶矣哉。'冉有曰：'既庶矣，又何加焉？'曰：'富之。'曰：'既富矣，又何加焉？'曰：'教之。'"《孟子·梁惠王上》说："养生丧死无憾，王道之始也"，把"富民"是"王道之始"，所以孟子主张发展生产和减轻赋税，"易其田畴，薄其税敛，民可使富也"。（《孟

---

① 邓新文：《儒家富强观试析》，《杭州师范大学学报（社会科学版）》2013 年第 1 期。

子·尽心上》)

民主。"民主"一词出自《尚书·咸有一德》:"后非民罔使,民非后罔事。无自广以狭人,匹夫匹妇,不获自尽,民主罔与成厥功。"这里的"民主"是指人主、天子。中国古代没有现代意义上的民主,但民本思想历史悠久,内容丰富,实质上是以民为社会、国家的价值主体,是传统文化优秀的核心价值观。如《尚书·五子之歌》中就有"民为邦本,本固邦宁"。这是史书中最早记载人民是立国之根本的思想。这是说,人民是构成国家政治的基础,只有基础坚固,国家的安宁才有保障。《尚书·泰誓》还说:"民之所欲,天必从之","天视自我民视,天听自我民听。",这是说人民的愿望,上天一定会满足的,上天的看法其实就是人民的看法,上天的听闻意见其实就是人民的听闻意见。孔子提出重民、利民、富民的主张,把"养民也惠""使民也义""使民以时""使民如承大祭""博施与民而能济众"等,作为一个仁人君子之道并要求统治者遵守。同时还要求统治者应当以身作则,正己正人,为老百姓树立道德榜样,"修己以安百姓"。(《论语·宪问》)孟子则在此基础上认为治理国家应当以民为本。在他看来,人民、社稷、君主三者之间的关系应当是:"民为贵,社稷次之,君为轻。"(《孟子·尽心下》)道理很简单,只有获得人民的拥护,国家政权才会具有稳固的根基;国家政权有了稳固的根基,君主的位子才会坐得稳。荀子认为"天生民而立君,以为民也"(《荀子·大略》),在这里,"天"和"君"的存在是为民服务的,是以民为目的的。荀子的关于"君舟民水""水可载舟,亦可覆舟"的著名比喻,恰当地把君主与民众之间的关系比作船与水的关系,集中地反映了其民本思想。当然,由于历史局限性,儒家的民本思想不得已与君主制结合在一起,即便如此,也潜含着从民本走向民主的种子,是今天中国走向民主政治的可贵资源。

文明。"文明"一词在儒家经典中有"人文""文德""文教"等意思,与"文化"的意思差不多。《周易·乾卦·文言》:"见龙在田,天下文明。"孔颖达疏:"天下有文章而光明也。"指有文字、典籍以来的文明进步状态。《周易·贲卦·彖辞》:"文明以止,人文也。"孔颖达疏:"用此文明之道,裁止于人,是人之文德之教。"中国文明是世界上古老的文明,也是世界上持续时间最长的文明,又称为"华夏文明":《左传·定公十年》载孔子说:"裔不谋夏,夷不乱华。"孔颖达注曰:"夏也。中国有礼仪之大故称夏,有服章之美谓之华。华,夏一也。"而"华夏文明"也就是"中国文明"。"中国"一词最早指天下的"中心"——黄河流域黄河中下游的中原河洛地带,而中国以外称为四夷。后来,"中国"的含义不断扩大。中国之所以称为"中国"主要包括诗书礼乐、衣食住行两方面的内涵,后者是物质生活,前者是精神生活。《战国策·赵策》说:"中国者,聪明睿知之所居也,万物财用之所聚也,贤圣之所教也,仁义之所施也,诗书礼乐之所用也,异敏技艺之所试也,远方之所观赴也,蛮夷之所义行也。"这可以理解为"中国"的精神文明内涵。《礼记·王制》说:"中国戎夷,五方之民,皆有性也,不可推移。东方曰夷,被发文身,有不火食者矣。南方曰蛮,雕题交趾,有不火食者矣。西方曰戎,被发衣皮,有不粒食者矣。北方曰狄,衣羽毛穴居,有不粒食者矣。中国、夷、蛮、戎、狄,皆有安居、和味、宜服、利用、备器。"这可以理解为"中国"的物质文明内涵。可见,中华文明很早就有了包含精神文明和物质文明的完整、全面的"文明"含义,华夏、中国与文明就是同义词。今天我们的社会主义文明当然首先要继承几千年的传统,在确立我们的文化传统主体的基础上吸收消化外来文明,同时以自己的文化传统为主体来参与世界多元文明的融合。

和谐。儒家经典中的和谐思想内容非常丰富,集中体现在四个方面,即:天地人(宇宙)的整体和谐,人与社会关系的和谐,人与人关系的和谐,人与自身(内在精神世界)关系的和谐。儒家认为天地生了人和万物,人与天地并立为三,在天地间具有特殊的地位,与其他万物比较起来人最为尊贵,人可以参天地之化育。孟子很有名的一句话:"天时不如地利,地利不如人和。"(《孟子·公孙丑下》)荀子说:"天有其时,地有其财,人有其治,夫是之谓能参。"(《荀子·天论》)天、地、人各有所长,但是人的所长就是能够参与天地万物的发展变化。董仲舒说:"天生之,地养之,人成之。天生之以孝悌,地养之以衣食,人成之以礼乐,三者相为手足,合以成体,不可一无也。"(《春秋繁露·立元神》)即天地人是一个相互联系、共生共养、和谐一体的生命系统。在人与社会关系的问题上,儒家既不是个人本位,也不是社会本位,而是在这二者之间走中道。儒家文化提倡"群己合一",群己即个人与社会的和谐。在人与人的关系方面儒家强调以"和为贵","仇必和而解"(张载《正蒙·太和》),主张对待矛盾冲突中要以"和"来化解,正确处理人与人之间的各种复杂关系,进而促进整个社会的和谐。在人自身和谐方面儒家主要强调身心和谐。《易传·文言》说:"君子黄中通理,正位居体,美在其中,畅于四肢,发于事业",从身心一体的角度来谈君子修之于内而发之于外,内圣外王,和谐美好的人格境界。《孟子·尽心上》一方面说"尽其心者,知其性也。知其性,则知天矣。存其心,养其性,所以事天也",赋予心下学上达的知性、知天功能;另一方面又说"形色,天性也。惟圣人然后可以践形",认为心能有诸内而形诸外。"君子所性,仁义礼智根于心。其生色也,睟然见于面,盎于背,施于四体,四体不言而喻。"(《孟子·尽心上》)表现了一种身心合一、内外一体的崇高生命气象。

自由。中国古代虽然没有现代意义上的自由,但不能说没有自由。中国古代的自由是一个中性词,指一种摆脱或超越了社会习俗、礼仪规范或正式制度的个人自在自得的存在状态或随情任性的行为方式。道家是中国古代自由的代表,庄子的《逍遥游》等名篇为"自由"奠定了思想基础。相比较而言,中国古代"自由"一词主要是从否定意义上来理解和定位的。儒家的自由是一种中道自由,儒家提倡中正平和,不要走极端,注重伦理秩序,但也不乏自主人格和自由精神,如孔子的"随心所欲不逾矩"就是儒家自由的最高境界。孔子到了70岁以后,不管外在的际遇如何变化,他的心态平和而坦然下来,常常静静地体会着天人之间的真谛,终于,"道"充盈于他的心灵与身体,他与道完全合而为一。他发出感叹:如今我从心所欲不逾矩!因为道不远人,道不离器,道即矩,矩即道,这个时候孔子从心所欲(内)合于大道,发之于外就是规矩、礼法(外),这样合内外之道,完成了圣人人格。"不逾矩"不是说不逾越现实既定的法度,而是说顺心而为,合于大道,自然就是法度。孔子摆脱了肉体生命的局限,从而进入致广大、尽精微、通神明的圣人境界。这一境界就是孔子通过下学上达以至天人合一的最高境界。这也就是孔子超凡入圣,即身成道,即内而外的超越型道路。当今中国的自由诉求主要在制度层面,随着中国社会的不断进步,会逐步实现现代意义上的自由,实现人的全面而自由发展。

平等。很多人说中国古代是专制社会、封建等级社会,没有平等。这是表面的看法,中国古代社会是一个讲究礼法的亲疏远近、尊卑贵贱的等级社会,但这种等级是在承认人的自然差别情况下的合理合情的等差,在大、小传统中均不乏平等的思想主张和要求,如儒家在承认人有天然差别的前提下主张人格平等,这特别体现在孔子以"忠恕"为核心规范的仁学思想中,"忠恕违道不远,施诸己而不愿,亦勿施于人""己所不欲,勿施于人""己欲立而立人,己欲达而达人"。"忠恕之道"是在把他人视为与自己在人格上平等的前提下将心比心,推己及人,在它后面隐含着一种"人格平等"精神。儒家之所以要求视人如己,平等看待,又是与儒学恻隐之心、仁者爱人的价值核心分不开的。这一点,孔子的"仁者爱人"与孟子"恻隐为仁之端"的思想就是清楚的说明。

公正。儒家经典《尚书·洪范》讲王道:"无有作好,遵王之道;无有作恶,遵王之路。无偏无党,王道荡荡;无党无偏,王道平平;无反无侧,王道正直",其核心理念就是公正。孔子解释政治:"政者,正也"(《论语·颜渊》),政治应该建立于公正、中正的基础上。"公正"可以分解为公平和正义。公平是"一碗水端平""不偏袒"的意思。《大学》提出修身齐家治国平天下,其中的最高理想"平天下",就包含了公平的意思,孔子更明确地说:"丘也闻有国有家者,不患寡而患不均,不患贫而患不安。盖均无贫,和无寡,安无倾。"(《论语·季氏篇》)孔子认为:治国的道理不在于国家所占有的土地和人民的多寡,而在于国内的财富是否平均,是否公平合理;不在于国家是否富足,而在于他的人民是否安宁,社会是否有序、祥和。"正义"在传统语境中是公道正直、正确合理的意思。近几年研究儒家古典正义论的学者多集中在对"义"字的解读上，其实儒家思想是丰富的意义体系形成的复杂结构，古典正义论的价值基础是"仁"，"仁"落实在政治上就"正"，而要"正"则须"中"，由"中"才能实现"和"。因此我们提出人道为大，仁道为本是儒家古典正义论的价值基础，人道政为大，政者正也是儒家古典正义论的核心内涵，中正无偏、由中致和是儒家古典正义论的实践途径。①

法治。在先秦法家形成以后中国社会强调法治，但完全否定了儒家的德礼之治，走向极端。孔子挖掘古代王道政治的思想资源，提出了"道之以政，齐之以刑，民免而无耻；道之以德，齐之以礼，有耻且格"的治道体系。朱熹《论语集注》云："愚谓政者，为治之具。刑者，辅治之法。德、礼则所以出治之本，而德又礼之本也。此其相为终始，虽不可以偏废，然政刑能使民远罪而已，德礼之效，则有以使民日迁善而不自知。故治民者不可徒恃其末，又当深探其本也。"认为"刑""政"是实现"治"的辅助方式，而"德""礼"则是实现"治"的根本，而"德"又是根本的根本。所以，在中国古代，法治不是唯一的、至高无上的，而只是治道之一个层面。除此之外，还需要辨别"法治"与"人治"的关系，近现代以来人们一提到"人治"就简单地将其与"专制"画等号，与独裁、专断联系在一起，而儒家的"人治"不是现在大家一般理解的"人治"，儒家的"人治"主要是指贤人之治，通过选贤任能，让贤能执政，制定法律制度，它具体治国方法是德治、礼治，也能够兼容法治。当然，由于历史的局限，它也是在君主制下的贤能政治模式。

爱国。《孟子·万章下》里有记载，孔子离开鲁国的时候走得非常慢，离开齐国的时候走得很快，这是离开父母之国内心真情实感的流露。同时，儒家的仁爱思想的逻辑展开次序是由自爱到爱亲人的孝悌之道，再到泛爱大众并亲近有仁德的人，典型的表达就是《论语·学而》所说的："弟子入则孝，出则弟，谨而信，泛爱众而亲仁。"孟子还说："老吾老，以及人之老；幼吾幼，以及人之幼。"（《孟子·梁惠王上》）这些都可以说包含在爱国乃至爱天下之中，是一种更加广博的爱国思想。因为孔子那个时代的国家概念和后来不同，向天下推行仁义道德其实就是爱国。秦汉以后，爱国和忠君，国格与人格交织在一起。中国传统士大夫受到儒家忧患意识的影响，具有与民共忧乐的情怀，如范仲淹在《岳阳楼记》中所说："居庙堂之高则忧其民；处江湖之远则忧其君。是进亦忧，退亦忧。然则何时而乐耶？其必曰'先天下之忧而忧，后天下之乐而乐'。"又如文天祥的爱国主义精神源于孔孟思想。儒家以"内圣外王"为生命实践

① 韩星：《"仁"、"正"、"中"、"和"——儒家古典正义论的逻辑展开》，《哲学动态》2016年第10期。

的方式,由"修身、齐家"达到"治国、平天下"的目标。人生的价值即在于实践仁义道德,达到圣人的境界,并对国家社会有所贡献。孔子说:"志士仁人,无求生以害仁,有杀身以成仁。"(《论语·卫灵公》)孟子也说:"生亦我所欲也,义亦我所欲也,二者不可得兼,舍生而取义者也。"(《孟子·告子上》)文天祥临刑时在衣带上写下:"孔曰成仁,孟曰取义,唯其尽义,所以至仁,读圣贤书,所学何事,而今而何,庶几无愧。"他视死如归,以践履孔孟的"杀身成仁""舍生取义"的道德理想而为国捐躯,无愧于天地之间。

　　敬业。敬业的意思就是专心致力于学业或工作。儒家的"敬"本来是礼乐文化的核心价值之一,是指人在祭祀礼仪中要有发自内心的恭敬、虔诚,后来引申为做事认真、不苟且。《论语·颜渊》载"子张问政"之事,孔子曰:"居之无倦,行之以忠。"孔子批评那种整天吃饱饭、不动脑筋、不干什么正经事的人。《论语·阳货》:"饱食终日,无所用心,难矣哉!"而他自己则"发愤忘食,乐以忘忧,不知老之将至云尔"。(《论语·述而》)表现出致力于讲学传道,自强不息,积极乐观的精神面貌。《论语·子路》载孔子说:"居处恭,执事敬",日常起居要态度端庄,担任工作要敬慎认真。子路问君子,孔子说:"修己以敬。""敬业"就意味着持之以恒,刻苦努力,自强不息,积极进取的精神,所以韩愈《进学解》说:"业精于勤,荒于嬉",事业精诚于勤奋认真,而荒废于嬉闹草率。后来宋明理学家特别主敬,程颐说"所谓敬者,主一之谓敬;所谓一者,无适之谓一"(《二程·粹言》卷上)。就是说,凡是做一件事,便要专心于一件事,将全副精力集中到这件事上头,心无旁骛,这便是敬。朱熹强调"居敬""持敬"。他认为,居敬穷理二事"互相发",但"持敬是穷理之本"(《朱子语类》卷九),"把个敬字抵敌,常常存个敬在这里,则人欲自然来不得。"(《朱子语类》卷十二)因为穷理只是明得天理,消铄人欲;为使人欲不复萌,天理不复灭,当以"敬字抵敌"。这种持敬的工夫,并不容易做到,需要优游涵泳,不急迫,不懈怠地坚持下去。正因为敬这么重要,所以他又说:"敬字工夫,乃是圣门第一义。"(《朱子语类》卷十二)

　　诚信。"诚信"二字在儒经中随处可见,儒者反复强调。关于"诚",《礼记·中庸》说:"诚者天之道也,诚之者人之道也。"认为"诚"是天的根本属性,努力求诚以达到合乎诚的境界则是为人之道。又说"诚者,物之终始,不诚无物"。认为一切事物的存在皆依赖于"诚"。孟子也说"是故诚者天之道也,思诚者人之道也"(《孟子·离娄上》),又说"反身而诚,乐莫大焉"(《孟子·尽心上》)。孟子认为反省自己以达到诚的境界,就是最大的快乐。荀子虽"不求知天",但也把"诚"看作进行道德修养的方法和境界。儒家把"信"看成做人、立国、治国的根本。关于"信",孔子说:"人而无信,不知其可也。……其何以行之哉？"(《论语·为政》)这就是说，一个人如果不讲信用，在世上就会寸步难行。这是讲个人的"信"，孔子更强调国家层面的"信"。《论语·颜渊》载子贡问孔子如何从政，孔子回答说："足食、足兵、民信之矣。"子贡又问："必不得已而去，于斯三者何先？"孔子回答说："去兵"，因为"自古皆有死，民无信不立"。

友善。本意是指朋友之间亲近和睦，后来泛化为对人乃至天地万物的友好与善待。友善本来就包含在儒家仁爱之中。仁爱是传统儒家的核心价值观，是以同心圆的方式由内而外，由近而远，层层推衍的。第一，一个人要具备仁爱之心，才能爱别人。儒家认为这是源于人天生的性善而内在地形成的品质，是人的道德行为的发端。是否有良善之心，是人与禽兽最本质的区别。第二是自爱。自爱包含了对自己身体的爱惜，强调仁爱是要从自爱开始，以自爱为起点(但不是以自爱为中心)不断扩展的。第三是爱亲人，立足于血缘亲情之爱的孝悌之道，主张处理一切人伦关系都要从孝悌做起。《论语·学而》说："君子务本，本立而道生。孝弟也者，其为仁之本与！"表明"爱人"要从孝顺父母、尊敬兄长开始。如果一个人连自己的父母都不孝，他还有什么仁爱之心呢？所以，"孝道"乃为道德伦理的根本与基础。惟有能行孝悌者，才能去爱他人。第四是"泛爱众"，即爱一切人。"泛爱众，而亲仁。"(《论语·学而》)"四海之内，皆兄弟也。"(《论语·颜渊》)孟子还说："老吾老，以及人之老；幼吾幼，以及人之幼。"(《孟子·梁惠王上》)第五是仁者与天地万物为一体。儒家还把仁爱之心推向天地万物，达到仁者与天地万物为一体的境界。友善是仁爱推广到泛爱众和爱物层面的具体表现，是中国人的道德修为。

四、结　语

改革开放以来，人民生活水平提高，国家综合实力长足进步，社会的开放度与自由度有了相当的提升。在这样的背景下，中华民族的伟大复兴，社会主义核心价值体系的建立，都与中国整体的"软实力"分不开，这也关系到中国能否真正地富强起来并自立于世界民族之林。现在，学习、践行社会主义核心价值观，使之内化于心，外化于行，就必须扎根中华文明的土壤，以儒家经典为基本资源，在传承汲取传统价值精华的同时，进行创造性转化、创新性发展，使社会主义核心价值观成为凝聚中华民族、推进社会文明、走向世界大同的巨大力量源泉，最终实现中华民族伟大复兴的梦想。

(韩星：中国人民大学国学院教授、博士生导师)

儒学的传承与创新

王钧林、孔丽

儒学创造了发展的奇迹。

儒学虽然具有宗教性，却不是宗教。儒学持续发展了两千五百多年，积聚了难以穷尽其价值的学术资源与思想资源，足以媲美像佛教这类世界性宗教，并远胜于任何一家世俗性的思想学说。这堪称人类文化史上的奇迹、奇观。

儒学之所以能够创造发展的奇迹，一个重要原因在于，儒学开拓了一条传承与创新交互并用、合力推进的发展道路。传承是循序渐进、点滴积累的常态发展，创新是突破屯邅、飞跃提升的超常发展。传承演进到一定的时间节点，日积月累的思想资源足够丰厚，蕴含各种各样的发展愿景，一旦碰上时代与社会发展提供的某种机遇，便会触发省思，酝酿突破，于是别开生面的思想创新不期而至。所以，传承盘桓日久，必有创新。创新是传承演进的必然结果。创新一旦实现，无论是探寻真知灼见的新发现，还是呈现潜德幽光的新发明，都会把儒学提升至新境界，引领到新天地，儒学自然又会在新开辟的道路上延续其新一轮的传承。传承与创新如此循环往复，螺旋式推进，共同推动儒学从一个高峰走向另一个高峰。

一、传承发展

传承与创新各有各的价值，二者不能彼此取代，也不能彼此厚薄。没有长时段的传承作基础，创新将无从谈起；同样，没有突破性的创新作引领，传承将会归于平淡，波澜不惊，少了浪花，在老路上蜗步前行，一旦遇到世变，即拙于应付，"药方只贩古时丹"，拿不出切实有效的济世方案。

传承是守成主义。守成，不是抱残守阙，而是守住儒学的大根大本。儒家四书五经载明的中华礼乐文明的基本精神即是儒学的大根大本。儒学自身也

是从中华礼乐文明中孕育而生,承载着中华礼乐文明的基本精神。这一基本
精神可以概括为以礼义治国,塑造礼义之邦,以仁义为政,实现社会正义。我
们先看孟子的仁政设计:以井田制的形式实现人人有恒产有恒心,人人拥有的
恒产大致均等,所以井田的精神实质在于"均田";仁政关怀弱势群体鳏、寡、
孤、独四民,给予优先的照顾。仁政在孟子所处的乱世固然是"迂远而阔于事
情",然而仁政闪耀着正义的光辉,何尝不是历代中国人虽不能至而心向往之
的正义追求。再看礼义之邦,这是春秋战国时代鲁国塑造的一种国家形象,与
其形成鲜明对照的是秦国被视为虎狼之国。两汉以后,儒家享有治国理政的
指导思想地位,开始慢慢驯化国家,崇尚武力的虎狼之国的国家形象渐渐弱
化、下降,崇尚文明的礼义之邦的国家形象同步强化、上升,最终把国家建设成
为周边国家和民族以及外国使节、商人仰慕的和平而文明的礼义之邦。以礼
义治国,以仁义为政,这是中华礼乐文明几千年一以贯之的基本精神,也是儒
学的大根大本。

　　传承是因循主义。因循,不是陈陈相因,而是守死善道,恪守儒家发明的
仁义礼智信五常之道。仁义礼智信是两汉至明清两千年中国社会的核心价值
观,是中国人在价值观层面上的基本信仰;也可以说,是儒家营造的中华民族
的精神家园。五常虽然因为与三纲相连,在五四时期遭受了批判,一定程度上
被污名化了,但是,三纲是三纲,五常是五常,二者应该分开。那种不分青红皂
白、将三纲与五常一体抛弃的偏执做法,必须纠正。仁义礼智信五常有其超越
时代和社会的普遍价值。在中国,任何时代、任何社会,一个人如果践行了仁
义礼智信的价值观,或许无人刻意赞扬;反之,如果有人违背了仁义礼智信,必
定会得到不仁不义、缺德、没教养、愚蠢、不讲诚信一类的斥责。即便在"文革"
批孔反儒的极端时期,在偏僻的乡村,一个人如果被指为不仁不义、不忠不孝,
也足以令其威信扫地。这难道不是反证了仁义礼智信深入人心、为民众所认
同吗? 因循仁义礼智信五常之道,是保持儒学之为儒学的基本特性。

　　传承不止守成、因循,还有生生不息。传承层面的生生不息,是指儒家的
学术资源与思想资源变成了一种学问的对象,被无穷尽的探索、研讨、揣摩,以
求有所发现,或用于经世济用,或用于明经求道。比较典型的是儒家经学,这
是儒学在秦汉之际由思想而转型学问的成功范例。一经有一经的老师宿儒,
各位老师宿儒治经的理论与方法不一,形成不同的师法,弟子相沿成风,遂成
家法。师法也好,家法也罢,都是专门之学。汉代著名的五经十四博士,就是
立为官学的十四家治经的专门之学。而在民间流传的治经之学又不知有多少。
学贵专攻专精。治经的一家专门之学历经十几代的积累发展,一经说至百余
万言,"尧典"二字说至十余万言,以至于一个人皓首穷一经而不能通一经。

这虽然有繁琐之病,但也是学问专业化发展的普遍规律。治经的基本方法是诠释。诠释其实是延续儒家经学生命的有效路径。经典文本的字句里,内含了多少作者欲言又止的微言,隐藏了多少作者含而未发的大义,诠释者如何揭示这些微言大义,当诠释者必欲有所作为时,事实上他已经参与了儒学价值和意义的生生不息的传承发展。

宋明时期,儒学实现了从学问走向思想的转型。大儒们主要是思想家,而不是学问家,他们忙着构建自己的思想体系,然而他们丝毫不轻视经学,朱熹穷其毕生精力注四书,他的名言"旧学商量加邃密,新知培养转深沉",是他那个时代儒学生生不息的真实写照。创宗立派的程朱理学、陆王心学,在其内部也是遵守思想传承的规矩,一代一代的薪火相传,生生不息。

守成、因循和生生不息,是儒学传承的三大基本方式。无论守成还是因循,都不是原教旨主义的守成与因循,一味的墨守成规,机械式的照抄照搬,无济于事倒也罢了,往往还会坏事。如孟子仁政设计中的井田制,其精神实质是均田,实现土地分配的社会正义,而不少人拘泥于其形式,主张参照井田制实行土地改革。尤其是王莽付诸实践,结果失败。须知,准确地领会并把握其精神实质,适时地变通其形式,是守成与因循的重要原则。

二、创 新 发 展

创新分形式创新、方法创新与理论创新三大类型。

形式创新是儒学存在形态和发展道路的创新。儒学产生之初,以教育领域的私学形态生存于世,又在思想领域以一家之学的形态争鸣于世。战国中晚期至汉初,儒学蜕变为经学,并上升为官学。宋代以后,儒学又演变为理学、心学、实学乃至考据学等。这是大略言之,细分则不胜枚举。无论私学、官学,还是经学、理学,诸如此类都是儒学在不同时期的不同存在形态。每一种儒学存在形态的发明都堪称一次形式创新。以经学形态为例,这是儒学的核心,而其发明却经历了几代大儒的努力,是比较典型的集体智慧和力量共同作用的结果。大形式的创新自然不易,小形式的创新却相对容易。经学内部,学派众多,层出不穷。一人创立一个学派的情景并不鲜见。形式创新不可小觑,它的价值和意义在于,如经学所展示的,形式创新转换了儒学的存在形态,开辟了儒学的新发展道路和新发展空间。迄今经学犹如无尽藏,价值的挖掘、意义的探究,已经进行了两千余年而不见穷尽,或许永无穷尽之日。传统儒学的形式创新已有若干成功的范例。问题在于,如今儒学的现代转型还在进行之中。百余年来,虽有大儒筚路蓝缕,开辟儒学现代转型之路,然而小成者多,大成者少。当代有志于"为往圣继绝学"的莘莘学子不可不三致其意,踵事增华,完成儒学创造性转化的历史重任。

方法创新主要是指思想方法和研究方法的创新。儒家尊重历史,尊重传统,尊重先圣先贤,有述作必有依傍,不尚空言;主张实事求是,即事而求理。这是儒家的主要的思想方法。儒家区分形而上与形而上,对形而上的性与天道表现出了极大的理论兴趣。孔子仰望星空,发现"北辰居其所而众星共之"的天道秩序,而沉思人道所以取法天道,在于"为政以德"。孟子、荀子直面人性,各以其思想方法定义人性、讨论人性,给予人性以价值判断。孟子的思想方法是以人之区别于动物的规定性为人性,认定人性为善;荀子的思想方法是以人与生俱来的自然规定性为人性,认定人性为恶。两位大儒虽然对人性的认识有差异,但是,依据人性而推行的人文教化却又惊人地一致,可谓殊途同归。研究方法从属于思想方法,是思想方法在研究领域的精细化和具体化。研究方法是儒家把思想问题转化为学术问题时产生的,它具有复杂性、多样性的特点。讨论和研究一个问题,往往运用多种方法。比如:辨明一个字的字义,有时需要古文字学、音韵学、考据学等几种方法联合攻关;阐明一句经文的义理,不同的研究者运用不同的诠释方法。一派主张不带成见,从一字一句入手,识其字,通其句,晓其义,自然就会明其道。另一派多多少少有一些先入为主的成见,主张先立乎其大,高屋建瓴,从整体上审视经文的微言大义,以求有所发明。还有的从我注六经,一跳而至六经注我,经文变成了他言说的注脚。两千五百多年的儒学发展,似乎各种各样的思想方法和研究方法,能够发明的都发明了,应有尽有,丝毫不亚于他者。工欲善其事,必先利其器。方法论的创新与完善应该先行一步。儒学在这方面是做到了,然而在理论上予以总结提升似乎做得不够,方法论的觉醒晚了一点,诠释学即其一例。诠释方法,儒家学人未遑多让,诠释学的创立却拱手让人。

理论创新是儒学义理、思想层面的创新。儒学是入世干政之学,必须回应时代的挑战,解决如何治国平天下的政治实践问题,尤其是解决如何维系世道人心的问题。战国晚期,在秦国即将完成统一的前夕,大儒荀子以其"一天下"和"一制度"的政治设计,描绘了未来大一统国家的政治蓝图。"一天下"和"一制度"是遵循孔子的"礼乐征伐自天子出"的政治理念设计的,是那个时代政治学理论与国家学说的创新,具有无可争议的先进性,即使到了今天也仍然具有现代性。隋唐时期,儒释道三教鼎立,儒门淡泊,收拾不住。到了宋代,邵雍、周敦颐、张载、程颢、程颐五星聚奎,建立了天理信仰,重新凝聚了人心。这些理论创新因为有时代和社会的迫切需要,是应运而生,其发生机制可见可知。而另外一些理论创新,除了与时代和社会的需要有直接或间接的关联,还遵循着儒学内在的发展逻辑而发生。这需要有足够的理解力和领悟力。理解力是领悟力的基础。领悟有渐悟和顿悟之分。沉潜久了,如切如磋,如琢如磨,必知其意,必有发现,如《春秋公羊传》几次提及"所见异辞,所闻异辞,所传闻异辞",意思是说,孔子作《春秋》,依据自己的所见、所闻、所传闻而有不同的用语;到了西汉董仲舒那里,竟然据此琢磨出了一个三世说,即:以孔子为中心,根据与孔子的距离的远近,把春秋242年的历史划分为"所见世""所闻世""所传闻世"。这是一个不大不小的创新。后来,到东汉何休那里,三世说又与社会治乱联系起来,以"所传闻世"为"衰乱世",以"所闻世"为"升平世",以"所见世"为"太平世",认为春秋历史的发展是从"衰乱世"经过"升平世"进至"太平世",多多少少具有了历史进化论的意味。这已经是具有重要价值和意义的理论创新了。清末,康有为进一步把公羊三世说与儒家的大同、小康说以及英国达尔文的进化论结合起来,以"升平世"为小康,以"太平世"为大同,创立了从"据乱世"到小康"升平世"再到大同"太平世"的儒家历史进化论,再一次实现了理论创新。《春秋公羊传》一句简短的话,经由董仲舒、何休、康有为三次创造性诠释,实现了三次理论创新;尤其是康有为创立了以公羊三世说为基础的历史进化论,比较圆满地完成了公羊三世说的现代理论转型。厚积薄发,发必有中。渐悟式理论创新的发生机制,一目了然。顿悟与渐悟不同。涵泳久了,如濯如沐,如浸如润,或有体认、体悟,一旦豁然开朗,其义自见,如程颢自家体会出天理二字,王阳明龙场大悟致良知之道,等等。这类顿悟式理论创新的发生机制玄妙莫测,鲜为人知;而且是可遇不可求,不遇罢了,遇则多是令人惊异的重大发现、重大创新。

三、传承与创新是当代儒学复兴的必由之路

传承与创新是儒学发展的基本形式。传承的形式造成了儒学发展的平台期,创新的形式造成了儒学发展的高峰期。传承平台期展示了儒学的生命具有稳重、包容、中和、顽强、韧性的一面,创新高峰期展示了儒学的生命具有躁动、疏狂、豪放、突破、爆发的一面。这一面与那一面合成了儒学生命的绚丽多姿与波澜壮阔,这也是儒学生命所以持久旺盛、百折不挠的原因所在。

不可否认,儒学到了20世纪遭遇了严重的生存危机,一直持续到70年代才否极泰来,渐有一阳来复之势,近年更生复兴之象。不少人见儒学复兴而欣喜,不辨是何种意义上的儒学复兴,是传统儒学的照抄照搬的复兴还是儒学创造性转化、创新性发展的复兴?不辨则不免盲目,于是放言高论,奇谈立儒学为儒教、立儒教为国教,怪论以儒学重整意识形态,等等。殊不知,传统的原汁

原味的儒学并不能承担如此重任,眼下儒学的当务之急不是借助儒教、国教、王官学等一步登天,而是脚踏实地,与时偕行,发扬古典儒学既"从道"又"从众"的精神,一步一步地走向社会,走向大众,以其仁义礼智信的核心价值观和崇文重教的优良传统赢得人们的拳拳服膺。这是基础性的传承工作,不能急于求成,不能躐等而进。但是,应该容许或提倡一些先知先觉先行者苦心孤诣,以其高明识量从事儒学创新的工作,引领儒学创新的方向。

儒学创新是当代中国人的精神伟业。儒学创新必须破除古今中外的成见,主动融入人类主流文明之中,倡导多元文化的对话、沟通、互动,中流击水,左右采获,取人之长,补己之短。精神上闭关锁国,以为儒学博大精深,无所不有,甚至妄自尊大,拒斥或对抗人类其他文明,则儒学难有创新的希望。儒学研究者必须领悟并阐明人同此心、心同此理的普遍人性与普遍真理,深刻认知凡是基于普遍人性和普遍真理而有所得有所立者,必定放之四海而皆准,如同古代大儒立一说,辨一义,明一理,坚信东海圣人出不易吾言,西海圣人出不易吾言,北海圣人出不易吾言,南海圣人出不易吾言。这是何等的理论自信!当今学人若对儒家的普遍义理不能了然于胸,不知古今一理、中外一理,断无义理创新之可能。儒学创新必须重申道不远人、道在百姓日用之间的传统认知,回到民众中去,回到日常生活中去,寻觅发现当代中国人的日常生活之道,予以审视、校正、提升,推行为人人必由的正道。当代中国人的日常生活之道,之所以还需要审视、校正、提升,是因为一切自然发生的实然之道受时代与社会变化的影响,未必尽善尽美,不能作为理应如此的应然之道而被认可、接受。如果儒学能够开示出人人必由的正道,则儒学的生存状态必将发生根本性的转变,由少数学人珍视的金玉一变而为百姓一日不可或缺的五谷,如此,儒学复兴指日可待。

传承是择善而从的继承与弘扬,它能够推动儒学走向复兴,却不能俾使儒学获得更新发展。在此,传承避其短,创新扬其长。创新能够激发儒学的生命活力,推动儒学走上自我变法、自我革命、自我更新的道路。先由传承迎来儒学的复兴,再由创新加快儒学的"升级换代",不仅使儒学贴近、融入现代社会生活,而且还能够规范、指导人们的思想观念和日常行为,引领民族的价值抉择和精神信仰。儒虽旧学,其命维新。《大学》一再申明"苟日新,日日新,又日新",儒者当知奋勉。

（王钧林:曲阜师范大学教授;孔丽:孔子研究院研究员）

学衡派对传统儒学的现代转化

——以汤用彤的理学救国论为中心

赵建永

本文从汤用彤早年在清华时期的《理学谵言》等儒学论文入手,来探究新儒家和学衡派思想产生的渊源。汤用彤以道德为立己和立国的基本,阐发以道德实践为本的宋明理学救治时弊的效用和它所具有的普遍价值。辛亥革命后从"反传统"到"接续"传统,学衡派是一个转折点。汤用彤主导的学衡派在思想上与新儒家息息相关,都强调儒家的道德价值及其现实意义。笔者希望借此为学界对儒学与学衡派关系的研究提供新的解读。

一、汤用彤的道德救世说——科玄论战问题的发轫

汤用彤关于传统道德现代意义的系统表述是其清华求学期间提出的以"明道进德为要"的"理学救国"思想。世间悲苦诱发了他对人生善恶及道德标准问题的关切。他将道德判断作为看待世事的首要标准,把道德文章当作自己生命所系,追寻着具有普遍价值的道德理念,即使在介绍西方社会科学和自然科学知识时也以发明道德之要为中心。[①] 他立论的中心是重

---

① 汤用彤把自己的哲学选择和理想当成一种超越的道德追求,提出人当以返己归仁为心:"骄与嫉者,人类之蟊贼也,社会中之破坏家也,国家天下之恶魔炸药也。以此布之田亩,则嘉禾变为稗败,以此置之川流,则甘露变为鸩毒,败坏人类之武器手枪乎炸弹乎,当皆望尘莫及矣。虽然,有破坏家自有建设家,有鸩毒自有芩参,有嫉骄之贼,人心自有反躬实践之可以挽救。向使一人知反躬实践,则天下多一善士,人人知反躬实践,则天下将无恶人。盖仁义礼智四端,皆在于我者,人性本善,近取即是,反躬实践即得本,无用深探,更无用他求,故人类之福星,即在人类之一身,非必他求也。"(汤用彤:《汤用彤全集》第5卷,石家庄:河北人民出版社,2000年,第23页。版本下同)

彰儒家复性说，认为道德是立己之本，也是国家建设的基本。汤用彤坚信以反躬实践为本的宋明理学具有普遍价值，对救治时弊有不可思议之效。所以他主张通过躬行道德以解决"精神衰弱"的民族文化危机，从而挽救国家危机。

（一）中国文化真精神的求索——"理学救国论"的提出

汤用彤最早发表的论文《道德为立国之本议》是汤用彤学术思想的总纲，而第二篇论文《理学谵言》则是他对道德如何落实于现实救国层面的具体论证。1914 年 9 月至 1915 年 1 月，汤用彤在《清华周刊》第 13~29 期连续 17 期发表《理学谵言》(2.3 万字)，集中体现出他力图熔铸古今中西道德文明的初步尝试，字里行间洋溢着他对弘发中国文化真精神的无限激情。

汤文用"谵言"(病中胡言)作标题，与时人非难传统有关。新文化派以为反传统就是属于进步和科学，把体现了传统道德的理学视为糟粕。加之对进化观的庸俗理解，遂使人在未深刻认识传统前便有先入为主的偏见。这都妨碍了对理学的客观评价。汤用彤起初亦受其影响，他说："于是，见不合时宜者恶之，见不同流俗者恶之，见理学先生则尤恶之。自入京师，即遇某理学先生，亦与同侪大斥之者屡。"但认真研习理学后，汤用彤发生了根本转变："在校无事时，偶手翻理学书，初格格不相入，然久之而目熟焉，知有所谓理，所谓性矣。复次而知程朱陆王矣，复次而溺于理学之渊矣。"[①] 他的新旧相对论承认社会从总体上是向前发展的，但这并不意味着任何事物新的都好旧的都坏，或新旧之间没有连续性而只是彻底决裂。但在反传统思潮弥漫之时，要为理学正名，不能不顾虑时尚所趋，故汤用彤言："我虽非世人所恶之理学先生者，然心有所见，不敢不言，以蕲见救于万一，于是擅论古人，着其语之有合于今日，尤有益于侪者于篇。"[②]

《理学谵言》分"阐王""进朱"和"申论"三部分，分别对王阳明的知行合一、致良知、存养省察、克欲制情、克己改过、格物和朱熹的性理本体、天理人欲、主敬穷理、反躬实践进行阐释，均明其得失，详其利害，并针对时弊而发，探寻理学现代意义的用心跃然纸上。汤用彤辨朱王之异同，不泥前说，而以为"朱子之学非支离迂阔者"[③]。然就社会功用而言，汤用彤反对"称王学而弃朱子"，认为时弊"以王学治之，犹水济水，不如行平正之学为得，

---

① 《汤用彤全集》第 5 卷，第 3 页。
② 《汤用彤全集》第 5 卷，第 3 页。
③ 《汤用彤全集》第 5 卷，第 27 页。

此余阐王进朱子之微意也"①。他提出："阳明亦存朱子根本之说……阳明之于朱子实亦力为推许,力为辩护。后世或黜王而推朱,或弃朱而言王,各有其所见,各行其所是,则此犹不加病躯以药石,而先投以甘旨,不援溺者登岸,而先投以衣食也。"②"朱子论心性之处,陈言甚高,比之阳明之良知说甚同。阳明专任天性,而朱子乃惧专任天性之不足,进以穷理思精,而人以为破碎矣。"③对此,蒙培元的评价是:"发前人之未发,同传统的'扬此抑彼'之论不可同日而语,就是在今天,我们这些专门研究理学的人也未必能达到如此深刻的理解程度。"④《理学谵言》对包括朱熹、王阳明在内的理学有非常深刻透辟的分析。这表明在朱学、王学之间,汤用彤不固执一偏。他写这类文章,不是专门讨论理学问题和朱、王异同,而是以理学为代表说明中国哲学之精神。这就是重视"人心",重视"民德",这也是立国之"本"。但这绝不是泥古、保守,而是通过对中西哲学文化不同特质之比较以树立国人之精神信念。⑤

汤用彤把传统理学与对现实问题的思考结合起来,强调当时追求西化的迷失和中国传统断绝的危险,将时弊总结为"风俗趋于浮嚣""人心流于放荡""愈闲破矩而不加检束",导致盲从"不法律之自由,不道德之平等"。他对此有感而发:"时至今日,上无礼下无学,朝无鲠直之臣,野无守正之士。加以西风东渐,数千年之藩篱几破坏于一旦,而自由平等之说哄动天下之人心。旧学既衰,新学不明,青黄不接,岌岌可危。噫,伏生之不作,谁抱遗经? 孟子之不出,胡闲圣道? 潮流荡漾水生黑海之波,风云变幻雨洒西方之粟。名世者之不出,苍生益陷于涂炭。于是乃风俗猖披,人情诡诡,奸伪阴险书尽南山之竹,暴戾恣睢洗秽东海之波。"⑥此段套用了他自幼熟诵的庾信《哀江南赋》的磅礴句式,借赋中悲苦之辞抒发伤时之情。新旧过渡失序造成了社会道德沦丧,人心不古,世风日下,国家积贫积弱。

汤用彤痛斥当时社会道德沦丧而把理学作为道德理想的寄托。他说:"本国之学术实在孔子。孔德之言性者,实曰理学"⑦,认为理学继承发扬了孔子以道德解释心性的真精神。为此汤用彤号召"理学救国",强调救国须从国民道

① 《汤用彤全集》第5卷,第27页。
② 《汤用彤全集》第5卷,第14页。
③ 《汤用彤全集》第5卷,第26页。
④ 蒙培元:《大师风范,学者胸怀——写在〈汤用彤全集〉出版后》,《中国哲学史》2001年第2期。
⑤ 参见蒙培元《大师风范,学者胸怀——写在〈汤用彤全集〉出版后》,《中国哲学史》2001年第2期。
⑥ 《汤用彤全集》第5卷,第27~28页。
⑦ 《汤用彤全集》第5卷,第29页。

德入手,因而他志于"穷理",盛赞儒家反躬实践之学。以为修身大要在穷理以致其知,反躬以践其实,而以居敬为主,全体大用,兼综条贯,表里精粗交底于极①,谓圣人之学,本心以穷理,顺理以应物。他认为理学尤其是朱王之学中关于立志、存养、省察、为己、克欲、学道等,俱精微深切,有体有用,因而提出理学是"中国之良药也,中国之针砭也,中国四千年之真文化真精神也"②,为补偏救弊之良药和驱浮去嚣的实学。麻天祥认为:旧学既衰,应使之重振,新学不明,须以理学救弊,这是汤用彤向传统折返的缘由。在汤用彤强烈的道德意识中独重理学之原因,是理学既可治国人之情滞性惰,又可使国人言行谨严。有志救国不能光靠科学,也要求之于理学,即鞭辟入里之学。这也同当时用国粹激励种性,增强国民道德的时代思潮相吻合。③

(二)身心关系和心物关系的新诠释——文明进步的标准问题

汤用彤通过对身心关系和心物关系的新诠释,解答了理学作为道德心性学何以为救国良药的问题。他拒斥以物质文明为衡量人类文明进步程度的标准,认为仅物质文明不足以救亡图存。该文发表于第一次世界大战爆发后两个月,汤用彤敏感地从"一战"给世界带来的灾难中悟出了心理文明对人类历史进程的重要意义。

汤用彤尖锐指出:"试问今日之精械利兵足以救国乎? 则奥塞战争,六强国悉受其病",认为国人应该从中吸取教训,应知科学如"无坚固之良知盾其后,适足为亡国之利器也",因此,他确信"国之强系于民德,而不系于民智。人心不良,理化者适助其日日制杀人之具,算数适增其机械计谋之毒。"④青年仅"受教育而无道德,则危险异常",因为"知识愈广人欲愈滋,才力愈多而天理愈蔽。……泰西各国物质文明达于极点,而道德遂不免缺乏,近年以还,彼邦人士群相警戒,极力欲发达心理文明,且谓我国之真文化确优于其国,盖我国民性和平温厚,实胎酝自数千年也。顾我国学者,不知本末,无烛远之眼光,心羡今日之富强,而不为将来之长治久安计,不亦惑乎? 盍也反其本耶? "⑤

汤用彤此论较梁启超 1920 年所发表的《欧游心影录》中"科学万能破产

---

① 黄宗羲《宋元学案》总结朱熹治学大旨说:"其为学大抵穷理以致其知,反躬以践其实,而以居敬为主,全体大用,兼综条贯,表里精粗,交底于极! "汤用彤将此当作为学要旨,可见他注重把治学与人格的修养实践结合为一体。
② 《汤用彤全集》第 5 卷,第 3 页。
③ 麻天祥:《汤用彤评传》,南昌:百花洲文艺出版社,1993 年,第 136~138 页。
④ 《汤用彤全集》第 5 卷,第 6 页。
⑤ 《汤用彤全集》第 5 卷,第 6 页。

说"更具先见之明。文化保守主义的基本特征是发扬中国文明的优长以解决西方文明的危机。汤用彤的《理学谵言》孤明先发,表达了"一战"以来国内逐渐萌生的文化保守主义心态,不仅直接成为学衡派思想的源头,而且可视作稍后东方文化派乃至现代新儒家的先驱。

与上述身心关系的看法相应,汤用彤在理学与科学孰为根本的问题上更倾心于穷本究末的理学。他说:"以古之理学与今之科学比,则人咸恶理学而求科学矣,不知理学为天人之理,万事万物之理,为形而上学,为关于心的;科学则仅为天然界之律例,生物之所由,驭身而不能驭心,驭驱形骸而不能驱精神,恶理学而乞灵科学,是弃精神而任形骸也。国人皆恶理学,则一国之人均行尸走肉耳,国乌得国乎? 噫,金瓯不圆,陆沉有日,坐而思之,能无慨然。"[①]科学为物质定律,不能驭心,而理学才是关于心灵形而上之道理,如果弃心而任物,会使国将不国。这实际上涉及了科学与玄学的关系问题,而意识到或提出问题就是文化发展的进步。此说可谓后来科玄论战问题之发轫。科玄论战双方对玄学的含混理解及科学派对玄学的贬斥,自然进一步激发了汤用彤对玄学与科学关系的关注,为他随后开展魏晋玄学研究埋下了伏笔。在汤用彤影响下,今云"玄学"一般指魏晋玄学。

汤用彤认为,人心之放荡浮嚣只能求助于道德心性学才能医治。青年尤不能免于虚浮之习,原因是"物质之文明,日日回旋于其脑中。耳目之官,心智之思,俱不见他物,惟见机械之巧,器物之精。分秒之中无不思发达其心智,长育其体魄,而人身之源,人类之英世之所谓心性之学者,乃无暇入其心中"[②]。在他看来,如此徒事皮毛的学习西方物质文明,结果是使人心薄弱,而趋于嚣张、虚浮。"骛于技巧之途,而人心趋于诡诈;驰于精美之域,而人心流于侈靡。势也,亦宜也","故欲救轻浮之弊,必先去其机械侈靡之心,而使之及于真正之心理文明,则物质文明相得而彰,可大可久矣。"[③]他虽然未明言所谓真正的心理文明为何,但综观其各类著述可知,当指经过现代心理学诠释后的儒家心性之学。

鉴于时人往往把西方文化仅看作机械之巧、器物之精、发达心智体格的物质文明,汤用彤视理学为补偏救弊的良药:"欲求实学,欲求毅力,首在道德,求之本国,舍朱王何以哉!""心学理学固以朱王为巨擘,盍试亦求之欤?"[④]在汤用彤看来,精神生活的健全才最符合人性的本质需要。只有重光传统道德

①《汤用彤全集》第5卷,第3页。
②《汤用彤全集》第5卷,第30页。
③《汤用彤全集》第5卷,第30页。
④《汤用彤全集》第5卷,第30页。

心性学才能引导国民走上合乎人性的心理文明,并振奋民族精神。这种挽救"学绝道丧"的努力,并非只对一时一地而发,实为千秋万祀而计。

汤用彤为发扬儒家心性学以解决人生意义问题,而产生了对心理学的浓厚兴趣,并认真学习包括心理学在内的西式课程。① 对这些新知的融会可见于他在《清华周刊》上发表的系列文章,表现出他对新知如饥似渴的探求精神。他认识到救国尤其要以精神的学问(形上学)为根基,强调人类在物质文明日进的情况下,当守护精神价值,追求至善境界的终极关怀,有力彰显了时人对人文精神的诉求。他的这些看法可谓学衡派文化思想核心"道德为体,科学为用"的早期表述。汤用彤的道德思想是欧战后世界范围内出现的反思资本主义文化矛盾新思潮的产物,虽就当时国情而言过于理想,但它毕竟有着历久弥彰的合理内核。汤文综合新旧学问考论天理道源,经世致用,堪为发覆之作。他后来积极参加天人学会活动,筹办《学衡》杂志,亦是统宗有绪。

二、"理学救国论"与儒家的现代转换——现代新儒学先声

《理学谵言》最后呼吁:"今也时当春令为一岁之首,送尽严冬,催残腊鼓。是时也,诸君类当有一岁之新,猷新谋,而于身心之际,尤当首加以省察。固不必朱子,不必阳明,而要以道德为指归,以正确之目光坚强之心胸为准的,树德务滋,除恶务尽,自强自胜,则虽未学晦庵阳明之学,亦实晦庵阳明之所许也。记者之作《理学谵言》亦非欲人人从二人之学,实仅欲明道德之要。"② 这种胸怀表现了青年汤用彤自强不息,不断超越自我的求实精神。他最终所向往的不是欲人皆从朱王之理学,而是一种在于说明道德作为中国文化特质重要性的文化理想。由此不难窥见他探寻儒学现实意义的苦心孤诣。

(一)儒学本位论——文化主体性的探索

汤用彤不以西方文明为救国良药的原因是,从外国求得的东西不合国性,突出了民族传统在文化交流中的本位。他从基于相对主义特色的文化多元论出发,从社会心理对异族文化拒斥的角度,说明发展新文化"求之外国不合国性,毋宁求之本国"③。正如孙尚扬所论:汤用彤主张每种文化都应以其本身内

---

① 汤用彤留学美国期间系统学习了心理学的各种前沿理论。心理学的分析方法在其后来著述中时有体现。
② 《汤用彤全集》第5卷,第31~32页。
③ 《汤用彤全集》第5卷,第29页。

在的标准加以评断,外来的评判标准都难以达到内核。文化多元论强调文化的民族特殊性,强调自己文化具有不可替代的精髓,这是建立民族自信心的一种精神武器。"在新旧相逼、中外相交之际,这种相对主义的文化多元论较之于当时的国粹派而言,是心理防卫上的一种退却,也因其一定程度上的现代性而在理论上显得较为圆通。"这种文化多元论的相对主义色彩愈浓,则其对本国传统的认同便愈深。客观上,这种相对主义的文化多元论,也构成文明进步合力中的一股力量,在事实上成为维系民族自信心的重要因素。①

汤用彤认为引介西方文化应当注意中国国情,尤其是国民心理的特点。因此,他重视集中体现民族传统精神的理学,并对新派的做法有上述批评。他着重指出:"吾国于世界上号称开化最早,文化学术均为本国之产,毫不假外求,即或外力内渐,吾国民亦常以本国之精神使之同化,而理学尤见吾国之特性。"②他强调源远流长的中国文化有超稳定性,以及善于汲取、同化外来文化之长。但时人偏于表面,"无深入之理想,取毛取皮而不究其根源,即如今日国学之不振,亦未尝非由于此病"③。他分析原因说:"自西化东渐,吾国士夫习焉不察,昧于西学之真谛,忽于国学之精神,遂神圣欧美,顶礼欧学,以为凡事今长于古,而西优于中,数典忘祖莫此为甚,则奴吾人,奴吾国并奴我国之精神矣。是非不明,理势之又一大病耶,知其病则宜常以心目共同观察,遇事遇物随地留心,精于锻制,工于取法,若此则全为朱子穷理之学。故治朱子穷理之学者,后日成功之张本也。"④汤用彤不是反对输入西学,而是希望国人对外来学说要有正确态度,用本国文化的真精神融会外来思想,借确立民族文化主体性的途径来解决各种问题。

汤用彤后来通过佛教中国化的历程对中国文化进行鞭辟入里的研究,总结出文化冲突到调和的规律,并以复兴民族本位文化的立场来考虑外来文化的传入与吸收问题。因此,贺麟说:"(汤用彤)根据他多年来对中国文化学术史的研究和观察,对于中国哲学发展之继续性(continuity)有了新颖而深切的看法。他一扫认中国哲学的道统在孟子以后,曾经有过长期失传的偏狭的旧说。他认为中国哲学自来就一脉相传没有中断。即在南北朝隋唐时代,当佛学最盛,儒学最衰时期,中国人并未失掉其民族精神。外来文化只不过是一种偶然的遇合,外在的刺激,而中国利用之,反应之,吸收之,以发扬中华民族精神,并促进中国哲学的新发展。他这种说法当然是基于对一般文化的持续

---

① 参见孙尚扬《从真理到价值——综论汤用彤的文化思想和学术成就》,《新视野》2005 年第 1 期。
② 《汤用彤全集》第 5 卷,第 27 页。
③ 《汤用彤全集》第 5 卷,第 31 页。
④ 《汤用彤全集》第 5 卷,第 31 页。

性和保存性的认识。这种宏通平正的看法,不惟可供研究中国文化和中国哲学发展史的新指针,且于积极推行西化的今日,还可以提供民族文化不致沦亡断绝的新保证。而在当时偏激的全盘西化声中,有助于促进我们对于民族文化新开展的信心。"① 此处贺麟所谓"民族文化新开展",正是现代新儒家的标帜。

(二) 理本说的现代新儒学性质——儒学现代转化的方向性意义

乐黛云较早指出白璧德倡导促成一个"人文国际",以便在西方创始一个人文主义运动,而在中国开展一个"以扬弃儒家思想里千百年来累积的学院与形式主义的因素为特质"的"新儒家运动"。② 此后,学衡派与新儒学的关系,逐渐引起学界注意,探讨的主题是学衡派文化思想促进了新儒家运动的兴起,并对之产生了重要影响,成为新儒家的学术源头之一。学衡派是最早对现代性和启蒙主义进行批评的,这已经涉及文化保守主义的核心问题。新文化派总想寻求根本解决的办法,缺乏健全的心态和清明的理性,使传统受到毁灭性打击。从"反传统"到"接续"传统,学衡派是一个转折点。学衡派与新儒家在思想上一脉相通,都强调儒家的信仰、情感价值,都有很强的文化使命感。③ 但这些研究对作为学衡派代表人物的汤用彤与新儒家的渊源却鲜有涉及。

将汤用彤和现代新儒家放在一起加以对比,更能凸显其学说的新儒学性质,故先须界定现代新儒学的定义。方克立指出:"现代新儒学是产生于本世纪20年代、至今仍有一定生命力的,以接续儒家的'道统'、复兴儒学为己任,以服膺宋明理学(特别是儒家的心性之学)为主要特征,力图以儒家学说为主体为本位,来吸纳、融合、会通西学,以寻求中国现代化道路的一个学术思想流派,也可以说是一种文化思潮。"④ 现代新儒家产生的时间一般以1921年梁漱溟《东西文化及其哲学》的出版为标志。现代新儒家的特点是继承传统儒家,尤其是宋明理学,吸收西方文化,寻求中国的现代化。乔清举认为:

> 新儒学思潮有其"儒"处,也有其"新"之处。它的"新",在于它经历

---

① 贺麟:《五十年来的中国哲学》,沈阳:辽宁教育出版社,1989年,第23页。

② 乐黛云:《世界文化语境中的〈学衡〉派》,《陕西师范大学学报(哲学社会科学版)》2005年第3期。

③ 参见旷新年《学衡派对现代性的反思》,《二十一世纪》1994年4月号;旷新年《学衡派与现代中国文化》,《中国文化研究》1994年第6期;郑师渠《在欧化与国粹之间——学衡派文化思想研究》,北京:北京师范大学出版社,2001年;韩晗《上清旧文学之弊,下开新儒家之源——关于〈学衡〉杂志的再思考与再认识》,《船山学刊》2006年第2期。

④ 方克立:《关于现代新儒家研究的几个问题》,《现代新儒学与中国现代化》,天津:天津人民出版社,1997年,第19页。

了西方文化的冲击,对传统文化有了新的认识,吸收和融合了以民主与科学为主要内容的西方文化;而它的"儒",则在于它仍然认同传统文化的价值,认同于传统的思维方式,并运用这一思维方式,把西方的价值整合到传统之中。……儒学之新就在于新儒学有了新的形式、新的义理、新的观念。……所谓新的价值,是指民主与科学,……现代新儒家们,也包括目前还不能称"家"的儒者们,都要花费很大的精力和篇幅,论证中国文化与民主和科学的精神并不相违背,中国文化可以接纳它们并把它们作为从中国文化中生长出来的东西来对待。①

上述定义较为全面,遂成为学界通识。汤用彤学术思想及其实践都符合以上新儒家的定义和标准,因此他可以属于现代新儒家,从而使我们得以拓宽新儒家的研究范围。

现代新儒家可分成推崇心学(熊十力、牟宗三等)和理学(冯友兰等)两派。这些前贤都主张继承传统,吸收民主科学,分歧在于对儒家本体的认识:前者以心为本,后者以理为本,由此派生出不同的现代化方案。汤用彤虽不厚此薄彼,但对现实国情中"贫弱""浮嚣"诸弊的治理,他更倾向于以理为本。他说:

> 夫志行既薄弱矣,又加之以嚣张,既嚣张矣,又加之以虚浮。除此而外则又或根于第四原因者,则不明事势,遇事无科学上之一定之观察是也。……欲大有为者,非有清醒之头脑,正确之思想不可。而吾国一班士夫则尤弱于此,不明理势,散布其害种恶果遍国中,而及于吾辈青年者,则二事为大。二者为何?一则偏于理想,一则偏于表面是也。偏于理想者何也?盖平时未尝有线索、有法则、有科学上之思想论断故也。刻平日所学,不过发达心智,未发助其任事才力哉,任事之才力虽或得之于经验,亦可得之于学问。盖如取学问,抱其精华而使其为我所有,则亦可以增进才力,遇事可不至张皇矣。②

汤用彤认为文化的融合、民主科学的发扬,既是社会发展变迁客观需要,也是各有其理为本体基础,因而他强调的"理势"观念具有客观必然性的合理因素。这种内在的"理"有超越性,所具备的外在规范作用正是救治国民"散漫""虚浮"的良药。

---

① 乔清举:《新儒家与儒学的现代转化》,《战略与管理》1994 年第 5 期。
② 《汤用彤全集》第 5 卷,第 28 页。

汤用彤通过对儒家精神的重新阐释，着力发挥儒学的理性主义，主张充分利用中国固有智慧资源，适当吸收西学，寻求新的机遇以开出一条新路。他丰富和深化了道德的内涵，把道德扩展为一种理性的能力。由是可深入理解他在《道德为立国之本议》一文中"兵战、商战之失败，实由于道德之不能战胜"的说法。以此观之，开出民主科学自然是道德理性的应有之义，其内蕴精髓与此后的五四精神无形中发生了思想上的联系。这一理路的发扬，对于走出新儒学"道德自我坎陷"说的困境，不失为有益的启示。

汤用彤与其知友陈寅恪、蒙文通、钱穆皆以考据见长而特别推崇理学。王守常、钱文忠共同撰文认为：世人都推崇陈寅恪、汤用彤打破了中西学的藩篱，竟忽略了他们消除汉宋学隔阂的努力。他们从事研究的真正目的绝不是就某学科而论学科，而是要将中西汉宋的门户用理性来打破并使其融会，从而促成民族文化的"终必复振"。以陈寅恪、汤用彤的学养，应是可以完成他们的意愿，至少是完成学理上的证明。正是希望能"阐王""进朱"以"明道德之要"，基本走汉学考据道路的汤用彤才会对宋明理学特别关注。如天遂人意，汤用彤会将研究领域扩展到宋学的。新儒学标举出"返本开新"以为法门。事实上，熊十力、梁漱溟、牟宗三更多的是做了"开新"的工作，"返本"则在当时未遑顾及。陈、汤的确做了迄今为止尚未得到真正理解的"返本"的工作，而且其目的正是在于"开新"。新儒家未遑"返本"，陈、汤未及"开新"。他们对中国传统文化的眷恋，实则是直关族类文化危机。因此，汤用彤就不可避免地要对儒学传统的阐释注入自己的理解，将朱学、王学之精髓赋予时代性进而阐发弘扬。这就是冯友兰所谓"以新文化来理解旧文化"，汤用彤已超越了康有为、谭嗣同时代的"以旧文化理解新文化"。① 该文虽沿用旧说认为汤用彤"固非新儒家"，但注意到他在"返本"问题与新儒家的一致性。此处所言"返本"与20世纪儒学演进由思想体系建构到学术研究的历程有关。汤用彤早在五四运动之前就自觉开始了这一转变，具体表现于清华时发表的系列文章及其身体力行中。他对于儒学现代转化所具有的方向性意义，迄今罕为学界所察知。

清华时期汤用彤民族危机的忧患意识，救亡图存的宏愿，已经由单纯政体的存亡绝续转向文化层面。他看到亡国灭种的政治危机，更深刻感到"我国如亡，则东方文化将随之消灭"② 的文化危机，因此强调救国"非有鞭辟近里之学不足以有为，尤非存视国性不足以图存"③。汤用彤逆科学和实业救国之风提出

---

① 参见王守常、钱文忠《国故与新知的称星》，《读书》1991 年第 7 期。
② 《汤用彤全集》第 5 卷，第 49 页。
③ 《汤用彤全集》第 5 卷，第 3 页。

"理学救国"论,是因为他认为"国之强盛,系于民德",因而试图以理学来增强道德,医治弱症。此后,汤用彤将主要精力集中到文化交流史研究上,没再明提"理学救国",但"以道德为指归"的理念仍贯穿于汤用彤文化思想的始终。张岂之认为:"虽然此文中某些论点还不成熟,但是这些都不影响汤先生面对东西方文化所选择的评价角度。铸造人的优良道德品质,这是汤先生文化比较观的出发点。这一出发点恰恰就是中国早期儒学'人学'和西方文艺复兴时期'人学'的结合。他从西方撷取了'理性'概念,又从儒学'人学'继承了道德是人的特性的观点,将二者加以结合。这是一个非常重要的发端,从汤先生一生的学术经历来看,他融治学与为人于一炉;后来他研究玄学、佛学,以及西方哲学,最关注的是各种学说关于人的主体性的论述。他提出玄学之境界说,注重斯宾诺莎《伦理学》及其'上帝'观念,以及洛克的经验主义学说,都是紧紧围绕文化如何铸造和提升人的道德品质这一主题。"① 此言可谓深得汤用彤为人为学及其道德观之精髓。

综上可见,《理学谵言》可谓汤用彤的一篇文化宣言,无论是对他的治学方向还是对《学衡》宗旨的确立,都具有奠基作用。从此他将自己的学术生涯规划与民族文化的发展前途紧密联系起来;其中追求的道德人格精神,经过新人文主义的创造性诠释和现代转换,对他的全部学术研究更具指导意义。他的相关研究凸显了人格精神在文化对话、融合中的价值和地位,为中国文化融旧立新、多元一体的重构做了抉择建材的奠基工作,也为儒学史、佛教史和文化史研究开辟出新途径。回顾和梳理学衡派的发展道路,不仅对于儒学的现代转化有重要意义,还对更有效地促进中国哲学史和文化研究范式的发展创新有深刻启迪。

(赵建永:天津市社科院哲学所研究员)

---

① 张岂之:《汤用彤关于中外文化比较的观点和方法》,张岱年、汤一介等:《文化的冲突与融合——张申府、梁漱溟、汤用彤百年诞辰纪念文集》,北京:北京大学出版社,1997 年,第 113~114 页。

近代中国转型时代"政教关系"问题

——以反思"孔教"运动为核心

吴 震

19世纪末戊戌变法的失败,给中国传统社会带来了剧烈冲击,一是引发了空前的中国政治秩序危机,一是中国传统文化开始遭到普遍质疑,进入了"重新估定一切价值"(胡适引尼采语)的时代。就在戊戌变法之际,康有为提议重建"孔教",以为由此可以在中西文化冲突的背景下,一举解决"保国"与"保教"的问题。辛亥"共和"之后,康有为仍不放弃自己的理念,在其弟子陈焕章主持下,于1912年底建立了"孔教会"组织,并两次(1913年和1916年)发动向国会请愿立孔教为"国教"的立宪运动,结果都未成功。由于袁世凯和张勋先后两次帝制复辟均对"孔教"势力有所利用,更使孔教运动失败。与此同时,1916年《新青年》为代表的新文化运动也增强了批孔的火力,从此康有为等孔教徒被视作旧文化、旧势力的代表,再也无望在中国政治舞台上重新出场。

从戊戌变法到新文化运动,在各种"主义主张""问题符号"激起的"思想战"此起彼伏中,孔教问题始终隐伏其中。表面看,参与孔教论战的双方在争执两个问题:儒教是否是宗教? [①] 共和政体是否需要孔教? 然而事实上,在孔教问题的背后存在一个更为本质性的问题:应当如何处理政教问题以重建中国政治社会秩序。

本来,"政教"一词在中国传统文化的语境中,无非是指政治与教化,两者关系并不构成严重的冲突。然而到了19世纪末,在西化思潮的不断冲击下,

---

① 须说明的是,本文所用"儒教"一词,主要指儒家的一套教化思想体系,故与"儒学"属同义词。只是本文并不刻意地区分使用。

随着各种外来的政治学说、宗教势力广泛渗入,政教问题的性质发生了重要转变——政治与宗教究竟应当互不干涉还是应当携手合作? 不少人意识到中国传统文化不行的原因是由于缺乏宗教,因而应当模仿西方也在中国重建宗教,由此改善文化体质,增强抵抗外力的机制。于是,政教问题陡然成为与文化革新、体制变革密切相关的一项重要议题而广受关注。

　　特别是在当今"康有为热"的背景下,政教问题也随之升温,相关的探讨似已不能满足于历史性的描述,更应进入理论上的重建。究竟何谓政教? 两者的理想状态究竟应当如何调适? 本文的探讨并不是建构性的,而是采取描述性的策略,以反观历史上各种有关政教问题的论述特质,并对此略做反思性的探讨。

一、政教问题何以成了"显题"?

　　举例来说,21 世纪初就有专门探讨"政教合一与中国社会"的论著,将中国传统社会的整个历史描绘成"政教合一"的形态;更早,在 20 世纪八九十年代有关儒教是不是宗教的学术论辩过程中,相似论调就已出现。[①] 时过境迁,随着"政治儒学"研究的兴起,连续两年有三部厚重的研究政权问题的艺术专著出版,其中两部的书名堂而皇之地采入"政教"一词。[②] 一方面,仍有一些学者自觉或不自觉地使用"政教合一"概念来覆盖秦汉以来两千年中国文明史;另一方面,站在一定的理论自觉高度,试图对中国未来的政教走向重新规划蓝图。这预示着学界的关注点在变化,政教问题正成为"显题"。

　　关于"政教关系"(State–Church Relationship)[③]问题,有学者认为中西历史上主要存在四种不同类型的政教关系,而历史上中国政教的形态则属于"政教主从"形态——既非严格的"合一"或"分离",形态亦非宽松的"依赖"形态,中国宗教发挥的是"阴翊王化"的作用,王朝视宗教为辅助王权的工具,故政教关系又表现出"祭政合一"的特征。[④] 这个观点或有一得之见,因为政教关系在不同的历史文化体当中,确有类型不同的表现。但是,这种类型归纳法显

---

① 参见杨阳《王权的图腾化——政教合一与中国社会》,杭州:浙江人民出版社,2000 年;任继愈主编:《儒教问题争论集》,北京:宗教文化出版社,2000 年。

② 陆胤:《政教存续与文教转型:近代学术史上的张之洞学人圈》,北京:北京大学出版社,2015 年;张广生:《返本开新:近世今文经与儒教政教》,北京:中国政法大学出版社,2016 年;陈畅:《自然与政教:刘宗周慎独哲学研究》,上海:上海人民出版社,2016 年。

③ 参见邓正来主编《布莱克维尔政治学百科全书》,北京:中国政法大学出版社,1992 年,第 108 页。

④ 参见张践《论政教关系的层次与类型》,《宗教学研究》2007 年第 2 期。

得过于笼统。就中国历史而言,我们必须以先秦春秋时代为限设定两个历史时期:即春秋以前的上古中国和春秋以后特别是秦汉以来的(包括宋以后)的帝国时期,它们在政教形态上是有所不同的。

质言之,上古中国——即在"轴心突破"之前,宗教神权与国家权威在"天命"观的笼罩之下,处在合一的形态,用中国史的特殊说法,亦即"官师治教合一";而"轴心突破"之后,随着上天观念的人文化转向以及道德理性主义的崛起,特别是儒家文化的形成,政教关系被置于"天道"观的主宰之下,发生了重大的改变。帝王权威相对于儒家而言,固然拥有主导的地位,然而儒家的政治哲学中也有"从道不从君""威武不能屈"等"以道抗势"的传统,有以"仁"为核心的仁政王道的观念、"以德配天"的天命转移观念,汉代董仲舒则建立了"德主刑辅"的一套政治学体系以及利用"天意谴告"说来制约王权的观念,唐宋以后更有采用"道统"观念反过来制约王权的传统。要之,儒家高举"天道",要求君主共同遵守,从而构成政教关系的内在紧张,这就无法采用政主教从的谱系归类法来充分说明中国政教传统的特质。按照我们的看法,先秦之后中国文明在政教关系上的表现形态属于政教二元论下的"依赖"形态。关于这一点,我们在后面还会谈到。

值得关注的是,在 2016 年,中国大陆与台湾有两份重要的学术期刊不约而同地出版了讨论政教问题的专号,先是台湾的《思想》杂志第 30 辑以"宗教的现代变貌"为专辑,刊登了一组文章。其中的一篇标题有点耸人听闻:《两岸政教关系的发展及新局:过去与未来之间》,认为两岸在历史上曾经共享着"相同的过去","承继了中华帝国内政教关系的特色",只是从今往后,正在发生以及必将发生与以往"迥然不同"的政教"样貌","更面临相异的发展轨道及各自的危机"。[①] 但是作者显然对于 21 世纪以后,中国大陆在儒学复兴过程中有关政教问题的新探索缺乏全面的观照。接着,大陆的《原道》杂志为了回应"宗教中国化"这一时代课题,组织了一期"宗教中国化的多维视域"专题,刊登了《导言:政教关系的多维建构与对话》《政教关系——基督教对儒教建构的启示》等专题论文,试图从理论上探讨如何重构当代中国的"政教关系"。[②] 看来,政教问题正变得炙手可热,特别是对那些偏向于政治性复古思想立场的人来说,从政教问题着手,似乎是解决重建儒教为"国教"的一个突破口。

---

① 黄克先:《两岸政教关系的发展及新局:过去与未来之间》,《思想》第 30 辑,台北:联经出版事业股份有限公司,2016。

② 陈明、朱汉民主编:《原道》2016 年第 3 辑,北京:新星出版社,2016 年。

从历史上看,"政教分离"的进程在西方始于 16 世纪,经过 17 世纪宗教改革以及启蒙运动之后,迟至 18 世纪才逐渐定型为民族国家的立国原则。当代美国政治学家沃格林(E.Voegelin)指出:"实际上开始的是,精神生活从公共代表中被剪除,以及相应地政治被缩减为某种世俗的内核。……在这个过程中,如果真的可以确定某个重要日期的话,那么它大概必须是威斯特伐利亚条约(Treaties of Westphalia)得到签署的 1648 年。该条约的条款深刻影响了教会的利益。……从此以后,精神秩序的公共代表,至少从国际舞台上被剪除了。"同时他也指出,在整个西方,严格主义的政教分离政策的"完全首次出现于一个西方国家,就是 1789 年的美国宪法"[1]。质言之,威斯特伐利亚条约标志着以主权、民族为核心的,摆脱教会控制的现代性主权国家的产生,而美国《宪法》的规定则是指第一修正案:"国会不能立法建立一个国教,或禁止宗教的自由实践。"既防止了特定宗教成为国家政治意识形态,也有效地保证了各宗教发展的自由。要之,"政教分离"原则不是简单地向"前基督教文明"的政教二元形态的回归[2],而是在理性的基础上,将宗教神学与国家政治剥离开来,以建构理性法则为上的现代国家,从而使宗教回到其自身的本位,负担其指导个人精神生活的责任。

在学术史上,"政教合一"来自英文 Caesaropapism 的译名,顾名思义,这是指恺撒与教皇的合一,即政治权威与宗教权威的合一。严格说来,这是公元 4 世纪之后欧洲中世纪社会的特有现象。故有学者指出,基于这一概念的历史性,任何企图超出这一传统背景,而在其他文化传统当中去寻找"政教合一"的政治文化因素,并以此为由来讨论某种文化传统究竟是"政教合一"还是"政教分离"的问题,都不过是食洋不化的假议题。例如在传统中国,儒家从来都不是教会组织,因此不可能发生政教合一的问题。[3]这个论断无疑是正确的。但是,这个判断却可能遮蔽了非西方社会例如包括中国在内的东亚社会在历史上所存在的宽泛意义上的政教合一现象,而其中的"教"主要不是指宗教,而是指一套社会"教化"体系——如儒教。的确,儒家文化属于一种教化系统而非制度宗教,即便是汉代董仲舒(前 179—前 104)提倡独尊儒术之后,

---

① 〔美〕沃格林:《政治观念史稿(卷五)》《宗教与现代性的兴起》,霍伟岸译,上海:华东师范大学出版社,2009 年,第 23 页。

② "政教二元"其实是早期基督教主张的一个观点,见诸《圣经·新约》的一句话:"把恺撒的事情交给恺撒,把上帝的事情交给上帝。"(〔美〕莱斯利·里普森:《政治学的重大问题:政治学导论》,刘晓等译,北京:华夏出版社,2001 年,第 140 页)

③ 李明辉:《评论台湾近来有关"中华文化基本教材"的争议》,《思想》第 25 期,台北:联经出版事业股份有限公司,2014 年,第 277 页。这是李明辉针对张灏《政教一元还是政教二元?》一文(详下)所提出的批评。

儒学被提升为国家意识形态,具有笼罩整个社会生活的功能,但是儒学也从来没有成为一种真正意义上的严格宗教。

再看日本,日本在历史上也从来不是政教合一的国家政体,然而到了近代的明治帝国时期,严格来说,即以1890年《帝国宪法》为标志,成功地建构起国家威权主义的政教合一体制,这一特殊时期出现的政体怪胎(日本史上称为"国体")后来成为侵略战争的一架机器并为此付出了沉重的代价。这就说明政教合一在某种特定条件下是可以建构的,历史上不存在并不等于现实上不可能。

从政教关系的视域看,政教既是教会与国家之间建立联系的一种体制现象,同时在一种宽泛的意义上,也是人类精神生活与社会团体生活之间的密切联系。因此,在基督教文化以外的其他文化传统中亦存在广义上的政教合一形态,例如在春秋前的上古中国,便存在以巫史文化为特征的、以"官师合一"为形态的政教一元现象。只是春秋以后,随着人文主义的崛起,这种原始的政教一元现象发生了中断,以儒家为代表的中国传统文化并没有产生制度宗教,因而也无法实现政教合一体制,所以,将两千年中国历史文化称为政教合一形态的观点是不能成立的。[1]

众所周知,"政教"是春秋公羊学的核心概念,也是后世今文经学家据以论述政教思想的出典所在。《春秋公羊传》"隐公第一"篇首所载"元年"条,东汉今文经学家何休《春秋公羊传解诂》有注:

> 统者,始也,总系之辞。夫王者,始受命改制,布政施教于天下,自公侯至于庶人,自山川至于草木昆虫,莫不一一系于正月,故云政教之始。[2]

这是说,文王是受天之命,以正朔改制为始,同时又"布政施教"于天下,这就是"政教之始"。这里的"教",大致指一整套礼乐法度的体系。至于政教的关系,应当构成一套结构系统而不可分而为二的。

然而,公羊学的政治哲学并不能笼罩此后整个儒学发展的历史,更不能以此来取代儒家政教思想的立场,这一点同样是毋庸置疑的。像康有为为变法

---

[1]　如有学者指出,基于"天子"制度的政教合一形态则一直延续了两千年之久。(何光沪:《论中国历史上的政教合一》,任继愈主编:《儒教问题争论集》,北京:宗教文化出版社,2000年,第178页)杨阳的《王权的图腾化——政教合一与中国社会》亦持此说。张广生也用"政教合一"概念来指称中国历史文化的基本形态,参见张广生《返本开新:近世今文经与儒教政教》,北京:中国政法大学出版社,2016年,第188页。

[2]　《春秋公羊传注疏》,〔汉〕何休解诂,〔唐〕徐彦疏,刁小龙整理,上海:上海古籍出版社,2014年,第6~12页。

而炮制的《新学伪经考》所说的那样，古文经全都是刘歆为助王莽篡汉编造的伪经，只有今文经才是孔子的真传，所以就连清朝一代的汉学也无非是变乱孔子之道的"新学"，则显然都是经不起历史验证的臆说。诚如其弟子梁启超所揭示的，康氏的《伪经考》及其后来的《改制考》，都不过是"藉经术以文饰其政论"①，说的是实情。

那么，何休苦心拈出的"政教之始"说，在此后的儒学史上，有无后续的讨论呢？说实话，直至清代中叶孔广森《春秋公羊经传通义》，恐怕公羊学就一直处在默默无闻的境地而少有人问津。②原因很复杂，要之，公羊学杂糅了《春秋纬》等谶纬思想的资源，对《春秋》做了一些大胆的"神秘性"（梁启超语）解释，令后人望而却步。当然，公羊学的一些重要观念如"大一统"思想并未被历史完全湮没。

二、章学诚的历史想象：回归政教合一

自秦汉以降，提倡回归三代"官师政教合一"传统的主张，非清代中期民间史学家章学诚莫属。为进一步了解章学诚的有关"官师合一""政教合一"的历史描述，有必要回到思想史的语境中来具体考察。③

历史上，在孔孟时代，尽管并没有出现"政教"一词，但是在孔孟原典儒学中，重视"礼乐刑政"等政与教的问题则是毋庸置疑的。在先秦儒家典籍中，"政教"一词的出现频率属《荀子》最高，大致都是从教化角度而言的，如："政教习俗，相顺而后行"（《荀子·大略》），"本政教，正法则"（《荀子·王制》）等，其中的"政教"概指政治行为与教化措施，而"广教化，美风俗"（《荀子·王制》）则是荀子政教观的典型表述。在荀子看来，教化就是最大的政治，而政治的目标是"美风俗"，为达此目标就须以"广教化"为基础，反过来说也一样，"教化"的目标在于"美风俗"。在这个意义上可以说，政教"相顺"乃是荀子政教观的

① 梁启超：《清代学术概论》，《梁启超论清学史二种》，朱维铮校注，上海：复旦大学出版社，1985 年，第 64 页。另参见朱维铮《重评〈新学伪经考〉》，《中国经学史十讲》，上海：复旦大学出版社，2002 年，第 192~205 页。

② 民国初唐文治门生陈柱撰述《公羊家哲学》（撰于 1928 年，刊于 1929 年），在《撰述考》一章中，引韩愈之说"近世《公羊》学几绝"之后，断言："公羊之说，久成绝学，至清孔广森始著《公羊通义》。"此后罗列了六位治公羊学者之名：庄存与、庄述祖、刘逢禄、宋翔凤、陈立、皮瑞锡，但对他们的学说未及一字；后面又提到廖平和康有为，则以"说尤奇诡""益失其本真"斥之，表示不足为取，参见陈柱《公羊家哲学》，李静校注，上海：华东师范大学出版社，2014 年，第 148~149 页。

③ 关于章学诚的"官师政教合一"论，参见吴震《章学诚是"近代"意义上的"学者"吗？——评山口久和〈章学诚的知识论〉》，《南国学术》2014 年第 1 期，第 146~162 页。

典型观点。然而,"相顺"的前提是政教二元,正是在二元的基础上,才能实现两者"相顺"的理想状态。

在前孔子时代,即雅斯贝斯所谓的"轴心时代",一般认为普遍存在宗教意识特别强烈的现象,无论是古代埃及、巴比伦、波斯,还是古印度以及上古中国,都经历过神权笼罩一切的时代。在这一时代,各种神灵之间有一种特殊的联系,构成神灵的宇宙秩序与人间的世俗秩序的连接点在于普遍王权,普遍王权基于王权源于神圣世界的信仰,建构起政教合一的人间秩序。[①] 根据历史记载,"有夏服天命"(《尚书·召诰》)、夏禹"致孝乎鬼神"(《论语·泰伯》),而且每事必问卜筮,政令则假神意天命。故有学者断定,夏商周三代社会乃是典型的神权政治形态的政教合一体制,这就表明王者既是政治领袖又是群巫之长,甚至"帝"直接就是"王"(如商王)的祖先神灵的表征。[②] 按照史华慈的观点,上古时代的政教合一的社会秩序存在作为应然(as it ought to be)和作为实然(as it actually is)之间的张力。在西周早期随着"天命"新观念的出现,两者之间不得不发生了断裂,[③] 其结果出现了神权与王权各得其所的政教二元现象。

事实上,在上古中国,如《尚书·虞书》所载"天叙有典""五典五惇""五礼五庸""五服五章""五刑五用"等,均属于国家的一套仪典。在帝尧时代,舜担任执掌教育的司徒官职,以"五典"——父义、母慈、兄友、弟恭、子孝——为人伦美德教化的主要内容。关于这一点,又见于《孟子·滕文公上》的记载,突出了儒家伦理的"五伦"。班固《汉书·礼乐志》有明确记载:"古之王者,莫不以教化为大务。"《礼记·王制》则载司徒主管"修六礼以节民性,明七教以兴民德,齐八政以防淫,一道德以同俗,养耆老以致孝,恤孤独以逮不足,上贤以崇德,简不肖以绌恶"[④]。要之,司徒执掌的教育范围非常宽泛,包括礼、教、政、德等各个方面。

章学诚正是依据上述这些历史记载,认为在前孔子时代,只有官学,无私学,更无私人著述,"学者所习,不出官司典守,国家政教。"[⑤] 春秋以降,王官失于野,学术下私人,历史进入了诸子时代,于是,教育从"官司典守"分裂出去,国家政教也面临二元分裂,"官师合一"的传统终被打破,而章氏的理想是回归三代社会"官师合一"的社会政治体制。他指出:

---

① 参见张灏《从世界文化史看枢轴时代》,《二十一世纪》2000 年第 58 期。
② 参见张光直《中国青铜时代》,北京:生活·读书·新知三联书店,1999 年,第 415 页。
③ 〔美〕本杰明·史华慈:《古代中国的思想世界》,程刚译,刘东校,南京:江苏人民出版社,2004 年,第 53~54 页。
④ 〔清〕孙希旦:《礼记集解》卷十三《王制第五》,北京:中华书局,1989 年,第 361 页。
⑤ 〔清〕章学诚编著:《文史通义·原道上》,《章氏遗书》卷二,北京:文物出版社,1982 年,第 10 页。(下文同此版本)

　　　　盖君师分，而治教不能合于一，气数之出于天者也。周公集治统之成，
而孔子明立教之极，皆事理之不得不然，而非圣人故欲如是，以求异于前
人，此道法之出于天者也。①

　　　　教之为事，羲、轩以来，盖已有之。观《易·大传》之所称述，则知圣人
即身示法，因事立教，而未尝于敷政出治之外，别有所谓教法也。……治
教无二，官师合一，岂有空言以存其私说哉？②

章学诚认为周公至孔子之间发生的"官师分而治教不能一"的现象出现，乃是
"事理之不得不然"的历史趋势所使然，并非"圣人故欲如是以求异于前人"的
结果。

　　显然，章氏所描绘的是政教官师合为一体的历史场景，他依据伏羲、轩辕
以来的"虞廷之教"和《周礼》所载"司成师保之职"，判定"师者"同时就是"守
官典法之人"，故说"治教无二，官师合一"。由此看来，"治教合一"盖指三代
社会"政治—文教"体制而有别于"政治—神权"体制。自后世儒家文化成为
传统文化主流之后，儒家教化系统及其祭祀礼仪系统更为成熟，与国家政治组
合成一套"礼乐刑政"的典章制度。然而，章学诚强调的是古代王官之学"出
于公"而不出于"私"的观点，故回到"官师合一"也就意味着所有私人著述活
动都必须为"公家"服务。

　　显然，章氏对于上古时代"官师合一"的社会充满了想象和期望。令人颇
感兴味的是，人们在讨论中国历史上是否存在政教合一体制问题时，几乎都以
章氏的上述说法作为依据，不仅认定三代社会是政教合一的体制，而且以此推
论中国社会长期以来一直奉行政教合一的政体。其实，章学诚是托古论今，是
出于对春秋之后官学变私学、政教发生分离以至对他所生活的社会现状不满，
为从根本上扭转社会失坠的颓势，故而他重提"治教无二，官师合一"的社会
理想。可见，章氏期望重新"回向三代"的政教不分、官私著述统一于"时王"
的体制，目的在于实现其将经史之学、官私之学统一起来的学术主张，与此配
套，官师合一之政体也必须加以重建。故章氏又说：

　　　　"以吏为师"，三代之旧法也；秦人之悖于古者，禁《诗》《书》而仅以
法律为师耳。三代盛时，天下之学无不以吏为师。……东周以还，君师政
教不合于一，于是人之学术，不尽出于官司之典守；秦人以吏为师，始复古

---

① 《文史通义·原道上》，《章氏遗书》卷二，第11页。
② 《文史通义·原道中》，《章氏遗书》卷二，第11页。

制，而人乃狃于所习，转以秦人为非耳。秦之悖于古者多矣，犹有合于古者，"以吏为师"也。[①]

这里一连出现了四处"以吏为师"，成为整段叙述的核心概念，意同"官师合一"。在章氏看来，"以吏为师"是三代社会之"旧法"，东周以降虽已渐趋消失，然而秦朝曾一度恢复这一"古制"，尽管秦始皇的许多做法荒谬至极，其"以吏为师"的政策主张却值得肯定。因为这与章氏对上古历史的考察若合符节。

　　须指出，"以吏为师"确是法家为战国时代百家争鸣打上终止符的一个观点主张，也是法家为实现"车同轨，书同文"——"同文为治"这一政治理想的一个实践步骤，最早出自秦朝丞相李斯之口。他在秦始皇三十四年（公元前 213 年）所上的奏议中首先指出，当时存在"私学而相与非法教之制，人闻令下，则各以其学议之"的社会现象——即官师分离、政教分离之现象，这里的"私学"便是指战国时代的诸子之学。李斯认为"若有欲学法令，以吏为师"。（《史记·秦始皇本纪》）此即说，一国法令得以顺利实行，必须以"以吏为师"的国家政策为前提。韩非子也明确主张："故明主之国，无书简之文，以法为教；无先王之语，以吏为师。"（《韩非子·五蠹篇》）。然而，秦朝短命而亡，并不能证明秦朝推行的"以吏为师"的政教合一主张便是中国传统政治的常态。这一点就连章学诚也不得不承认。他说："至战国，而官守师传之道废，通其学者，述旧闻而著于竹帛焉。"[②] 又如：

　　　官师既分，处士横议，诸子纷纷著书立说，而文字始有私家之言，不尽出于典章政教也。[③]

也就是说，文化堕落与否的一个判立标准，端在于"官师合一"还是"官师分途"。由前者，则上古的"典章政教"犹有存焉；由后者，则必导致"处士横议"而"典章政教"湮没不闻。时势文运、一盛一衰，端赖于此。因此，可以确切地说，章氏的史学思想或者说政治哲学的整个基础就建立在一个支撑点上："官师合一""治教合一"。无论是他 36 岁时开始构思的《文史通义》还是晚年完成的《校雠通义》，都开宗明义地表示章学诚是从"官师合一"的立场出发来审视上古时代典籍史、文化史的。

---

① 《文史通义·史释》，《章氏遗书》卷五，第 41 页。
② 《文史通义·诗教上》，《章氏遗书》卷一，第 5 页。
③ 《文史通义·经解上》，《章氏遗书》卷一，第 8 页。

　　的确,进入汉代之后,被认为是荀子后学的著名儒者贾谊便对政、教、道的关系提出了新看法,反映了此后传统儒家有关政教问题的基本观点:

　　　　夫民者,诸侯之本也;教者,政之本也;道者,教之本也。有道,然后教也;有教,然后政治也;政治,然后民劝之,然后国丰富也。①

　　显而易见,从位序上看,道在上,教在中,而政在末。另外还有一个位序,则是民、诸侯、国家。从"民者诸侯之本","民劝"而后"国富"的叙述脉络看,这应当是孔孟儒家传统的民本思想之反映。

　　若将二者结合起来看,则在民本思想的前提下,政治属于为民服务的从属性存在,为达此目标而有必要实行教化,教化得以成立的依据在于"圣人之道"。可见,道、教(学)、政三者具有差序性特征,这就完全颠覆了秦代法家的"以吏为师"、政教合一的主张,将教置于治理国家、安顿秩序的第一序地位。质言之,此便是儒家"政由教出""教为政本"的传统政治学,充分表明儒家政教观属二元论下的依赖关系。

　　照余英时的判断,法家所谓的"以吏为师","也许比三代的政教合一更为严厉。但是事实证明,政教既分之后已不是政治势力所能强使之重新合一的了。"②洵为不刊之论。余英时在分析汉代酷吏现象时敏锐地指出,这与秦朝的"以吏为师"的政策有着思想渊源:"'以吏为师'使循吏的出现在事实上成为不可能。相反地,它却为酷吏提供了存在的根据。"③也就是说,尽管"以吏为师"的法家主张已不可能迫使社会的走向将已经分离的政教实现重新合一,但是法家思想仍在中国社会的传统体制中留下深刻的烙印,也是不可否认的历史现象。可见,政教、吏师已经分途,若无特殊的社会重大变化,一旦分途之后而欲将其重新"合一",则显然已无可能。至少从制度史的角度看,汉代以郡县替封建之后,"以吏为师"已完全失去制度的依托。与此同时,汉代儒者的地位上升,教育的普及以及官员的知识化趋向,也必使"师"的身份从政治剥离出来而拥有独立的地位。更重要的是,根据儒家的观念,"道"才是高于"政教"而又能连接"政教"的终极存在,而"道"的承担者则是传统儒家的士人。

　　总之,章学诚所谓的"治教无二,官师合一""古者官师政教出于一"④,既

---

① 《新书·大政下》,《百子全书》,杭州:浙江人民出版社,1984 年。
② 余英时:《士与中国文化》,上海:上海人民出版社,1987 年,第 170~171 页。
③ 余英时:《士与中国文化》,上海:上海人民出版社,1987 年,第 171 页。
④ 《文史通义·原道中》,《章氏遗书》卷二,第 11 页;《文史通义·感遇》,《章氏遗书》卷六,第 53 页。

是对春秋前的一种史学描述,同时也是对未来社会的观念想象,并不是先秦之后中国社会历史的实际状况,更不是孔孟为代表的儒家政治文化的立场。至于儒家政治文化的基本立场,则可一言以蔽之:"以政统言,王侯是主体;以道统言,则师儒是主体。"① 也就是我们所说的二元论下的政教依赖形态,表现为道统与政统、王权与师儒之间的彼此牵制或互相依赖的关系。

三、康有为"孔教国教化"的政教设想

尽管政教问题在中国历史上源远流长,但是正如本文开头所言,它成为时代课题,则发端于近代中国。在面临西方文化强势冲击的背景下产生,政教问题是 19 世纪末期中国知识分子心头无法绕过的议题。在此过程中,康有为(亦含梁启超)对政教问题的思考,值得我们关注。因为在人们的印象中,康氏的孔教运动无非是主张政治威严主义的政教高度合一,而倡议孔教的思想实质就在于主张文化专制主义,恰与新生的现代民族国家形态的共和体制背道而驰。然而事实上,康有为在政教问题上并不是"政教合一"论者,他一贯坚持的毋宁是"政教分离,信仰自由"的立场,尽管在有些场合,这只是一种宣传策略,而其对"政教"概念的理解在多数场合也并不清晰。②

1911 年《戊戌奏稿》在日本出版,现被研究证明,其中所收的大部分奏折并非戊戌年的原作,而是后来的"另作"或"改写",特别是其中著名的《请尊孔圣为国教立教部教会以孔子纪年而废淫祀折》(通称《国教折》)其实是根据后来发现的档案资料《杰士上书汇录》所收的《请商定教案法律,厘正科举文体,听天下乡邑增设文庙,谨写〈孔子改制考〉,进呈御览,以尊圣师而保大教绝祸萌折》(通称《保教折》)改写的。③ 另据《康南海自编年谱》戊戌五月一日条的记载:"凡有教案,归教会中按照议定之教律商办,国家不与闻,以免各国

---

① 余英时:《士与中国文化》,上海:上海人民出版社,1987 年,第 102 页。

② 王国维早在 1905 年就已洞穿康有为、谭嗣同等维新派"于学术非有固有之兴味,不过以之为政治上之手段",痛斥当时以学术"为政论之手段"的风气(姚淦铭、王燕编:《王国维文集》第三卷,北京:中国文史出版社,1997 年,第 37、39 页)。

③ 关于《戊戌奏稿》的真伪问题,参见黄彰健《戊戌变法史研究》,台北:"中央研究院"历史语言研究所,1970 年,第 555~557 页。20 世纪 80 年代初,故宫档案馆收藏的奏折原件《杰士上书汇录》被发现,证明《国教折》便是《杰士上书汇录》所收的《保教折》的改作。参见黄明同、吴熙钊主编《康有为早期遗稿述评》,广州:中山大学出版社,1988 年;孔祥吉编著《康有为变法奏章辑考》,北京:北京图书馆出版社,2008 年;茅海建《从甲午到戊戌:康有为〈我史〉鉴注》,北京:生活·读书·新知三联书店,2009 年。唐文明根据诸多文献的内证,推测《国教折》大致作于 1904 年或稍后,参见唐文明《敷教在宽:康有为孔教思想申论》,北京:中国人民大学出版社,2012 年,第 151 页。

借国力要挟。"披露了康氏撰写此《折》的一个重要背景：即戊戌一月山东胶州湾发生德国士兵上岸，侵占即墨城，驻扎在文庙而引发全国抗议骚动的事件。为防今后此类事件再次发生，康氏建议政府应尽快"制定"教会，再由教会制定"教律"，今后若有教案发生，就有法可据，而不必由国家（政府）出面干涉，由此可避免外国势力常以各地教案为由动辄向清廷发难。康氏的这个设想，在后来改作的《保教折》中具体表述为"政教各立，双轮并驰"这一观点。

　　在康有为看来，外国势力借教案向清廷追责的理由就在于他们总以为教案背后存在政府的支持，也就是说，教案的发生完全是由于中国政府仍在推行"政教一体"的缘故。因此，为从根本上防止外国势力借教案生事，康有为认为唯有通过"教会""教律"来独自处理，作为国家权力机构的清廷政府不宜再在教案事件中充当责任角色。这就是上引《自编年谱》所谓"国家不与闻"的真意所在。但是，为了做到这一点，有必要向外国学习，建立"政教分离"的政治原则，由此才能使"政教"两不相害以收"以相救助"的效果。那么，如何立"教会"、定"教律"呢？《保教折》建议：

> 查泰西传教，皆有教会，创自嘉庆元年，今遂遍于大地。今其来这，皆其会中人派遣而来，并非其国所派，但其国家任其保护耳。……今若定教律，必先去其国力，乃可免其要挟，莫若直与其教会交，吾亦设一教会以当之，与为交涉，与定合约，与定教律。

具体的组织结构及其操作办法是：

> 若皇上通变酌时，令衍圣公开教会，自王公士庶，有士负荷者，皆听入会，而以衍圣公为总理，听会中士庶公举学行最高（者）为督办，稍次者多人为会办，各省府县，皆听其推举学行之士为分办，籍其名于衍圣公。衍圣公上之朝，人士既众，集款自厚。听衍圣公与会中办事人，选举学术精深，通达中外之士为委员，令彼教总监督委选人员，同立两教和约，同定两教法律。……教皇无兵无舰，易与交涉，宜由衍圣公派人驻扎彼国，直与其教皇定约、定律，尤宜措词。教律既定，从此教案皆有定式……①

简单地说，康氏设想经"皇上"指定，由孔子后裔"衍圣公"出任"总理"，下层

---

① 《杰士上书汇录》，黄明同、吴熙钊主编：《康有为早期遗稿述评》，广州：中山大学出版社，1988年，第289页。

机构由地方精英组成，再由衍圣公委派人员与外国教皇直接交涉，共同制定两教"和约"及"教律"，从此之后，便不会再有教案骚扰国政之忧了。这是一个十分美妙而诱人的计划，其中的关键处在于：为实现中国与外国的两教签订"合约"，首先须在中国建立"教会"，以便与外国教会能坐到一张谈判桌上来，而这个中国"教会"则非"孔教会"莫属。尽管这一一这项设想在戊戌当年并未实现，要等到1912年底才最终实现，但也好景不长。

然而不得不说，"衍圣公"的身份有点特别，由其与"总理各国事务衙门"一起"会同"商议各种外交事务，是否可行，也颇值怀疑。[1] 按康的本意，意在"以教制教"，但这不过是一厢情愿，他对西方教会的历史也缺乏了解。更重要的是，衍圣公或许只是虚名，其实是由"公举学行最高（者）办督办"，此"学行最高"者，恐怕康有为设想的正是自己。顺便一提，在后来改写的《国教折》（见《戊戌奏稿》）中，全然不见"衍圣公"一说，其由不明。[2]

通过对原折《保教折》与改作的《国教折》的比较考察，可以看出，原折中并没有出现"治教分途""信教自由"等说，而在改作的《国教折》中，康氏根据公羊学的"三世说"，通过对中国政教史的考察，强调有必要由乱世的治教合一转向近世的治教分途。他说：

> 夫孔子之道，博大普遍，兼该人神，包罗治教，固为至矣。然因立君臣夫妇之义，则婚宦无殊；通饮食衣服之常，则齐民无异。因此之故，治教合一。奉其教者，不为僧道，只为人民。在昔一统闭关之世也，立义甚高，厉行甚严，固至美也。若在今世，列国纵横，古今异宜，亦少有不必尽行者。其条颇多，举其大者，盖孔子立天下义，立宗族义，而今则纯为国民义；此则礼规不能无少异，所谓时也。……故今莫若治教分途，则实政无碍而人心有补焉。[3]

本来，孔教具有"兼该人神，包罗治教"的普遍性，是治教合一的，是为"天

---

① 茅海建批评此设想方案"亦近同于说梦"，参见茅海建《从甲午到戊戌：康有为〈我史〉鉴注》，北京：生活·读书·新知三联书店，2009年，第446页。

② 其实，康有为晚年仍未改变这一想法，如1911年12月《共和政体论》中，他设想的虚君共和制是："夫立宪君主，既专为弹压不争乱而立，非待其治世也，诚合乎奉土木偶为神之义，则莫如公立孔氏之衍圣公矣。"（〔清〕康有为：《康有为全集》第9集，姜义华、吴根樑编校，上海：上海古籍出版社，1990年，第248页）康有为认为君主立宪当配以"土木偶为神"的宗教力量，而此宗教力量的象征性人物则非"衍圣公"莫属。

③ 〔清〕康有为：《康有为全集》第4集，姜义华、吴根樑编校，上海：上海古籍出版社，1990年，第98页。

下""宗族"而立的,时至今日,由于"国民义"新出,故不得不改变"礼规"。基于此,康氏建议"故今莫若治教分途,则实政无碍而人心有补焉"。进而主张:"政教各立,双轮并驰,既并行而不悖,亦相反而相成。国势可张,圣教日盛,其于敬教劝学,匡谬正俗,岂少补哉?"①无疑,在康有为看来,国家重建须先解决政教问题,通过政教分离的方式,来确立孔教为国教。换言之,为实现政教分离,故有必要立孔教为国教,这才是《国教折》的核心思想。这一思想自戊戌至辛亥的后期,康有为并未发生根本的改变。②

在辛亥革命后、孔教会成立前,即1912年的五六月间,康有为作《中华救国论》,复申《国教折》的"政教分离"主张:

> 今则列国竞争,政党为政,法律为师,虽谓道德宜尊,而政党必尚机权,且争势利,法律必至诈伪,且无耻心,盖与道德至反。夫政治法律,必因时地而行方制,其视教也诚,稍迁阔而不协时宜,若强从教,则国利或失。故各国皆妙用政教之分离,双轮并驰,以相救助。俾言教者极其迁阔之论以养人心,言政者权其时势之宜以争国利,两不相碍而两不相失焉。今吾国亦宜行政教分离之时矣!
>
> 故以他教为国教,势不能不严定信教自由之法。若中国以儒为国教,二千年矣,听佛、道、回并行其中,实行信教自由久矣。然则尊孔子教,与信教自由何碍焉?③

依康氏,预设"政教分离"的逻辑是,因"各国皆妙用",故"吾国亦宜行"。表明这是一种策略性措施,是为了应对当今世界的大势所趋。有学者指出:"因此在制度和仪式的层次,孔教的构想除了部分源于传统的祭孔和祭天之外,其他几乎完全仿自基督教。"④这是说,"孔教"无非是对外国宗教的模仿而已。然而,"政教分离"与"立孔教为国教"的思想立场如何衔接,则需另加细察。

在我们看来,在原作的《保教折》中并未出现后来"改作"《国教折》中出现的"政教分离""信仰自由"等说,难以认定这是戊戌年康氏的真实想法还

---

① 〔清〕康有为:《康有为全集》第4集,姜义华、吴根樑编校,上海:上海古籍出版社,1990年,第98页。

② 唐文明:《敷教在宽:康有为孔教思想申论》,北京:中国人民大学出版社,2012年,第135、168页。

③ 〔清〕康有为:《康有为全集》第9集,姜义华、吴根樑编校,上海:上海古籍出版社,1990年,第327页。

④ 黄克武:《近代中国的思潮与人物》,北京:九州出版社,2013年,第309页。

是后来添加进去的(尽管何年添加,尚有争议)。日本学者村田雄二郎根据康有为同时期所作的《日本政变考》,认为其中的文字与原折《保教折》一致,其设想"很可能是日本的神道国教化政策",康氏主张设立"教部"作为中央机构以取代"礼部",这个想法的实质"是毫无疑问的政教一致的统治原理"而不是所谓的"政教分离"。[1] 此说当可从。

行文至此,似有必要了解一下康氏所谓的"教"究为孔教之"教"还是西教之"教"。其实早在戊戌变法前,康有为就开始关注西学,甲午之后更是"大搜日本群书",1896年始撰《日本书目志》至次年完成,其中就专门辟有"宗教门"一类。在康氏收罗的各种宗教书目中有一本值得注意,即1884年日本出版的《改订增补哲学字汇》(井上哲次郎等著)[2],其中正式以"宗教"来译religion。然而,在1912年的《孔教会序二》中(内容多采自此前的《中华救国论》),康氏梳理"宗教"概念时,对日本译名表示了不满,并提出了他自己对"教"的独到理解:

> 今人之称宗教者,名从日本,而日本译自英文之厘离近(Religion)耳。在日人习用二字,故以佛教诸宗,加叠成词,其意实曰神教云尔。然厘离近之义,实不能以神教尽之,但久为耶教形式所囿,几若非神无教云尔。然教而加宗,义已不妥,若因佛、回、耶皆言神道,而谓为神教可也,遂以孔子不言神道,即不得为教,则知二五而不知十者也。……太古草昧尚鬼,则神教为尊;近世文明重人,则人道为重。故人道之教,实从神教而更进焉。要无论神道人道,而其为教则一也。譬如君主有立宪专制之异,神道之教主独尊,如专制之君主焉;人道之教主不尊,如立宪之君主焉。不能谓专制之君主为君主,立宪之君主为非君主也。然则谓言神道者为教,谓言人道者非教,谓佛、耶、回为教,谓孔子非教,岂不大妄哉? [3]

"教"有两种:"神道"教与"人道"教。就历史而言,太古尚鬼神,故以"神道"为教,近世重人道,故以"人道"为教。这一历史描述显然含有价值判断:近世

---

① 村田雄二郎:《孔教与淫祠——清末庙产兴学思想的一个侧面》,〔日〕沟口雄三、小岛毅主编,孙歌等译:《中国的思维世界》,南京:江苏人民出版社,2006年,第555~556页。

② 参见曾传辉《宗教概念与迻译与格义》,《世界宗教研究》2015年第5期。

③ 〔清〕康有为:《康有为全集》第9集,姜义华、吴根樑编校,上海:上海古籍出版社,1990年,第345~346页。按,日本最早的英日辞典《英和对译袖珍辞书》中,译"religion"为"宗旨、神教"。然我们不能确定康有为是否读过此书。只是在康氏看来,"宗教"源自佛教的"宗之教",这显然以佛教即神教来理解religion。

的"人道"教比上古的"神道"教更显进步。而孔教就是"人道"教(尽管其中"兼存鬼神"),这应当是康氏对孔教的一项基本定义。但是到了辛亥共和之后,他把"政教分离,双轮并驰"敷衍成"教化之与政治,如车之双轮而并驰"①,释"教"为"教化"而避言宗教,显然他意识到宗教的多义性,认为儒教的人道教有别于西学的神教。

由上所述,康有为在孔教运动中宣称他在政教问题上不取孔子时代"据乱世"的"政教合一"立场,而取当代"升平世"各先进国的"政教分途,双轮并驰"的立场,而且按照康有为的说法,中国历史上向来就有儒、释、道、回并存的信仰自由传统,另一方面,他又表示"宗教"一词有"神道人道"这两种基本含义。这两种"教"有"上古草昧"时代与"近世文明"时代之别,上古"尚鬼"固然是"宗教",孔子"重人"而建的"人道之教"亦理应是"宗教",反映了其进化论式的宗教观。但是,他对西方的制度宗教显然缺乏知识上的深入了解,其所言人道教也缺乏进一步的内涵论证,故与现代新儒家如钱穆、牟宗三所说的"人文教"不可相提并论。②

要之,辛亥以后,要求政与教、政与学进行严格分离的观念已渐深入人心,以民国政府教育总长的蔡元培所宣称的"忠君与共和政体不合,尊孔与信教自由相违"③为标志,自此以往,政教分离的观念遂成大势,最终,不论是保守派张之洞重返"政教相维"还是维新派康有为重建"国教"的主义主张都遭到了时代的遗弃。

四、关于"近代新儒学"

在近代思想史上,"政教"问题备受关注,显然与康有为的孔教运动密切相关,他在汲取西方政治经验的基础上,提出"政教分离,双轮并驰"的政教主张,道理虽不错,却并非其本愿。因为其内心仍然无法放弃立孔教为"国教"的夙愿,然而他自己可能也不太了解"国家宗教"的设想是对现代国家"政教分离"原则的严重背离,因为任何一个奉行政教分离的现代国家都将禁止设立"国教"作为首务。他以孔子为"大地教主"、以"衍圣公"为"总理"的孔教会设想,也被视为离经叛道莫此为甚的怪论;他意在用儒变法,采取渐进主义的

---

① 〔清〕康有为:《康有为全集》第9集,姜义华、吴根樑编校,上海:上海古籍出版社,1990年,第343页。

② 参见钱穆《灵魂与心》,桂林:广西师范大学出版社,2004年;牟宗三:《生命的学问》,桂林:广西师范大学出版社,2005年。

③ 中国蔡元培研究会编:《蔡元培全集》第2卷,杭州:浙江教育出版社,1989年,第135页。

方式,来重建"虚君共和"的体制,企图力挽传统儒学于狂澜既倒之势。但其思想又有理想主义的一面,如《大同书》(约成于 1902 年)便以公羊三世说为基础,杂糅西方的自由平等博爱等近代思想,主张消除国界、阶级、种族等所有近代国际法的规则,实现无差别的大同主义世界秩序,尽管这种"大同主义"无非是一种乌托邦。

　　"五四"以后中国步入了激进的理想主义时代,对传统的反叛与颠覆是前所未有的,而康有为等保守派往往与保皇派一起构成了企图倒转历史的旧势力,因此新文化运动与孔教运动完全属于两股道上跑的车,甚至孔教运动反过来成了催发新文化运动的一个直接原因。然而在康有为的思想激情中其实并不缺乏理想主义,他对晚清帝制中守旧势力看不惯,如同他对共和新潮中激进势力看不惯一样。根本原因或许在于:他既是一位政治保守主义者,又是一位社会理想主义者。故他的思想性格有时会表现出分裂的一面。但是,保守主义与理想主义的奇妙结合恰恰构成康有为的独特风貌,使其成为开风气之先的思想人物。正是在这一特定的意义上,康有为可谓"近代新儒家",尽管有学者称其为"最后的儒家"[1],而其思想影响也为时甚短且多为负面。客观地看,他的儒学思想囿于今文经学的狭窄范围,喜欢发挥"微言大义"般的宏论,既不屑于汉学的考镜源流的传统方法,也没有从西学那里学到严密的概念论证的方法,所以最终难以称得上是一位有学术建构力的思想家。

　　最后须指出,在康氏思想当中,孔教国教论与政教分离说、物质救国论[2]构成三足鼎立的关系,并非简单的政教二元或政教一元论者,其思想特质表现为极端的文化民族主义,是毋庸置疑的。但是,五四运动以降那些不革命不足以建设共和新体制、不打破传统、不推翻礼教便无法实现"现代化"的激进知识分子,将孔子与专制简单等同,将传统文化视作中国文明落后之根源等观点,显然也不免偏激而值得反省。康氏孔教运动失败的原因也值得深思,其根本原因不在于他在政教观上未能坚守政教合一的立场,而在于他过分自信地以为世俗儒教可以变身为如基督教一般的纯粹宗教,而且可以将孔教打造成君主立宪制的道德根基,然而事实上,在专制帝国已成崩塌之势的时代潮流下,他欲变世俗儒教为国家宗教是既无必要也不可能了。

　　发人深省的是,政教分离尽管是近代国家的立国原则,但是这一原则是否意味着国家不再需要宗教?倘若如此,是否意味着人类不再需要宗教?反过

①　Lin Mousheng, *Men and Ideas: An Informal History of Chinese Political Thought*, p.215.。转引自萧公权《康有为思想研究》,北京:新星出版社,2005 年,第 90 页。

②　参见 1905 年康有为的《物质救国论》,《康有为全集》第 9 集,姜义华、吴根樑编校,上海:上海古籍出版社,1990 年。

来说,如果宗教对人类精神生活而言仍然是不可或缺的,那么,国家应当如何对待和处理宗教事务?诚然,现代国家不再需要从宗教中寻求合法性,故无法在法律上规定某种特定宗教为"国教",因为这会违反信教自由的律则,但是国家仍然面临如何对待人类精神领域中的宗教－文化问题。在当今世界的某些民主国家和地区,宗教势力开始被有条件地允许参加政治活动以及介入公共议题的讨论,而政府也面临如何善待宗教以维护民族文化尊严,严格主义的政教分离正受到新的挑战。我们知道在现代中国,儒教已经丧失前近代的制度依托,儒教也从来不是制度性的严格宗教,但是儒家作为一种文化传统,它的伦理价值观如对仁爱、正义、王道等的执着信念依然存在,我们应当如何通过创造性转化来善待儒教,如何重建合理性的政教关系,这些都是我们今后思考中国文化未来走向时,不得不面临的严肃课题,需要我们认真思索。

（吴震：复旦大学哲学系教授）

主体与德性：试论传统儒家主体性问题

沈顺福

在现代理论中，主体是一个十分重要的概念。在汉语学术界，主体一词至少有三种用法，即结构主体（如主体部分）、行为主体（行为者）和个性主体。其中，个性主体便是本文所要讨论的主题。从历史发展来看，个性主体的出现与现代性观念的产生几乎同时。我们甚至可以将二者视作孪生观念，即现代人必定具备主体意识、主体思维或主体性。那么，中国传统文化尤其是儒家哲学是否具备主体性概念或类似的概念呢？中国古人是否具有主体性观念呢？

一、主体性：理性、自主性与个体性

在西方思想史上，强调个体的自主是其传统立场。

早期的亚里士多德尤其重视个体的自主性。亚里士多德指出："好的行为是一个目的，欲望追求它。因此，选择或者是一种审思理性，或者是一种理性欲望。这等行为的起源便是人。"①善在于目的。目的在于选择。选择依赖于理智。不仅如此，亚里士多德又说："选择既不能缺少理智和理性，也不能够缺少道德品质。一个好的行为，以及相反的行为，如果缺少了理智和品质的合作，也无法存在。"②选择还依赖于主体自身的偏好或喜爱等品质。喜爱引导欲望。因此，作为目的的善成为"值得欲望的东西"③。人们在追求善的同时，也

① Aristotle, *Nicomachean Ethics*, translated and edited by Roger Crisp, New York: Cambridge University Press, 2004, 105.

② Aristotle, *Nicomachean Ethics*, translated and edited by Roger Crisp, New York: Cambridge University Press, 2004, 104.

③ Aristotle, *Nicomachean Ethics*, translated and edited by Roger Crisp, New York: Cambridge University Press, 2004, 4.

能够获得某种情感的满足:"符合修养的行为便是愉快的。不仅如此,它们也是善良和高贵的。"① "对于喜欢快乐的人来说,快乐必然也是善良的。"② 这也是大众的共识,即善便是以自己的生活为基础的快乐和愉悦。亚氏对选择的重视,不仅体现了他对理性的依赖,同样反映了他对行为人个体意愿的尊重。这种行为人的意愿与理智,共同构成了主体的基本内涵:做自己想做的事,自己做主。

这种自主性意识在基督教传统中得到了继承。根据《圣经》的说法,人类的邪恶原因在于人类擅自做主。人类的自主意识是人类堕落的根源。自主意识便是奥古斯丁所"创造的意志概念"③。他认为人类的邪恶、堕落与苦难的根源在于人类的"自由意志":"由于错误地运用自由意志,导致了一系列的邪恶。正是这些邪恶所具有的悲惨将人类从如同腐烂的根系一般的毁坏源头带至第二次死亡。它没有尽头,只能通过上帝的恩典才能被免除。"④ 意志带来了邪恶,人类因此遭殃。基督教虽然承认了个体的自主意识与人类生存的密切关系,却消极地对待它。直到近代的马丁·路德才积极地对待人类的自主性,动摇了教皇与教会的权威,从而将信仰的基础归为人类自身:"我们应当大胆地相信并依靠自己对圣经的理解,来对教皇等所做的事情以及未做的事情进行判断。"⑤ 相信自己才是最可靠的。路德的信仰理论直接启发了近代主体性理论。

笛卡尔明确提出"我思故我在",不仅将理性思维视作自我的主要特征,而且当作唯一的确定者。理性的重要形式便是意志选择和判断:"正是意志,即自由选择能力,让我获得了如此巨大的体验。除了它,我想象不出其他的东西能够如此丰富与广阔。因此,主要是意志让我认识到我分享了上帝的形象与相似之处。……意志能力主要体现于以下方面,即我们能够做或不能够做某事。"⑥ 正是意志,彰显了人类的伟大:"意志根据自己的本性能够广泛地扩展自己。正是依靠它去自由地活动,人类才能够获得伟大的圆满。由此,我们以

① Aristotle, *Nicomachean Ethics*, translated and edited by Roger Crisp, New York: Cambridge University Press, 2004, 14.

② Aristotle, *Nicomachean Ethics*, translated and edited by Roger Crisp, New York: Cambridge University Press, 2004, 149.

③ Steven K. Strange, *The Stoics on the Voluntariness of the Passions, Stoicism: Traditions and Transformations*, edited by Stevenk Strange, New York: Cambridge University Press, 2011, 34.

④ Augustine, *City of God*, Encyclopaedia Britanica, Inc. 1952, 366.

⑤ Martin Luther, *Thesis and Address*, Harvard Classics, 沈阳:万卷出版公司, 2006年, 264.

⑥ René Descartes, *The Philosophical Writings of Descartes*, New York: Cambridge University Press 1984, 40.

一种特殊的手段掌控自己的行为，并受到赞扬或谴责。"① 意志的积极价值终于得到了承认。普芬道夫认为"人类的行为产生于意志"②，并将意志视为"人类特有的、区别于野兽的能力"③。从此，自由意志才成为人类活动的真正主宰。故黑格尔说："没有自由的意志是一个空洞的词汇，只有在意志中自由才能够成就现实，如同主体。"④ 主体便是意志自由。至此，人类的主体性得到完全的肯定与弘扬。

　　从西方思想史来看，近代的主体或主体性概念至少包含三项基本内涵。其一，主体性具有理性。在西方理性主义传统中，主体的内涵至少包含意识、理性，即主体的行为一定是有意识的、理性的行为。它通常表达了行为人的意志。意志，康德称之为实践理性。事实上，对应的西语是 subject。西语中的 subject 含有主观的意思。或者说，西语的主体与主观是一个单词。故"当我们说人们是主体时，他们的主体性包括两个中心部分，即理论上的自我决定或自我意识，以及实践上的自我决定或自律。"⑤ 主体性与主观性也是同一个词汇。这表明：主体性一定具有主观性，具有意识属性与理性色彩。黑格尔说："自由意志是思维的一种特殊方式。"⑥ 思维即是理性思维。自由意志即主体性实体。这种实体也是一种理性活动方式。因此。主体性必定包含理性。

　　其二，主体性是自主性，即它体现了行为人在理性的指导下自己判断、自主选择和自由决断的属性。行为人的立法者身份鲜明地体现了主体的自主性。其表现形式便是自己做主，在行为过程中，主体依靠理性给自己做主。这便是自我立法。其载体便是自由意志。康德说："所有人的意志原理，作为一种能够给出普遍准则的意志，假如得到了合理的判断，都能够非常适合地成为绝对命令，即普遍立法的意思指它不是立足于利益，因此在所有的可能的命令中，只有它是绝对无条件的。"⑦ 意志提供普遍法则，即意志是这个普遍法则的立法者，也是理性自我的最终裁决者。这便是近代哲学的一大成就：将人类的自我

① René Descartes, *Philosophical Essays and Correspondence*, Cambridge: Hackett Publishing Company, Inc. 2000, 240.
② 普芬道夫：《人和公民的义务》，北京：中国政法大学出版社，2003 年，第 27 页。
③ 普芬道夫：《人和公民的义务》，北京：中国政法大学出版社，2003 年，第 19 页。
④ *Georg Wilhelm Friedrich Hegel Werke 7*, Suhrkamp Verlag Frankfurt am Main, 1970, 4.
⑤ Michael Städtler, *Kant und die Aporetik moderner Subjektivität Zur Verschränkung historischer und systematischer Momente im Begriff der Selbstbestimmung*, Akademie Verlag GmbH, Berlin, 2011, 14.
⑥ Georg Wilhelm Fredrich Hegel, *Hegel: Elements of the Philosophy of Right*, Edited by Allen W. Wood, Cambridge: Cambridge University Press, 1991, 35.
⑦ Immanuel Kant, *Kritik der Praktischen Vernunft und andere kritische Schriften*, Koenemann, 1995, 229–230.

立法权从上帝手中夺回来。人类的事情由人类做主、行为个体做主。行为的主体便是自我。因此,哲学中的自我不仅是行为人,而且是能够做主的人。主体性一定具有自主性。

其三,主体性是个体性,即自主的行为人是一个独立的个体。自我立法不仅是人类从上帝手里夺得立法权,更重要的是,它将立法权交给了每一个独立的个体。其理论基础便是"人是目的":"行为的所有准则的基本原理必须是所有目的的主体即理性者自身,从来不能够被当作手段来用。相反,它只能够成为限制所有手段用法的高等条件,即在所有的情形下,人只能够是目的。"① 这里的人不仅仅指人类,而且主要指单个个体,即每一个人都是目的,即每一个人不仅能够自己立法,而且也是目的。事实上,目的与立法是一致的:立法者以自己为目的而立法。因此,每一个人都有尊严。在康德看来,人类尊严或价值的基础在于自律:"自律是所有的理性人类尊严的基石。"② 个体是目的、个体能立法、个体会守法,个体才会有尊严。个体性是主体性的基本内涵之一。

源自古希腊、发展于近代、成熟于康德时的主体性观念,成为一个与现代文明生死与共、休戚相关的观念。它不仅是近代政治文明的基础,而且也是近代道德文明、社会文明等的重要内涵。那么,以儒家为代表的中国传统观念是否也有这种概念或观念呢?

二、"主""体"与"自""我":从词源来看

主体概念是一个现代学术术语,在以儒家为主要部分的中国传统文化中并不存在。主体由"主"与"体"二字组成。在古汉语中,这两个字也是两个词。"主"《说文》曰:"主,灯中火主也。"③ 主即灯芯,灯火之源。源头是主。《黄帝内经》曰:"心主脉,肺主皮,肝主筋,脾主肉,肾主骨,是谓五主。"④ "心主脉"即脉搏源自心脏,或曰心脏乃是生命力之元。主的这一内涵依然保留在现代汉语中,原处、本原乃是其基本内涵。主即本源。古汉语的"体"字的原始含义《说文》曰:"总十二属也,从骨,豊声"⑤。所谓十二属,依段玉裁的注释,指人身的

---

① Immanuel Kant, *Kritik der Praktischen Vernunft und andere kritische Schriften*, Koenemann, 1995, 236–237.

② Immanuel Kant, *Kritik der Praktischen Vernunft und andere kritische Schriften*, Koenemann, 1995, 234.

③ 〔汉〕许慎:《说文解字》,天津:天津古籍出版社,1991年,第105页。

④ 《二十二子》,上海:上海古籍出版社,1986年,第904页。

⑤ 〔汉〕许慎:《说文解字》,天津:天津古籍出版社,1991年,第86页。

各部肢体,即头三、身三、手三、足三,共计十二部位。① 故此,体可以被解释为肢体和身体。身体是体字的原义。《易传》曰:"神无方而易无体。"(《周易·系辞传上》)东晋韩康伯注曰:"道者何? 无之称也,……,寂然天体,不可为象。"②此处的体主要指载体。身体也是一种载体。身体之义进而扩展为载体之义。我们将主、体二字合成,主体便可以用来指称作为本源的身体或载体。其中,按照中国传统思维模式,本源便是主宰,作为本源的载体便是主宰者。这便是现代汉语"主体"一词的由来。也就是说,现代汉语"主体"的意义起源于本源性载体。它和现代主体概念的内涵差别明显。前者突出本源性,后者强调自主性。由此看来,中国古人没有主体概念。有人可能会以为这是贬低中国哲学,其实不然。因为主体概念完全是西方近代哲学的产物。强行声称古人有主体概念,显然有些强词夺理。既然没有主体概念,那么我们古人是否有类似于主体的概念比如自我呢? 由于现代汉语自我概念的主体性意蕴充足,且由"自"与"我"两个古汉语字词组成,人们想当然地将"自""我"与现代自我概念等同。"自""我"概念是否等同或近似于自我呢?

古汉语"自"的小篆字形,像鼻子。故《说文》曰:"自,鼻也。"③"自"即鼻子。段玉裁注曰:"许谓自与鼻义同音同,而用自为鼻者绝少也。"④ 其实段氏误矣。鼻子是人的五官之一,主管气的吐纳。而气在中国传统哲学看来,乃是生存之元,即万物因气而生,失气而亡。所以,主管气的鼻子可以被视作生存之端。"自"因此具有开端之义。《韩非子》曰:"故法者,王之本也;刑者,爱之自也。"(《韩非子·心度》)爱自刑开始。《礼记》曰:"知风之自,知微之显,可以入德也。"(《礼记·中庸》)"自"即开始之处。故此,古汉语的"自"主要指行为的开始处。当它指人的行为时,这个开始处毫无疑问便是行为人。"自"虽然具有自我的某些特点,却侧重于揭示行为的出处,即此行为从此开始(行为人)。《周易正义》曰:"'自我致寇,敬慎不败'者,自,由也,由我欲进而致寇来已,若敬慎,则不有祸败也。"⑤ "自我"即源自于"我"。"自"强调本源。

古汉语的"我"字是象形字,像一种武器。作动词用时,"我"表示"杀",如"我伐用张"(《尚书·泰誓中》)。《说文》曰:"我,施身自谓也。或说我顷顿也。

---

① 〔汉〕许慎:《说文解字注》,〔清〕段玉裁注,上海:上海古籍出版社,1988 年,第 166 页。
② 《周易正义》,《十三经注疏》(上),〔三国魏〕王弼注、〔唐〕孔颖达疏,上海:上海古籍出版社,1997 年,第 78 页。
③ 〔汉〕许慎:《说文解字》,天津:天津古籍出版社,1991 年,第 74 页。
④ 〔汉〕许慎:《说文解字注》,〔清〕段玉裁注,上海:上海古籍出版社,1988 年,第 136 页。
⑤ 《周易正义》,《十三经注疏》(上),〔三国魏〕王弼注、〔唐〕孔颖达疏,上海:上海古籍出版社,1997 年,第 24 页。

从戈从羊,羊,或说古垂字,一曰古杀字。"① 由动词之杀伐演化出名词之"我",即,杀伐者:"我,谓宰主之名也。"② 经过杀伐,行为人获得了一些属于"我的"物品。"我的"即私人的:"不私权利,唯德是与,诚之至也,故曰'我有好爵',与物散之。"③"我"即私。故《论语》曰:"子绝四:毋意,毋必,毋固,毋我。"(《论语·子罕》)此处的"我"字,表示亲身或私利。汉语的"我"字,其日语形式是汉字"私"字。日语中的汉字承袭于唐朝的汉字。这不由得让我们产生某些联想:很可能唐朝时期的"私"字与"我"字互通,或曰古汉语的"我"便是"私"。

从"我"字的早期内涵来看,它主要指行为人的自称。子曰:"我非生而知之者,好古,敏以求之者也。"(《论语·述而》)子曰:"仁远乎哉? 我欲仁,斯仁至矣。"(《论语·述而》)子曰:"不怨天,不尤人;下学而上达。知我者,其天乎! "(《论语·宪问》)这里的我主要指行为人。孟子曰:"挟太山以超北海,语人曰:'我不能。' 是诚不能也,为长者折枝语人曰:'我不能。' 是不为也,非不能也。"(《孟子·梁惠王上》)我即行为人。行为人是一种物理载体。孟子曰:"凡有四端于我者,知皆扩而充之矣。若火之始然,泉之始达。苟能充之,足以保四海;苟不充之,不足以事父母。"(《孟子·公孙丑上》)"我"含四端之心。"我"含德性。《正义》解释曰:"'观我生进退'者,'我生',我身所动出。"④"我"即我的身体。从这些使用方式来看,"我"主要指行为人或行为主体。高本汉认为比较"吾"与"我",前者是主动,"我"是受动。⑤ 这也是语言学家对《论语》的统计后所得出的一个结论。"我"主要指包含了德性的行为人或行为主体,至于它是否具备个体性、理性与自主性等,从《论语》《孟子》以及《荀子》等文本来看,不甚明显。

从上述词源分析来看,"主""体"与"自""我"等仅仅侧重于物理性的行为人身份。这个行为人并无鲜明的自主性、个体性与理性等主体性内涵。"主""体"不是主体,"自""我"也不等于自我。故赫伯特·芬格莱特说:"我们应该尽力避免在孔子文本中使用自我一词。我们可以用'我'字来表示某人做什么,而不能够用它来表达那种具有在行为中能够进行内在自省的道德

---

① 〔汉〕许慎:《说文解字》,天津:天津古籍出版社,1991 年,第 267 页。
② 《周易正义》,《十三经注疏》(上),〔三国魏〕王弼注、〔唐〕孔颖达疏,上海:上海古籍出版社,1997 年,第 78 页。
③ 《周易正义》,《十三经注疏》(上),〔三国魏〕王弼注、〔唐〕孔颖达疏,上海:上海古籍出版社,1997 年,第 71 页。
④ 《周易正义》,《十三经注疏》(上),〔三国魏〕王弼注、〔唐〕孔颖达疏,上海:上海古籍出版社,1997 年,第 36 页。
⑤ 转引自李子玲《〈论语〉第一人称的指示义》,《当代语言学》2014 年第 2 期。

或心理能力的人。"①孔孟之"我"并非主体性的自我。由于自我一词由"自"与"我"两个汉字组成，许多学者望文生义，简单地将儒家文献中的"我""己"等想当然地解读为现代"自我"概念②，并依此臆说儒家主体性问题③，虚拟出儒家的"自我改造与自律"④等假说。这显然不符合事实。在儒家体系中，"我"并无明显的目的性。无目的性的"我"显然不能自己做主。不能自己做主的"我"不可能是主体性的自我，它充其量只能够算是物理性的行为人，缺少自主性。

三、德性与仁义道德"立法者"：从理论来看

　　传统儒家既没有主体概念，也没有与主体性相关的概念。那么，儒家哲学中是否有主体性观念呢？下面我们就从伦理学的视角来分析这一问题。在主体性视角下，道德必定是自律的。儒家道德是否具有自律性呢？或者说儒家道德是否属于自律性道德呢？孟子曾提出"义内"说，以为作为道德规范的义内在于人：由"浩然之气"便可以实现义。义来源于"浩然之气"或德性。这些材料似乎明确无误地表明：道德源自于人自身，或者说，人自身是道德规范的立法者。既然人自身是立法者，加上儒家一贯坚持恪守社会人伦规范、遵循道德规范，儒家似乎具有明显的自律性特征。不少学者如朱汉民便指出："所谓'主体性道德'，是指那种从道德主体的人本身，来说明道德价值的源泉、自由意志对善恶的选择，而不是把这一切，归之于某种外在权威的强制和传统习俗。以孔孟为代表的儒家伦理正是这样一种主体性伦理学说。"⑤他因此断定儒家是一种主体性伦理学。

　　儒家的道德是否是自律性道德的呢？按照康德的立场，自律性道德包括两项基本内容，一是道德律的自我立法，二是自我对道德律的遵循。按照这两项标准，我们得出否定的结论。这主要表现在仁义道德的起源与过程两个方面。从仁义道德的起源来看，传统儒家持两种立场，即人性本源论与教化本源

①　Herbert Fingarette, "Comment and Response," in *Rules, Rituals, and Responsibility: Essays Dedicated to Herbert Fingarette*, ed. Mary I. Bockover(La Salle: Open Court, 1991), 198–199.

②　Jiyuan Yu, *Soul and Self: Comparing Chinese Philosophy and Greek Philosophy*, *Philosophy Compass* 3/4 (2008): 604–618, Journal Compilation, Blackwell Publishing Ltd.

③　段智智：《从儒学的宗教性看儒家的主体性思想及其现时代意义》，《华中科技大学学报（社会科学版）》2003 年第 3 期。

④　Franklin Perkins: Mencius, Emotion, and Autonomy, *Journal of Chinese Philosophy*, 29: 2(June 2002) 207–226.

⑤　朱汉民：《儒家主体性伦理和安身立命》，《求索》1993 年第 2 期。

论。前者的最大代表是孟子,后者的最大代表是荀子。荀子的教化本源论将仁义道德的本源归功于圣贤的教化,以为人类的道德与文明等由圣贤创立,并教授给百姓。对于百姓来说,仁义道德等是外在的,而非由自己立法。因此,从荀子思想来看,儒家的仁义道德不是自律的。关于这一点,似乎没有多少异议。

异议主要存在于孟子道德理论。从表面看来,孟子眼中的仁义道德规范等源自于人自身("义内"),源自于"我"("万物皆备于我")等,其自律性尤其是由自己立法似乎是确定无疑的。但是,如果仔细推敲,我们会发现这种判断有些问题。按照康德的立场,自律是行为人个体的认识、判断与决断。个体性是其基本标志,也是最重要的要素。当我们说自我立法时,主要指每一个行为人的自主性。自主一定是个体的自主。我们甚至说,主体性就是个体性。没有个体性的主体性是空洞的。按照孟子的说法,儒家的仁义道德的基础是人性。而人性,宋之盛曰:"性,体也;知觉,用也。性,公也;知觉,私也。"[1]性是人类的公共属性,而非个体的意愿。没有了个体的意愿,这种起源算不上真正的"立法者"。牟宗三认为"儒释道三家,都重主体性"[2],原因便在于混淆了作为类的人性立法者与个体立法者的关系。传统儒家并没有将立法权交还给个体人。在孟子看来,人类道德的立法者乃是德性。

其次,从过程来看,自律的道德行为一定是有意识的行为,即理性的行为人有意立法、有意守法。主观故意是其基本特征。从儒家传统哲学来看,仁义道德行为是自然的,而非故意的。孔子的"为仁由己"(《论语·颜渊》)中的"己"即后来的善性。"为仁由己"的意思是顺其自然。孟子明确提出:"由仁义行,非行仁义也。"(《孟子·离娄下》)任由仁义之性自然而为,无需什么故意的动作。否则的话便是"揠苗助长"(《孟子·公孙丑上》)。王弼提出:"仁义发于内。"[3]仁义道德等内在于自然人性。其存在之道便是"不违自然,乃得其性,法自然者。"[4]朱熹曰:"愚谓事物之理,莫非自然。顺而循之,则为大智。"[5]大智慧便是自然无为。王阳明则认为道德规范如忠、孝、信等,"都只在此心,心即理也。此心无私欲之蔽,即是天理,不须外面添一分。以此纯乎天理之心,发之事父便是孝,发之事君便是忠,发之交友治民便是信与仁。"[6]忠孝道德本于

① 〔明〕黄宗羲等编:《宋元学案》(上),北京:中国书店,1990年,第266页。

② 牟宗三:《中国哲学的特质》,上海:上海古籍出版社,1997年,第4页。

③ 王弼〔三国魏〕:《王弼集校释》,楼宇烈校释,北京:中华书局,1980年,第94页。

④ 王弼〔三国魏〕:《王弼集校释》,楼宇烈校释,北京:中华书局,1980年,第25页。

⑤ 〔宋〕朱熹:《孟子集注》,《四书五经》(上册),宋元人注,天津:天津古籍出版社,1988年,第65页。

⑥ 〔明〕王守仁:《王阳明全集》,吴光、钱明、董平、姚延福编校,上海:上海古籍出版社,1992年,第2页。

心。由此本原心自然产生道德。"传统儒学的主旨是：人天生有颗善良的本心或良知，所谓做人，便是任由其本性自然，无需任何的刻意或人为。率性自然乃是传统儒家的伦理精神。"①率性自然是儒家仁义道德发生的基本机制。它显然对立于主观故意。

因此，从仁义道德的起源与发生过程来看，儒家仁义道德原理没有自律性，不属于自律性道德。没有了自律性便失去了自主性与主体性。有学者提出"儒家的主体不是一固定不变的实体，而是一以终极存有为指归的不停顿的自我转化、自我否定、自我超越、自我实现的活动和过程"②。其失误便在于对"我"的过度解读。从总体来看，儒家道德哲学中并无主体性观念。在儒家哲学体系中，仁义道德源自于德性，道德行为便是德性的生长与生成。我们可以这样说：儒家道德行为的"主体"是德性，即在道德活动中，德性是活动的主要角色。

四、无意与无我：对性之"欲"的态度

如果说古代儒家完全没有主体性、自律性观念，也有些过分。古代"欲"概念便具有一定的主体性色彩。在孟子、荀子思想中，"欲"字主要有两层内涵。其一，欲指人欲，利己之心，接近今日的欲望，如"鱼，我所欲也；熊掌，亦我所欲也。"（《孟子·告子上》）求鱼之欲便是利心。荀子曰："故圣人之所以同于众，其不异于众者，性也；所以异而过众者，伪也。夫好利而欲得者，此人之情性也。……凡人之欲为善者，为性恶也。"（《荀子·性恶》）利心便是欲。或者说，欲包含利心。欲属于一种心。在荀子看来，心具有未尝不臧的"成见"、未尝不两的"偏见"和未尝不动的"意见"等。这些都是某种意欲性、具有导向性的意识。它和主体性意识密不可分。由此来说，儒家视野的人并非全无主体性意识。然而，儒家的"欲"还有一个重要内涵，即"欲"指人性之欲，即由人性而产生的本能性的活动状态。如孟子的"可欲之谓善"中的"欲"便是人性之欲。又如，"义，亦我所欲也。"（《孟子·告子上》）"欲"指人性之欲。荀子说得更明白："性者、天之就也；情者、性之质也；欲者、情之应也。以所欲为可得而求之，情之所必不免也。以为可而道之，知所必出也。故虽为守门，欲不可去，性之具也。"（《荀子·正名》）"欲"即性之欲。这种"欲"与其说是接近于意识（包含主体性色彩）的欲望，毋宁说是生理性本能，即由性自然发生的情态便是欲。

① 沈顺福：《自然与中国古代道德纲领》，《北京大学学报（哲学社会科学版）》2014年第2期。
② 段德智：《从儒学的宗教性看儒家的主体性思想及其现时代意义》，《华中科技大学学报（社会科学版）》2003年第3期。

它并不着意于人的意识,从而区别于现代欲望概念。

　　事实上,古代的孟子和荀子等并没有区别生理之欲("性"欲)与意识之欲(人"欲")。孟子曰:"求则得之。舍则失之;是求有益于得也,求在我者也。求之有道,得之有命;是求无益于得也,求在外者也。"(《孟子·尽心上》)前者之求即人性之欲,近乎本能。后者之求便是人心之欲,属于意识。在古人看来,二者都是欲。古人的这种合用有其特殊意味,即看起来具有意欲性、导向性、主观性意识(欲望),从本质上说,乃是一种生理性、器质性的"欲",与主观性、主体性意识关系不大。多数人将"欲"简单地等同于欲望。如果等同之,势必承认"道德欲望还包含着某些目的,比如消除痛苦,以及具有自我指向的评价体系。这种评价体系将规定某种指导人们如何行为的观念"①。儒家的"欲"显然没有这么多的内涵,它仅仅是人性"分泌出"的产物:由性生欲,欲生于性。或者说,性是欲的本源,同时,欲是性之欲。性是欲的行为"主体"。

　　尽管如此,这种兼具生理性与意识性的欲,从现实的角度来看,却能够对人的行为产生重要的影响。荀子曰:"若夫目好色,耳好听,口好味,心好利,骨体肤理好愉佚,是皆生于人之情性者也;感而自然,不待事而后生之者也。"(《荀子·性恶》)人性之"好"或喜爱直接产生情:"性之好、恶、喜、怒、哀、乐谓之情。情然而心为之择谓之虑。心虑而能为之动谓之伪;虑积焉,能习焉,而后成谓之伪。"(《荀子·正名》)喜好、情欲等对行为者的主体性选择必然会产生一定的影响。或者说,情、欲等的存在或明或暗地体现了人类的主体性存在的事实,尤其是在荀子思想中。荀子主张:"心者,形之君也,而神明之主也,出令而无所受令。自禁也,自使也,自夺也,自取也,自行也,自止也。故口可劫而使墨云,形可劫而使诎申,心不可劫而使易意,是之则受,非之则辞。故曰:心容,其择也无禁,必自见,其物也杂博,其情之至也不贰。"(《荀子·解蔽》)人类的心灵具备一定程度上的自决与选择的功能,接近于意志概念。但是,在荀子看来,心灵的这些自主性功能是消极的,容易将人引入歧途,从而置于危险的境地,这便是"人心惟危"(《尚书·大禹谟》)。情欲、人心等主观性意识的存在,反映了某种主体性特点,或多或少地包含了某些主体性内涵。由此看来,作为行为人的行为主体多少具备一定的主体性特征。对此,古代儒家显然也认识到了。他们看到了主体性的缺陷,并因此主张予以根除。传统儒家提出了两种应对之策。对策之一是对主观故意的批判。对策之二是倡导无我。

　　孟子认为人欲、人心等意识有时也能够影响到人,从而产生故意或刻意的行为。对此,传统儒家明确反对,以为"心勿忘,勿助长也。……助之长者,

①　Kwong Loi Shun:The Self in Confucian Ethics,*Journal of Chinese philosophy* 18(1 991)25–35.

揠苗者也。非徒无益，而又害之"。(《孟子·公孙丑上》)故意的行为即便是出于好心却也办了坏事，所以孟子倡导"由仁义行，非行仁义也。"(《孟子·离娄下》)在孟子看来，顺性而为便可，无需任何刻意的善行。任何主观故意都是要不得的。在比较何者为勇时，孟子以为"曾子之守约也"(《孟子·公孙丑上》)才是最上乘的：持守本性、顺性自然。至于思虑与取舍等主观的理性活动，在孟子看来并非首选。荀子主张以道术来拯救危险之心："人何以知道？曰：心。心何以知？曰：虚壹而静。心未尝不臧也，然而有所谓虚；心未尝不两也，然而有所谓壹；心未尝不动也，然而有所谓静。"(《荀子·解蔽》)虚壹而静的宗旨便是息心。息心即无思无虑。张子曰："所谓圣者，不勉不思而至焉者也。"[1] 圣者即无思无虑者。谢氏(良左)曰："方乍见孺子入井之时，其心怵惕，乃真心也。非思而得，非勉而中，天理之自然也。内交、要誉、恶其声而然，即人欲之私矣。"本心发行，天理自然，无需思虑。无心无意、无思无虑，反映了传统儒家对人类主观意识或理性功能、意义和地位缺乏足够的重视。没有了主观性，自然失去主体性。

对策之二是倡导无我。孔子提出："子绝四：毋意，毋必，毋固，毋我。"(《论语·子罕》)毋我即无我。此处的无我侧重于抑制私欲之我。这是早期儒家的共同立场，如孟子的"寡欲"观、荀子的"虚壹而静"论等。这一共同立场也成为汉代儒学与早期魏晋玄学的基本观点，如"何晏以为圣人无喜怒哀乐。其论甚精。钟会等述之。"[2] 这时的无我立场体现了早期儒家对主体的情感或欲望的消极态度。无我即是无情无欲。从王弼开始，无我的内涵产生了变化，"以为圣人茂于人者神明也，同于人者五情也。"[3] 王弼以为圣人也有情，无需抑制。需要抑制的是主体性思维，即圣人顺物，无需有自我。故此王弼提出："圣人体无。"[4] 圣人无我。圣人无自我。二程以明镜为喻，以为"圣人之心本无怒也。譬如明镜，好物来时，便见是好，恶物来时，便见是恶，镜何尝有好恶也？"[5] 圣人心如明镜，物来映之。这种反映显然是消极的反映。而反映的主体几乎无为。圣人无我。王阳明也将良知之心比作镜："良知之体皎如明镜，略无纤翳。妍媸之来，随物见形，而明镜曾无留染。"[6] 心如明镜：物美自美、物丑自丑。在此过程中，虽然有一个实体之物即心在那里，却没有实际的功效：美丑自在，

---

① 〔宋〕张载：《张载集》，北京：中华书局，1978年，第28页。

② 〔宋〕朱熹：《孟子集注》，《四书五经》(上册)，宋元人注，天津：天津古籍出版社，1988年，第25页。

③ 王弼〔三国魏〕：《王弼集校释》，楼宇烈校释，北京：中华书局，1980年，第640页。

④ 王弼〔三国魏〕：《王弼集校释》，楼宇烈校释，北京：中华书局，1980年，第640页。

⑤ 〔宋〕程颢、程颐：《二程集》，北京：中华书局，2004年，第210~211页。

⑥ 〔明〕王守仁：《王阳明全集》，吴光、钱明、董平、姚延福编校，上海：上海古籍出版社，1992年，第70页。

心灵何为？ "如果没有了自己的意见、自己的情绪，自己何在？因此，所谓'圣人有情'论，其实无我。"① 圣人有情却无我。此处的无我，便是无自我、无主体，是对主体意识或主体性思维的褫夺。

结论、儒家缺少主体性概念与观念

从"主""体""自""我"等概念的原始内涵来看，古人并无个性主体的概念和观念。由于实际生活中的"欲"部分地体现了人的主体性色彩，因此儒家提出无意观和无我说。无意观反映了儒家对人类主观性意识的态度。没有了主观意识当然失去了主体性。无我观则体现了儒家对待实践中的人主体性内涵的消极态度。在儒家传统中，"我"等主要指行为人或行为主体，不同于个性主体。儒家道德行为的"主体"是德性。道德行为产生于德性。道德的行为便是德性的生存方式。反之亦然，德性的生存方式便是道德行为。道德存在于德性的生存过程中。因此，我们可以说，儒家道德行为的"主体"是德性。这里的"主体"虽然能够做"主"（德性为本），却也仅仅指行为的源头。更为重要的是，它是公有的类的属性，即儒家道德的"立法者"仅仅是抽象的、公有的人性，而非现实的个体。因此，个体并不是真正意义上的立法者。既然个体不是立法者，那么，由此而产生的道德便不属于自律性道德。非自律性道德也体现了儒家的无主体性特征。即便是具有一定主观性或主体性色彩的"欲"，也主要指人性之"欲"，人性是其"主体"。因此我们可以这样说：中国古代儒家思想既无主体性概念，亦无主体性观念，甚至还反对个体自我做主等主体性思维。主体性观念的缺失对中国传统文化产生了巨大的影响。传统国人政治上的奴性与道德上的从众心理，皆是中国传统儒家文化无视主体性观念造成的恶果。虽然主体性概念存在着诸多的缺陷或不足，比如个性主体性与个人主义之间的天然联系等，我们必须审慎地对待它，甚至需要保持一定的批判精神。但是，毫无疑问，它是现代文明必不可少的内涵。对儒家缺少主体性观念或不重视主体性等的反思与批判，主要目的在于唤醒民众的主体性意识，培养民众的主体性思维，并最终形成主体性观念。因为只有它——主体性观念——才是我们走向现代文明、走向未来的理论保证。

（沈顺福：山东大学儒学高等研究院教授、博士生导师）

---

① 沈顺福：《儒家情感论批判》，《江西社会科学》2014 年第 5 期。

后　记

　　2016年我们以"孔孟儒学历史传承与转化创新研究"为题申请了山东省的齐鲁优秀传统文化传承创新工程重点项目。项目实施以来，先后出版了多部相关著作，在一些核心杂志上也发表了系列学术论文。2017年4月底，围绕项目主题，在山东青州召开了一次全国性的学术研讨会，参会学者百余位，收到论文六十余篇。之后花了一段时间跟作者——沟通，征得大家同意收录其论文。与会学者非常踊跃，论文修订稿也先后发来。但是非常遗憾的是，由于篇幅所限，在与出版社沟通过程中，综合出版社的出版意见和建议，忍痛割爱删掉了部分论文，对此深表歉意。

　　高等教育出版社致力于出版中华优秀传统文化方面的著述，编辑欣然接受本书稿，并积极推动出版，前前后后为本书的编辑和出版付出了很多心血；清华大学哲学系博士生白发红为本书的编写也做了很多工作，这里我们表示感谢！

编　者

2019年6月20日